[redacted]

1808
LA MEMORIA ALARGADA
RECUERDO Y FICCIÓN DE LA ÉPOCA NAPOLEÓNICA

Stendhal · Balzac · Álvaro Mutis
W. S. Landor · Joseph Conrad
Conan Doyle · Mujica Lainez

1808
LA MEMORIA ALARGADA
RECUERDO Y FICCIÓN DE LA ÉPOCA NAPOLEÓNICA

ESPASA

Diseño de cubierta: más!gráfica
Ilustración de cubierta: *Retablo de la Independencia* (detalle), de Juan O'Gorman. Museo
Nacional de Historia. México D. F., México
© Planeta Actimedia SAC 2
Preimpresión: M. T., Color & Diseño, S. L.

Depósito legal: M. 45.895-2008
ISBN: 978—84—670—2989—5

Espasa, en su deseo de mejorar sus publicaciones, agradecerá cualquier sugerencia que los lectores hagan al departamento editorial por correo electrónico: sugerencias@espasa.es

Impreso en España/Printed in Spain
Impresión: Huertas, S. A.

Editorial Espasa Calpe, S. A.
Vía de las Dos Castillas, 33. Complejo Ática - Edificio 4
28224 Pozuelo de Alarcón (Madrid)

ÍNDICE

Prólogo

La lucha de los españoles por su Nación y por su libertad trasciende las fronteras de la Historia para penetrar en las del mito. Ya los hombres del XIX miraron los primeros años de su siglo intrigados y asombrados tanto por la epopeya napoleónica como por la fiera resistencia española a los designios del emperador francés. En las dos primeras publicaciones de la Fundación Dos de Mayo, Nación y Libertad se presentaban distintas obras de escritores de lengua española en torno al Dos de Mayo y la Guerra de la Independencia. Ahora, en *1808, La memoria alargada,* queremos prestar atención a algunos de los más grandes escritores del XIX y del XX que encontraron en la invasión napoleónica de España y en la resistencia heroica de los españoles inspiración para escribir páginas inolvidables de la historia de la literatura.

La Guerra de la Independencia fue un fenómeno sobre el que se concentraron todas las miradas de una Europa asombrada. Hasta aquel momento ninguna nación se había alzado en armas frente a la invasión de los poderosos ejércitos napoleónicos, lo que convirtió a nuestro país en un modelo para los países que querían verse libres de la dominación extranjera. Huérfanos de dirigentes, los españoles se impusieron en el Dos de Mayo la misión de luchar hasta el fin por su independencia y libertad. El enfrentamiento que se produjo en España acabó sentenciando, lo mismo que el frío helador de las estepas rusas, el destino del Imperio napoleónico. A lo largo del XIX, ya fuese por puro pasmo ante el arrojo español, por asombro ante el imperio bonapartista o por nostalgia de una época que quedaba atrás, algunos de los más importantes escritores y novelistas del mundo rememoraron aquella España turbulenta y desgarrada que se alzó contra la invasión napoleónica.

Decía Victor Hugo que ser discutido es ser percibido, y la resonancia literaria de la Guerra de la Independencia española da cuenta de que lo que sucedió en España entre 1808 y 1814 fue mucho más que una guerra. El XIX fue un siglo grande porque a lo largo de sus años cada vez más seres humanos se unieron a la lucha apasionada por su libertad. Para todos ellos, España era un ejemplo a seguir. No es casual que la propia palabra *liberal,* que condensa en su significado la lucha de los hombres por la libertad y la igualdad ante la ley, surgiese de los debates de Cádiz y que se proyectase al resto del mundo durante los efímeros años de vigencia de la Constitución de 1812, durante el Trienio Liberal, de 1820 a 1823.

En 1805 un preclaro William Pitt el Joven predijo la importancia de España en la derrota de Napoleón:

> Os digo que España será la primera nación del continente que le hará frente con una guerra de guerrillas. Y aunque sus nobles están envilecidos y su gobierno es despreciable, la gente aún tiene sentido del honor, sobriedad y odio a los franceses. Buonaparte se empeñará en pisotear todos esos sentimientos porque son contrarios a sus designios; y veo en ese intento el estallido de un tipo de guerra que no cesará hasta que lo destruya.

En efecto, como auguró el rey José, el orgullo de su hermano se estrelló con la resistencia encarnizada de nuestros compatriotas de hace doscientos años. Convertida España en un terreno abonado para la épica, aquellos años que cambiaron la faz de la Historia tuvieron a nuestro país y a sus habitantes como protagonistas esenciales. El paso del tiempo convirtió la gesta española en una leyenda que, pese a los estragos de la guerra, fue pronto añorada como la época en la que los ciudadanos de Europa lucharon por su libertad. Una lucha que pronto hermanó a los ciudadanos del viejo y el nuevo mundo. Y es que, fruto de las ideas surgidas de la voluntad de regenerar la patria de los constituyentes de Cádiz, de esa generación inolvidable que sentó las bases de la España moderna, las ideas del siglo alcanzaron la América Española, donde germinó también el ansia de libertad que inundaba Europa.

La Fundación Dos de Mayo, Nación y Libertad ha recogido ahora en este volumen algunas señeras imágenes sobre la España que combatió con fiereza a Napoleón, escritas por importantes autores extranjeros. Encontramos en este libro a gigantes como Stendhal, con su perpetua devoción a Napoleón por haber sido el hombre que elevó a Francia a las cotas más altas de su historia. Balzac, por su parte, disecciona el alma humana para rastrear en aquella España apasionada la complejidad de los hombres. Walter S. Landor, desde la experiencia directa de haber combatido en España contra Napoleón, canta a una España cuyos habitantes merecían un futuro más brillante que el que les deparó el fin de la guerra y el advenimiento al trono de Fernando VII. Todo buen lector ha tenido como compañeros de juventud a Conrad y a Conan Doyle. Ahora podemos leer a esos viejos conocidos en el «Gaspar Ruiz» de Conrad, donde novela episodios de la independencia chilena, consecuencia evidente de la convulsión española de 1808, o en la narración del creador de Sherlock Holmes, «De cómo el brigadier Gerard salvó un ejército».

Por último, Mujica Lainez y Álvaro Mutis nos hablan de su América a través del mural de un gigante como Bolívar o del drama sencillo de los habitantes de todo un continente.

1808, La memoria alargada, con las obras de Stendhal, Balzac, Landor, Conrad, Conan Doyle, Mutis y Mujica Lainez, nos invita a profundizar en nuestro conocimiento de una época fundamental de nuestra historia. Más aún, nos proporciona instrumentos para acrecentar nuestro entendimiento del alma humana a través de lo que estos autores vieron en unos años trascendentales en los que aquella España heroica y profunda fue admirable protagonista y fuente de inspiración para todo el mundo.

ESPERANZA AGUIRRE GIL DE BIEDMA
Presidenta de la Fundación
Dos de Mayo, Nación y Libertad

Los cuentos de la guerra

«Quisiera estar en Madrid ahora», escribió la escritora inglesa Mary Godwin. La esposa de Shelley, el gran poeta del romanticismo inglés, se refería al cambio producido en España después de que el rey Fernando VII se viera forzado a restablecer la Constitución de Cádiz. Era 1820, y el pronunciamiento militar de Riego había iniciado la efímera monarquía constitucional que hizo de España el gran enclave revolucionario de la Europa continental, dominada entonces por el orden absolutista salido de la cabeza de Metternich. Fue en estas fechas, precisamente, cuando la palabra liberal, que había adquirido su acepción política en Cádiz, durante las Cortes de 1810-1812, se extendió por todo el mundo. Y fue también entonces cuando la Constitución de 1812 se tradujo a las lenguas más importantes de Europa. Adoptado por los liberales de Nápoles y de Piamonte, calcado en Portugal, radiografiado en América, el primer texto constitucional español resonaría con fuerza hasta en Rusia, donde los decembristas de 1825 se miraron en el espejo de los diputados de Cádiz. Como reconociera el propio Shelley, España fue, entre 1820 y 1823, la esperanza y el faro político de todos aquellos hombres de acción que anhelaban dinamitar una Europa custodiada por la Santa Alianza:

> Un pueblo glorioso vibraba de nuevo
> iluminando las naciones: la Libertad
> de corazón a corazón, de torre a torre, sobre España
> esparciendo un fuego contagioso en el cielo
> brillaba...

Aquella, sin embargo, no era la primera vez que España aparecía como un signo de esperanza en Europa. Shelley escribió «un pueblo glorioso vibraba de nuevo», y esto era así porque la primera ocasión en que la maquinaria militar de Napoleón había tropezado con unas fuerzas irregulares, movilizadas por un estímulo semejante al de ¡la patria en peligro! de los franceses de 1792, había sido en 1808, y en España. Como recordaba Stendhal poco antes de que Mary Godwin aplaudiera la audacia de Riego, aquí, en España, había comenzado el principio del fin para los planes homéricos de Napoleón, quien había juzgado a los españoles demasiado de prisa. «Napoleón», escribe Stendhal, «quedó muy sorprendido. Había creído habérselas con prusianos o austriacos, y pensaba que disponer de la corte era disponer del pueblo. En cambio, se encontró con una nación».

Todos los enemigos del césar francés concentraron su mirada en la Península Ibérica después de que el general Dupont rindiera las armas ante Castaños en la batalla de Bailén, acontecimiento de importancia decisiva por lo que tenía de ejemplar para las restantes naciones europeas. Cuando Napoleón se enteró de la derrota de su ejército, el 19 de julio de 1808, derramó lágrimas sobre sus águilas abatidas, sobre el honor de los blasones imperiales humillados. El general francés Foy evocó así la memorable victoria española: «España apareció, de repente, altiva, noble, apasionada, poderosa, tal como había sido en sus tiempos heroicos. La imaginación borraba de las páginas de la Historia los recuerdos descoloridos... y mezclaba los triunfos de Pavía y las palmas de Bailén. ¡Qué fuerzas y qué poderío iban a ser necesarios para domar una nación que acababa de conocer lo que valía».

Napoleón recibió en Burdeos la noticia. Era su primer revés. Y pronto sus ejércitos de ocupación tuvieron que hacer frente a la guerrilla, una modalidad de lucha acuñada por el pueblo, y para la que no estaban preparados. En los momentos culminantes de la guerra de la Independencia llegó a haber cerca de cincuenta mil guerrilleros, una cifra muy alta que sólo se explica teniendo en cuenta el alcance de la resistencia popular a la invasión francesa. El conde de Toreno asegura que había guerrillas «en cada provincia, en cada comarca, en cada rincón». La guerrilla presupone el carácter nacional de la guerra –dice Miguel Artola– y manifiesta la colaboración plena del pueblo, sin la cual los guerrilleros estarían condenados a un rápido exterminio. Los testimonios de los soldados franceses reflejan claramente la obsesiva sensación de aislamiento vivida por los combatientes, perdidos en un país ajeno y hostil, un país que, a diferencia de Alemania o Austria, no pensaba que su defensa correspondía, exclusivamente, a las tropas regulares. Así expresa su asombro un general de húsares: «La marcha de nuestro ejército se asemeja a la de un buque que va abriendo surco en el mar y lo ve cerrarse tras sí apenas ha pasado». Y la duquesa de Abrantes, que se quedó en la fronteriza Ciudad Rodrigo, describe la impresión que le produjo la entrada del ejército de Massena en Portugal, la plataforma continental de Wellington, con estas palabras: «Era la primera vez que se veía un ejército de sesenta mil hombres cruzar un riachuelo, internándose por la otra orilla y al día siguiente reinar el silencio más absoluto sobre la multitud».

Fue así, en aquel tiempo bárbaro que Goya habría de retratar en sus *Desastres,* como la España de los guerrilleros y las Juntas se convirtió en esperanza, modelo y estímulo de una Europa que muy pronto aplastaría las águilas hegemónicas de Napoleón. Todo esto –Bailén, el aislamiento de José Bonaparte en Madrid, las trampas eficaces y terribles del pueblo armado, emboscado en el paisaje, preparado en cualquier momento para el degüello– inspiró a otro poeta inglés, William Wordsworth, a quien el reino del Terror y la dictadura militar de Napoleón habían apartado de la Revolución francesa. Wordsworth abonó el terreno para Shelley y otros muchos escritores cuando en un soneto de 1811, dedicado a los guerrilleros españoles, comparó a Espoz y Mina con Viriato.

Los ríos de uniformes se alargaban y se alejaban bajo el viento y sobre los mares, llevándose su pólvora y los sueños de los hombres hasta el melancólico atascamiento. Una sola generación de franceses vio cómo se eliminaba una monarquía, una república, un consulado, un imperio, una dinastía. Una sola generación de españoles e hispanoamericanos asistió al nacimiento de la nación liberal y al cataclismo de las posesiones ultramarinas, donde la ocupación francesa de España, la caída de los Borbones y el implacable centralismo de los redactores de la Constitución de Cádiz quedarían unidos a la aparición de un nuevo conjunto de patrias. En 1808, el Imperio español se extendía desde California hasta el cabo de Hornos, desde la desembocadura del Orinoco hasta las orillas del Pacífico. Quince años más tarde, España sólo conservaba Cuba, Puerto Rico y Filipinas.

El Antiguo Régimen se resquebrajó bajo el paso de los soldados cuando los pueblos en armas y los aventureros del ideal profetizados por la guerra de la Convención encarnaron las palabras libertad e igualdad a uno y otro lado del Atlántico. Llegó, no obstante, el reposo. Y para los jóvenes que crecieron a la sombra de Napoleón tuvo la forma del desencanto.

La Revolución y su centelleante fantasmagoría, el paso de Napoleón por la historia universal, termina con el lacónico diálogo que tiene lugar en el palacio de las Tullerías tras la derrota de Waterloo. «¿Dónde tengo que entregarme, traidor?», increpa despreciativo el decente, idealista e impecable Carnot al camaleónico Fouché, jacobino, ministro de Policía del Directorio, de Napoleón y de Luis XVIII, cuyo retorno ha preparado junto a Talleyrand. «Donde quieras, imbécil», responde igual de despreciativo Fouché.

La gran epopeya de los criollos hispanoamericanos que se vieron a sí mismos en el modelo de Napoleón y soñaron también que todo era verdaderamente posible, concluye con una escena no menos desoladora. Desde su lecho agónico en Santa Marta, Bolívar, que ha abandonado Bogotá a la medianoche, mientras las gentes salían a los balcones para vaciar el contenido de sus orinales sobre su cabeza, pronuncia su propio epitafio: «La América es ingobernable para nosotros… El que sirve a una revolución ara en el mar».

1815-1830. Palacio de las Tullerías. Santa Marta. Entre estas dos fechas, en esos dos lugares, se extingue la época de las grandes aventuras. La era burguesa comienza. Y la heroica queda condenada a la literatura, que vuelve su mirada atrás, y convierte las luchas, amores, hazañas y desastres de la era napoleónica en asombrosos relatos. Historias como las reunidas en este libro, debidas a los novelistas más brillantes que han escrito sobre aquel tiempo de ensoñaciones y trabajos perdidos. Stendhal y Balzac; W. S. Landor, Joseph Conrad y Conan Doyle; Mujica Lainez y Álvaro Mutis.

FERNANDO GARCÍA DE CORTÁZAR Y RUIZ DE AGUIRRE
Director de la Fundación Dos de Mayo, Nación y Libertad

INTRODUCCIÓN

¿Quién no recuerda la mirada atrás de Chateaubriand, el escritor y aristócrata que presenció los excesos de la Revolución de 1789, que admiró a George Washington en la joven Republica americana y conoció el esplendor y la hipocresía del Imperio napoleónico y de la Restauración? «En 1815», escribe Chateaubriand, «la República y el Imperio habían quedado atrás. ¡Cuántas revoluciones se habían producido también en mi vida! El tiempo me había devastado como a todo lo demás» [1]. ¿Quién no ha oído el golpe de las armas y el paso de los caballos fundiéndose con el ladrido nocturno de las bestias? ¿Quién no ha visto la columna de humo y dolor que deja la epopeya de las guerras imperiales, la tierra quemada, arrugada y torturada de Europa después de Waterloo? ¿Y quién no ha sentido algo intemporal en la solitaria y admirable lucha del general Bolívar con la muerte que lo va cercando en una ronda de amargura y desengaño?

Fue la mejor y la peor de las épocas. El siglo de la razón y de los monstruos. A ratos libertador y creador de horizontes más luminosos. A ratos tirano y agente de la noche más profunda. Robespierre firma las sentencias del Comité de Salud Pública y Napoleón cambia Europa con el flujo y reflujo de las mareas de sus victorias; Jovellanos es condenado a prisión y el pueblo, masacrado por las tropas napoleónicas; el incendio lejano de Moscú ilumina la marcha nocturna de Kutúzov, y Wellington devuelve el

---

1 François de Chateaubriand, *Memorias de ultratumba,* Barcelona, Acantilado, 2004.

trono a Fernando VII; San Martín dilata su valor sobre las cumbres heladas de los Andes y Bolívar arranca todas las máscaras de los intereses criollos declarando que la América española debe ser radicalmente independiente de la metrópoli. «Pongamos sin temor la piedra fundamental de la libertad suramericana. Vacilar es sucumbir» [2].

Fue una época de promesas, carnicerías y aventuras, en la que se iba en línea recta al cielo y por el camino más corto al infierno. En palabras de Joseph Conrad, una época nunca meramente militarista en el prolongado entrechocar de las armas, juvenil en su exaltación del sentimiento, ingenuamente heroica en su fe.

Napoleón fue vencido. Desaparecieron los hombres de acción que buscaron en América tierras que alentaran sus sueños de aventuras truncados con el derrumbe del Imperio. Pero el mundo extinguido de la Revolución francesa, un mundo siempre a la espera, un mundo a las puertas de algo, siguió resonando en las ciudades: conservó su embrujo en las mentes de exiliados y conspiradores, eruditos y literatos, produciendo apariciones del mismo modo que el despoblado africano inventa espejismos de agua y de urbes.

Los autores de los relatos que contiene *1808, LA MEMORIA ALARGADA* son una buena muestra del prolongado eco del hechizo. Ni el melómano Stendhal, ni el prolífico Honoré de Balzac, ni el poeta Walter Savage Landor, ni el vagamundos Joseph Conrad, ni el victoriano Arthur Conan Doyle, ni el barroco Manuel Mujica Lainez ni el apasionado del mar y de la historia Álvaro Mutis se han resistido a conjurar aquel tiempo con los instrumentos de la biografía o la ficción. Y el resultado es un viaje al corazón de la gran leyenda napoleónica y su anexo americano: aquel territorio donde aún era posible decapitar reyes y formar ejércitos populares para derribar tiranos y cambiar fronteras. De la España ocupada por los ejércitos franceses a una Bayona donde Carlos IV ordena a su hijo, Fernando VII, que le devuelva la corona. De la Francia imperial, donde el favor de Napoleón lo engrandece todo, a Portugal, preñado de ingleses y guerrilleros. De Polonia, donde los jóvenes arrogantes y temerarios se alistan en las tropas arrolla-

[2] Carlos Fuentes, *El espejo enterrado,* Madrid, Taurus, 1997.

doras de Bonaparte, a las guerras y desastres de la inmensa América criolla, empeñada en oponer su voz a la metrópoli y en arruinar después, en continuas guerras civiles y sórdidas conspiraciones, toda la energía, toda la fe y toda la razón necesarias para aprovechar y dar sentido al esfuerzo que la había hecho libre de los Borbones españoles. Todos estos escenarios pueblan las páginas siguientes, páginas que giran en el tiempo estancado de las ensoñaciones y la memoria, sin duda, pero que también son un camino extraordinario y amable hacia el conocimiento de una época, paralelo o convergente al de la historia a secas.

El primero de los relatos pertenece a Stendhal, y es un fragmento de la *Vida de Napoleón,* que escribió en 1818, cuando la desaparición del Imperio había arruinado el sueño juvenil del heroísmo militar y el sueño de los salones mundanos. Stendhal siempre se consideró un ferviente republicano, pero bajo el coloso deslumbramiento de las victorias de Bonaparte se había imaginado a sí mismo prefecto de un departamento con un estipendio principesco, barón del Imperio, caballero de la Legión de Honor. Todos conocemos la frase que acuñó durante los años de la Restauración el autor de *Rojo y negro:* «El amor a Napoleón es la única pasión que me ha quedado, lo que me impide ver los defectos de su espíritu y las miserables debilidades que se le pueden reprochar». Y así queda de manifiesto en esta vida de Bonaparte, que tiene más de alegato, de reivindicación, que de reportaje. Él mismo se adelanta a cualquier crítica y lo reconoce en la primera página: «Escribo la historia de Napoleón para responder a un libelo» [3]. Y aquí, donde se extractan los capítulos que hablan de la ocupación de España, queda al desnudo la pasión de Stendhal por la leyenda napoleónica, su deseo de fundar una segunda patria habitable, un retiro suspendido en el tiempo, fuera de la Europa del Congreso de Viena, un refugio hecho para los domingos de la vida, donde ésta transcurre de manera más natural y más pura. Con esta idea escribe: «Espíritus poco ilustrados gritarán: Alabáis a Napoleón con respecto a España, como si hubiera sido un Washington. Respondo: España conoció el más feliz azar que pueda

[3] Stendhal, *Napoleón,* Barcelona, Verticales de bolsillo, 2007.

presentársele a un país corrompido hasta lo más hondo y, por consiguiente, sin posibilidad de darse a sí mismo la libertad» [4].

A diferencia de Stendhal, la grandeza de Balzac no se basa en una sola obra, sino en el formidable volumen de su producción, fabuloso fresco humano para entender una época donde las modas y los estilos se codean y se empujan: el pantalón y el calzón, la bota y el escarpín, el estilo Imperio y el estilo Restauración. Acostumbrado a contemplar todas las pasiones, tanto las heroicas como las bajas, a admirar a un consumado criminal lo mismo que a un genio moral, sin distinguir jamás entre lo decente y lo indecente, Balzac se diferencia del resto de sus contemporáneos por imaginar a los hombres no ya en las relaciones que entablan entre sí, sino también y sobre todo, en sus relaciones con el mundo en el que viven. Los dos relatos incluidos en este libro están escritos en 1829 y 1832, cinco y dos años antes de que hubiera concebido el colosal proyecto de *La comedia humana,* que empezaría a ensamblar mientras escribía *El tío Goriot,* una de sus novelas más célebres. *El verdugo* está ambientado en la España ocupada por Napoleón, y recubre de carne y pasiones el temperamento hispánico imaginado por el Romanticismo. *Las Marana*, más complejo, nos arrastra del saqueo protagonizado en Tarragona por las tropas del mariscal Suchet a Burdeos, pasando por el París de la Restauración. Y es una tétrica historia que resume a la perfección el pensamiento de su autor: la pasión puede ser innoble, banal o antinatural, pero si es lo bastante violenta, no le faltará algún asomo de grandeza.

Stendhal participó en la desastrosa expedición de Napoleón a Rusia. «Me salvé por la fuerza de la voluntad», escribió años después, «pues vi que muchos a mi alrededor abandonaban la esperanza y morían» [5]. El poeta y excelente prosista Walter Savage Landor, que vivió entre 1775 y 1864, y a quien debemos los excelentes ensayos dialogados reunidos bajo el título *Conversaciones imaginarias,* luchó en la guerra de los españoles contra los france-

[4] Ídem.

[5] William Somerset Maughan, *Diez grandes novelas y sus autores,* Barcelona, Tusquets, 2004.

ses en la Península Ibérica. Sobre sus consecuencias reflexionó en la conversación que aquí incluimos, *El general Lacy y el cura Merino,* donde se asoma ya el desaliento y la oscuridad de Salvador Monsalud, el protagonista de la segunda serie de los *Episodios Nacionales* de Galdós, marcado por la pesadumbre de quien se encuentra atrapado por los espectros de un país fratricida.

Wellington menospreció en todo momento el papel que desempeñaron el ejército español y los guerrilleros en la derrota de Napoleón: «¿Qué se puede hacer por esta nación perdida?», escribió, después de su entrada triunfal en Madrid, el vencedor de la batalla de Arapiles y Waterloo, el héroe por encima de todos los héroes para muchos ingleses del siglo XIX. «No se puede pensar que recluten hombres o procuren abastecimientos, ni en la adopción de medida alguna que pudiera capacitarles para proseguir la guerra» [6]. Landor, lector clásico que legó al mundo una galería de personajes tan imperecederos como los que habitan las tragedias de Shakespeare, no pudo ser más contrario al pensamiento del gran duque, y así pone en boca de su general Lacy: «Esta hermosa tierra, estos cielos, con su magnificencia y esplendor, han visto cosas más encantadoras y gloriosas que ellos mismos. ¡El trono de Dios es una mota oscura si la comparáis con el corazón que sólo late, y que late constantemente, para verter su sangre por la conservación de su país! ¡Invencible España! ¡Cuántos hijos tuyos han hecho este sacrificio puro en tu altar! La deidad lo ha aceptado, y hay quienes echarían sus cenizas a los vientos» [7].

El marino y aventurero polaco que la historia de la literatura conoce por el nombre de Joseph Conrad es uno de los mayores novelistas de todos los tiempos. Su iniciación a las letras fue tardía, cuando ya había navegado por todos los mares del mundo, recogiendo, sin saberlo, experiencias para la obra posterior. Hijo de un poeta y patriota polaco, militante de organizaciones clandestinas, Conrad pasó su infancia entre los fantasmas de la Revolución francesa y la era napoleónica, y ese mundo de vísperas y contra-

---

6 Tom Burns Marañón, *Hispanomanía,* Barcelona, Plaza&Janes, 2000.

7 Walter Savage Landor, *Conversaciones imaginarias,* col. Letras Universales, Madrid, Cátedra, 2007.

dicciones resonó más tarde, después de una vida de barcos y puertos, en una pequeña parte de sus relatos. A diferencia de sus novelas y cuentos más conocidos, cuyo ambiente es el mar, *Gaspar Ruiz* se adentra en el inmenso escenario que cubren las marchas guerreras de José de San Martín. La oscuridad y el misterio de la selva asaltan a Marlow en su descenso por el río Congo. Al general Santierra, personaje que habla de sus años de mocedad durante las luchas de independencia suramericana, le asedian las escenas de despiadada violencia que se suceden en las guerras. H. G. Wells decía que el inglés oral de Conrad era muy torpe. Los relatos que escribió, que es lo que importa, son admirables, fluyen con delicada maestría, y en el que incluimos aquí hay mucho más que aventuras y lugares remotos: la penetración hasta el fondo del alma humana, las mutaciones constantes de las pasiones como los cambios del oleaje, los insolubles problemas morales y de conciencia de personajes enfrentados a su mala suerte, el azar contrario, los errores ineludibles e irremediables, y las patéticas o fatales consecuencias de estos.

Conrad nació en 1857 y murió el 3 de agosto de 1924. Sobre su tumba fueron grabados estos versos: «El sueño tras el esfuerzo, tras la tormenta el puerto, el reposo tras la guerra, tras la vida harto complace la muerte». Lo mismo podrían haber fijado sus amigos en el epitafio del fanfarrón brigadier Gerard si éste hubiera sido una persona de carne y hueso y no un personaje imaginario surgido de la mente de sir Arthur Conan Doyle.

Borges aseguró que Conan Doyle fue un escritor de segundo orden a quien el mundo debe un personaje inmortal, Sherlock Holmes [8], pero olvidó añadir que imaginó a un ser casi tan mitológico como el detective de Baker Street: el brigadier Gerard, veterano de las campañas napoleónicas que se pasa las horas adornando su pasado como húsar y fanfarroneando sobre las hazañas, reales o imaginarias, de juventud, protagonizadas entre los cazadores de chaquetilla verde, los coraceros gigantescos, los lanceros de Poniatowski, los dragones de grandes bigotes, los granaderos a caba-

---

[8] Jorge Luis Borges y María Esther Vázquez, *Introducción a la literatura inglesa,* Madrid, Alianza, 2000.

llo y los grandes mariscales. Lejana la época del dominio francés, perdidos los años que pasaron sumergidos en el torbellino de los aceros, el personaje de Conan Doyle cuenta y recuenta las viejas batallas para que su brillante aureola no se disuelva como la tinta del pulpo en el vasto océano tranquilo. La épica napoleónica es el destino de los diecisiete relatos que componen las *Hazañas y aventuras del brigadier Gerard*. El texto que incluimos aquí nos habla de cómo el brigadier salvó un ejército, y gira en torno a los problemas que la guerra de guerrillas, tanto en España como en Portugal, ocasionó a los ejércitos franceses de ocupación. El humor, la emoción, la intriga y el peligro se combinan en el relato, de modo que podemos concederle sin exagerar la inusual categoría de perfecto.

Según los datos que Conan Doyle ofrece de su personaje, el brigadier Gerard no sintió la picazón de Miecislaw Napierski, coronel de lanceros imaginario a través del cual Álvaro Mutis nos ofrece los últimos días del libertador Simón Bolívar. A diferencia de Gerard, Napierski quiso prolongar su aventura en América, junto a Simón Bolívar, pero con tan mala fortuna que cuando por fin tropieza con el brillante estadista lo que encuentra es un hombre enfermo y desilusionado, a la espera de la muerte.

Con su inagotable curiosidad intelectual y sus profundos conocimientos históricos, Álvaro Mutis ha sabido descifrar el rostro del Bolívar crepuscular de Santa Marta y volver a pronunciar las palabras que el tiempo no ha podido borrar. Lo que hay en este Bolívar del poeta y narrador colombiano es lo mismo que hay en el Goya de los *Desastres de la guerra*, una forma de lucidez incompatible con los entusiasmos baratos del patriotismo. Hay el romántico impaciente que deseaba alcanzar tantas cosas en tan poco tiempo y que confiesa su desilusión a un melancólico polaco, coronel veterano de Friedland y Bailén: «¡Qué poco han valido todos los años de batallar, ordenar, sufrir, gobernar, construir, para terminar acosados por los mismos imbéciles de siempre, los astutos políticos con alma de peluquero y trucos de notario que saben matar y seguir sonriendo y adulando!» [9].

---

9 Álvaro Mutis, *El último rostro*, Barcelona, Debolsillo, 2008.

América, y en concreto Buenos Aires, es el escenario de los otros cuatro relatos que incluye el libro. Su autor, Mujica Lainez, figura hoy como uno de los clásicos indiscutibles del siglo XX. Conocido por sus novelas históricas, sobre todo *Bomarzo,* centrada en la vida y la época de Pier Francesco Orsini, uno de los más poderosos nobles del Renacimiento italiano, Mujica Lainez es el creador de un tipo de relato fiel a la historia desmitificada, humanizada. *Los reconquistadores, Prisión de sangre, La casa cerrada* y *El amigo* nos ponen cara a cara no sólo con algunas de las grandes figuras del Buenos Aires sacudido por los cambios políticos de la era napoleónica –por ejemplo, Santiago Liniers–, sino también con nuestro equivalente pretérito, hombres y mujeres anónimos, sus luchas, sus amores, sus duelos antiguos, sus pequeñas miserias y penalidades. La invención verbal de la que está dotado Mujica Lainez no añade complejidad a estas cuatro historias, pero añade al interés de la trama la constante sorpresa verbal de su lenguaje y los giros y los guiños con que sale del curso estrictamente histórico para sondear los abismos del alma humana.

EDUARDO TORRILLA
Editor

1808, LA MEMORIA ALARGADA

RECUERDO Y FICCIÓN
DE LA ÉPOCA NAPOLEÓNICA

RELATOS DESDE FRANCIA

STENDHAL

VIDA DE NAPOLEÓN
(fragmento)

Traducción de Manuel Serrat Crespo

VIDA DE NAPOLEÓN
(fragmento)

La noche de la batalla de Iéna, cuando Napoleón aún estaba en el campo de batalla, recibió una proclama del Príncipe de la Paz que llamaba a todos los españoles a tomar las armas. Napoleón sintió muchísimo el peligro del que acababa de escapar; vio a qué alarma estaba sometido el Mediodía de Francia con cada nueva expedición que emprendía hacia el Norte. Decidió no dejar en su retaguardia a un amigo pérfido, dispuesto a atacarle en cuanto le creyera en dificultades. Recordó que en Austerlitz había encontrado al rey de Nápoles entre sus enemigos, quince días después de haber firmado la paz con esa corte. El modo en que el Príncipe de la Paz había proyectado atacar Francia es contrario al derecho de gentes tal como lo suscriben las naciones modernas. El señor de Talleyrand no dejaba de repetir a Napoleón que en su dinastía no habría seguridad hasta que no hubiera aniquilado a los Borbones. Destronarlos no bastaba; pero era preciso, aún, comenzar por destronarlos.

Rusia aprobó en Tilsitt los proyectos del emperador sobre España.

Aquellos proyectos consistían en dar un principado en los Algarves a don Manuel Godoy, tan conocido por el nombre de Príncipe de la Paz; por medio de lo cual el príncipe, el único autor de la proclama que perdía España, entregaba a Napoleón a su rey y bienhechor. En virtud del tratado de Fontainebleau, firmado por el Príncipe de la Paz, España se vio inundada de tropas imperiales. Por fin, aquel favorito, tan poderoso como ridículo, advirtió que Napoleón se burlaba de él; se lc ocurrió la idea de huir a México;

el pueblo quiso retener a su rey; de ahí los acontecimientos de Aranjuez que llevaron a Fernando VII al trono y acabaron con el plan de Napoleón. El 18 de marzo de 1808, aquel pueblo tan estúpido y tan valiente, se alzó. El Príncipe de la Paz, tan aborrecido como se merecía, pasó del poder soberano a un calabozo. Un segundo movimiento obligó al rey Carlos IV a abdicar en favor de Fernando VII. Napoleón quedó muy sorprendido: había creído habérselas con prusianos o austriacos, y pensaba que disponer de la corte era disponer del pueblo. En cambio, se encontraba con una nación, y a su cabeza un joven príncipe adorado por aquélla y ajeno en apariencia al envilecimiento que pesaba sobre España desde hacía quince años. Aquel príncipe podía disponer de las fáciles virtudes de su posición e iba a estar rodeado de hombres íntegros apegados a la patria, inaccesibles a las seducciones y apoyados por un pueblo inaccesible al temor. Todo lo que Napoleón sabía del príncipe de Asturias era que en 1807 se había atrevido a escribirle pidiéndole la mano de una de sus sobrinas, hija de Luciano Bonaparte.

En España, tras los acontecimientos de Aranjuez, el entusiasmo reinaba en todas las clases. Sin embargo, el extranjero, en el seno del Estado, mandaba en la capital, ocupaba las plazas fuertes y era el verdadero juez entre Fernando VII y el rey Carlos IV, que acababa de revocar su abdicación y de invocar el socorro de Napoleón.

Desde esa posición única, gracias a un nuevo rasgo de esa ineptitud razonadora que caracteriza a los ministros de un pueblo ajeno desde hace tanto tiempo a los progresos de Europa, Fernando VII decidió salir al encuentro de Napoleón. El general Savary hizo dos incursiones en España para incitar a aquel príncipe a ir a Bayona, pero nunca le ofreció reconocer su título. Los consejeros del nuevo rey, que tenían miedo de la venganza de Carlos IV, contra quien habían conspirado, sólo veían seguridad junto a Napoleón y ardían en deseos de llegar a su lado con su príncipe.

Esos grandes acontecimientos parecen curiosos de lejos, pero de cerca sólo pueden juzgarse repugnantes. Los ministros españoles son demasiado tontos y los agentes franceses demasiado fuertes. Es la vieja política estúpidamente pérfida de Felipe II luchando contra el genio tan moderno de Napoleón [1]. Hay dos rasgos que reposan el alma. El del señor Hervás, hermano de la duquesa de Friuli, quien, arriesgando algo más que su vida, llegó a Valladolid e hizo todo lo que pudo para abrir los ojos a la estúpida suficiencia de los ministros de Fernando VII. El guarda general de las aduanas en la línea del Ebro, hombre sencillo y bravo, propuso raptar a aquel príncipe con dos mil hombres que tenía a su disposición: fue reprendido con severidad. He aquí España tal como iba a mostrarse durante seis años: estupidez, bajeza y cobardía en los príncipes; abnegación novelesca y heroica por parte del pueblo.

Fernando VII llegó a Bayona el 20 de abril por la mañana y fue recibido como rey. Por la noche, el general Savary fue a anunciarle que Napoleón había decidido colocar su propia dinastía en el trono de España. Napoleón exigía, por consiguiente, que Fernando VII abdicara en su favor. En ese mismo momento, el emperador tenía con el ministro Escoiquiz una curiosa conversación que ilustra muy bien su carácter y toda su política hacia España [2].

El plan de Napoleón estaba viciado porque ofrecía Etrulia y Portugal a los príncipes expulsados de España: era ceder poder a unos enemigos.

Fernando VII, víctima de un vil favorito, de un par de ciegos, de un consejo imbécil y de un vecino poderoso, estaba, de hecho, prisionero en Bayona. ¿Cómo salir de aquel mal paso? A menos que se convirtiera en pájaro, no había ninguna posibilidad de evadirse, pues se habían tomado muchas precauciones. Aumentaban día tras día. Las murallas de la ciudad se encontraban, día y noche, cubiertas de soldados, las puertas custodiadas con el mayor cuidado, todos los rostros eran examinados al entrar y al salir. Corrieron rumores de intento de evasión; la vigilancia adquirió una nueva actividad. Era un cautiverio declarado. Por ello, el consejo de Fernando no dejaba de negarse a aceptar Etrulia a cambio de España.

El emperador era presa de las más violentas agitaciones, incluso de remordimientos. Veía cómo Europa le reprochaba que retuviera

---

[1] Véase la obra del señor Escoiquiz.

[2] Véanse las obras de los señores Escoiquiz y de Pradt, de las que todo lo presente es sólo un extracto.

prisionero a un príncipe que había ido a conferenciar con él. Era tan embarazoso retener a Fernando como soltarlo. Resultaba que había cometido un crimen y perdía sus frutos. Decía con gran verdad y energía a los ministros españoles: «Debierais adoptar ideas más liberales, ser menos susceptibles en el tema del honor y no sacrificar la prosperidad de España a los intereses de la familia Borbón».

Pero los ministros que habían llevado a Fernando VII hasta Bayona no estaban hechos para concebir ideas de semejante orden. Comparad España tal como está desde hace cuatro años, contenta con su abyección y objeto del desprecio o del horror de los demás pueblos, con la España provista de dos cámaras y con José como rey constitucional, y un rey mucho mejor, puesto que, al igual que Bernadotte, sólo tiene el mérito a su favor, y a la primera injusticia o tontería se le puede poner de patitas en la calle y llamar al soberano legítimo.

Nunca la cabeza de Napoleón se entregó a una actividad más sorprendente. A cada momento llegaba a una nueva idea que enviaba de inmediato en forma de propuesta a los ministros españoles. En tal estado de angustia un hombre no puede fingir: pudo verse hasta el fondo el alma y la cabeza del emperador. Tenía el alma de un soldado generoso, pero una pobre cabeza en política. Los ministros españoles, rechazando con la indignación de la generosidad, representaban el buen papel. Seguían partiendo del principio de que Fernando no tenía derecho alguno a disponer de España sin el consentimiento de la nación [3]. Sus negativas abocaban a Napoleón a la desesperación. Era la primera gran oposición que sufría, ¡y en qué circunstancias! Resultaba que el absurdo consejo de España llevaba a cabo, por ceguera, el acto más ilustrado y más embarazoso para su adversario. En esa mortal ansiedad, el espíritu de Napoleón se lanzaba sobre toda clase de ideas al mismo tiempo, sobre toda clase de proyectos. Varias veces al día hacía llamar a sus negociadores; los enviaba a los ministros españoles; siempre la misma respuesta: ¡quejas y negativas! Cuando sus ministros regresaban, Napoleón examinaba con ellos, con la habitual

---

[3] Principio jacobino rechazado por el Congreso de Viena.

rapidez de su imaginación y su elocución, todas las vertientes de aquella cuestión. Cuando se le decía que no había modo de convencer al príncipe de Asturias para que cambiara las monarquías de España y América por el pequeño reino de Etrulia, que tras haber visto que le quitaban el primer trono, la posesión del segundo debía de parecerle muy precaria, replicaba: «¡Pues bien, que me declare la guerra!».

Un hombre capaz de semejante respuesta no es un Felipe II, como quisieran hacernos creer. Hay honor y mucho honor en semejante objeción. Había también mucha prudencia.

Se encuentra en la conversación impresa por el señor Escoiquiz. «Por lo demás, si mis proposiciones no convienen a vuestro príncipe, puede, si lo desea, regresar a sus Estados; pero, ante todo, fijaremos juntos un término para ese regreso; luego, entre nosotros comenzarán las hostilidades».

Uno de los negociadores empleados por Napoleón pretende, por su parte, haber puesto objeciones a la propia naturaleza de su empresa: «Sí, dijo, siento que lo que hago no está bien, ¡pero que me declaren la guerra!».

El emperador decía a sus ministros: «Tengo que juzgar esa empresa muy necesaria para mi tranquilidad, pues me hace mucha falta la Marina y esto va a costarme los seis navíos que tengo en Cádiz».

Otras veces: «Si esto debiera costarme ochenta mil hombres, no lo haría; pero ni siquiera se necesitarán doce mil; es una niñería. Esta gente no sabe qué es una tropa francesa. Los prusianos eran como ellos y ya se vio cómo se encontraron».

Sin embargo, tras ocho días de mortales angustias, la negociación no avanzaba. Había que salir de allí; Napoleón no estaba acostumbrado a la resistencia; era un espíritu estropeado por una sucesión inaudita de éxitos y por el despotismo; podía resultar feroz por su turbación. Cierto día, dicen, se le escapó la palabra fortaleza. Al día siguiente, pidió perdón a su ministro: «No tengáis en cuenta lo que ayer oísteis; seguramente no lo hubiera hecho».

Napoleón, viendo que ya no podía esperar nada del príncipe de Asturias, tuvo la excelente idea de buscarle las cosquillas sobre la validez de la abdicación de Carlos IV. Es evidente que esa abdicación había sido forzada; y había sido retirada.

El Príncipe de la Paz salió de su prisión en Madrid y llegó a Bayona el 26 de abril. El 1 de mayo llegaron los *viejos soberanos,* como les llamaban los españoles. Aquella visión impresionó mucho. Se sentían desgraciados, y una etiqueta que viene de antiguo, preservada durante mucho tiempo, oculta el carácter a los ojos del vulgo.

En cuanto el rey y la reina de España hubieron entrado en sus aposentos, los franceses vieron a todos los españoles que se encontraban en Bayona, con el príncipe Fernando a la cabeza, haciendo la ceremonia del besamano que consiste en hincar la rodilla y besar la mano del rey y de la reina. Los espectadores que habían leído por la mañana, en la *Gazette de Bayonne,* los documentos referentes a los acontecimientos de Aranjuez y la protesta del rey, y que veían al infortunado monarca recibiendo así el homenaje de aquellos mismos hombres que habían urdido la conspiración del mes de marzo, se sintieron indignados ante tanta doblez y buscaron en vano el honor castellano. Los franceses cometieron la imprudencia de juzgar la nación española por las clases altas de la sociedad que, por lo que se refiere a los sentimientos, son las mismas por todas partes. Tras la ceremonia, el príncipe de Asturias quiso seguir a los viejos soberanos hasta sus aposentos interiores. El rey le detuvo diciéndole en español: «Príncipe, ¿no habéis ultrajado bastante mis canas?». Esas palabras parecieron producir sobre el hijo rebelde el efecto de un rayo[4].

El rey y la reina relataron a Napoleón los ultrajes de los que habían sido víctimas. «No sabéis», decían, «lo que es tener que quejarse de un hijo». Hablaban también del desprecio que les inspiraban los guardias de corps, aquellos cobardes que les habían traicionado.

Los negociadores franceses hicieron comprender fácilmente al Príncipe de la Paz que ya no tenía sentido continuar su reinado en España.

---

[4] *Moniteur,* mayo de 1808.

La víspera de la llegada del rey Carlos IV, Napoleón había hecho llamar al señor Escoiquiz y le había encargado que comunicara al príncipe de Asturias que cualquier negociación con él quedaba rota y que, en el futuro, sólo trataría con el rey de España.

Ahora bien, era dueño absoluto de la voluntad del rey de España por medio del Príncipe de la Paz. Los ingleses han repetido mucho que hubo violencia, conspiración; la verdad es que no hubo maquinadores ni conspiradores, sino sólo, como de costumbre, imbéciles dirigidos y engañados por bribones. Como de costumbre, también, un soberano extranjero, actuando del modo más contrario al derecho de gentes, se aprovechó de todo aquello.

Mientras, en Bayona, el rey Carlos IV ordenaba a su hijo Fernando VII que le devolviera la corona, el pueblo de Madrid, enojado por acontecimientos tan extraños, y que además, insultaban a toda la nación en la persona de los soberanos, se levantó el 2 de mayo. Perecieron unos 150 habitantes y 500 soldados franceses. La noticia llegó muy exagerada a Francia el 5 de mayo. Carlos IV hizo llamar a su hijo. El rey, la reina y Napoleón estaban sentados. El príncipe, que permanecía de pie, fue abrumado con las más sucias injurias. Napoleón, asqueado, dijo: «Salgo de una escena de mozos de cuerda». El príncipe, intimidado, entregó su renuncia formal y definitiva.

Aquel mismo día, 5 de mayo de 1808, tuvo lugar la cesión por el rey Carlos a Napoleón de todos sus derechos sobre España. El príncipe de Asturias cedió también a Napoleón todos sus derechos en España, pero sólo fue, según dicen, tras haber sido amenazado de muerte varias veces por el rey, su padre. Estaba el ejemplo de don Carlos y, por lo demás, el príncipe, que había conspirado a todas luces contra su padre y su rey, hubiera sido condenado a muerte por el jurado más íntegro del mundo.

Se acusa a Napoleón de haber llegado a decirle: «Príncipe, hay que optar entre la cesión o la muerte»[5]. Ya veremos cómo se prueban estas palabras a la posteridad.

---

[5] Çevalhos, pág. 52.

Los Borbones de España se instalaron en distintas ciudades; por todas partes y en toda ocasión el rey Carlos hizo protestas de afecto y fidelidad a su augusto aliado. Nadie ha acusado aún a Napoleón de haberle amenazado. Por lo que se refiere a Fernando VII, se fue a vivir en la hermosa tierra de Valençay.

Aquí terminan las llamadas perfidias de Napoleón. Europa, al no poder concebir la pusilanimidad en sus enemigos, le ha imputado su imbecilidad como crimen.

Mandó al general Savary a ver al príncipe de Asturias para presionarle a fin de que llegara, pero nunca le prometió reconocerlo como rey [6]. El príncipe fue a Bayona porque en todo momento creyó que le interesaba ir. Pensaba, tal vez con razón, que sólo Napoleón podía salvarle de su padre y del Príncipe de la Paz.

Un ministro español, el señor de Urquijo, coincidió en Vitoria, el 13 de abril de 1808, con el joven rey y su cortejo que se dirigían a Bayona. Escribió el mismo día al capitán general La Cuesta: «[...] Les dije [a los ministros de Fernando VII] que para Napoleón sólo se trataba de abolir la dinastía de los Borbones en España imitando el ejemplo de Luis XIV, y de establecer la de Francia... El Infantado, que siente el peso de mis reflexiones, me respondió: «¿Sería posible que un héroe como Napoleón fuera capaz de mancillarse con semejante acción, cuando el rey se pone en sus manos con la mejor de las intenciones?». Leed a Plutarco, le dije, y encontraréis que todos esos héroes de Grecia y de Roma, sólo adquirieron su gloria trepando sobre miles de cadáveres, pero todo eso se olvida y sólo se ve el resultado con respeto y asombro.

Añadí que debía recordar las coronas que Carlos V había arrebatado, las crueldades que había ejercido contra los soberanos y contra los pueblos, y que, a pesar de todo ello, se le contaba entre los héroes; que no debía olvidar tampoco que lo mismo habíamos hecho nosotros con los emperadores y reyes de las Indias..., que podía aplicarlo al origen de todas las dinastías del universo, que, en nuestra antigua España, se habían cometido asesinatos de reyes a

---

[6] «Aunque vuestros representantes sin duda se hayan negado a reconocerle como legítimo soberano». (Conversación de Escoiquiz).

manos de usurpadores que luego se habían sentado en el trono; que, en los siglos posteriores, teníamos el asesinato cometido por el bastardo Enrique II y la exclusión de la familia de Enrique IV, que las dinastías de Austria y de los Borbones derivaban de aquel incesto así como de aquellos crímenes... Dije que el lenguaje del *Moniteur* me hacía ver que Napoleón no reconocía a Fernando como rey, que decía que la abdicación de su padre, hecha entre armas y en un tumulto popular, era nula, que el propio Carlos IV lo confesaría, que, por no hablar de lo que le había sucedido al rey de Castilla, Juan I, había dos ejemplos de abdicación en la dinastía más moderna de los Austrias y los Borbones, una hecha por Carlos V, la otra por Felipe V, y que en estas dos abdicaciones se había procedido con la mayor calma, la más prudente deliberación e, incluso, con la cooperación de quienes representaban la nación» [7].

En la conversación con el señor Escoiquiz que, hasta aquí, es el documento más curioso de este proceso y el más auténtico porque ha sido publicado por un enemigo, Napoleón dice muy bien: «Pero, en fin, la suprema ley de los soberanos, que es la del bien de sus Estados, me pone en la obligación de hacer lo que hago».

Hay que observar, con gran asombro de los tontos, que un soberano que sólo es un procurador creado no puede usar nunca la generosidad, hacer donaciones gratuitas. Encontraremos de nuevo esta cuestión en Italia, donde se pretendía que Napoleón, en oposición a lo que consideraba los intereses de Francia, hubiese regalado a los italianos una independencia total.

Napoleón, atacado de improviso por España, cuando ésta le creía en dificultades con Prusia, en Bayona iba a hacer con España lo que creía más útil para Francia. Si hubiera sido derrotado en Viena, ¿no podían los españoles, al mando de Lacy y los Porlier, llegar hasta Toulouse y Burdeos, mientras los prusianos hubieran ido a Estrasburgo y a Metz?

La posteridad decidirá si es un crimen en el *procurador fundado* de una nación aprovecharse de la extremada estupidez de sus enemigos. Creo, al contrario que nuestro siglo, que la posteri-

---

[7] Fielmente extraído del libro del señor Escoiquiz. Sólo se citan aquí obras publicadas por enemigos del emperador.

dad se conmoverá más por el daño hecho a España que por el daño hecho a sus supuestos dueños. Está el ejemplo de Noruega.

Los libelistas acusan a Napoleón de despreciar demasiado a los hombres. Aquí le vemos cometer una gran falta porque siente demasiada estima por los españoles. Olvida que los orgullosos castellanos, envilecidos primero por Carlos V, son gobernados, desde el célebre emperador, por el más cobarde de los despotismos.

El señor de Urquijo dice en su carta al general La Cuesta: «Por desgracia, desde Carlos V, la nación ya no existe, porque no hay en absoluto, de forma real, un cuerpo que la represente, ni un interés común que la una en la consecución de un mismo objetivo. Nuestra España es un edificio gótico compuesto por piezas y fragmentos con casi tantos privilegios, legislaciones, costumbres e intereses como provincias hay. El espíritu público no existe en absoluto».

Durante quince años, la monarquía de España había alcanzado un grado de ridiculez inaudito en los anales de las cortes más envilecidas. La aristocracia de los nobles y los sacerdotes, que es la única que puede dar brillantez a la monarquía, se dejaba injuriar a placer. Un marido, un rey, concede sucesivamente al amante de su mujer:

1.º El mando supremo de todas las fuerzas de tierra y de mar;

2.º el nombramiento para casi todos los empleos del Estado;

3.º el derecho de hacer, por sí mismo, la paz y la guerra[8].

Si ese favorito hubiera sido un Richelieu, un Pombal, un Ximenez, un malvado hábil, entenderíamos a los españoles. Pero resultó que era el más estúpido bribón de Europa. Ese pueblo, al que tan orgulloso se considera, se veía gobernado despóticamente por el objeto de sus desprecios. Pero dejemos al margen cualquier orgullo; ¡cuántas desgracias generales y particulares iba a producir un gobierno tan infame! Nuestra aristocracia de Francia, antes de 1789, debía de ser una república en comparación con España. Y sin embargo, España rechazó una constitución liberal, y mucho más aún, una constitución garantizada por la vecindad del soberano legítimo y destronado.

---

[8] Conversación publicada por Escoiquiz.

Es preciso haber llegado muy lejos en la vida y sentir por los hombres casi tanto desprecio como merecen para concebir semejante conducta. Napoleón, que había vivido en Córcega y en Francia, entre naciones llenas de energía y de finura, con respecto a los españoles se dejó engañar por su corazón.

España, por su parte, perdió una ocasión que no volvería a presentársele por el resto de los siglos. Cada potencia tiene interés (mal entendido, es cierto) en ver a sus vecinos en un estado de debilidad y decadencia. Aquí, por un azar único, el interés de Francia y de la península resultó ser el mismo por un momento. España tenía el ejemplo de la Italia que Napoleón había tomado. Aunque la nación española se sienta muy contenta en su estercolero, tal vez dentro de doscientos años logrará arrancar una constitución, pero una constitución sin más garantía que ese viejo absurdo al que llamamos juramento, ¡y sabe Dios, además, con qué ríos de sangre habrá que comprarla! En cambio, al aceptar como rey a José, los españoles tenían a un hombre amable, lleno de luces, sin ambición, hecho adrede para ser rey constitucional, y adelantaban tres siglos la felicidad de su país.

Supongamos que Fernando VII se entregara al emperador, como Napoleón se entregó a los ingleses en Rochefort. El príncipe español rechaza el reino de Etrulia; es conducido a Balençay, residencia agradable y sana, y Napoleón, que había apelado a la tan alabada generosidad del pueblo inglés, es confinado en una roca donde, por medios indirectos y evitando el odioso veneno, se intenta hacerle perecer. No diré que la nación inglesa sea más vil que otras; diré sólo que el cielo le brindó una infeliz ocasión de mostrar que era vil. ¿Qué reclamaciones se formularon, en efecto, contra ese gran crimen? ¿Qué generoso transporte de todo el pueblo, al oír esa infamia, desautorizó a su gobierno ante la mirada de las naciones? ¡Oh Santa Helena, roquedal tan célebre ahora, eres el escollo de la gloria inglesa! Inglaterra, poniéndose por encima de las naciones con engañosa hipocresía, se atrevía a hablar de sus virtudes; esta gran nación la ha desenmascarado; que no hable más que de sus victorias mientras siga lográndolas. Sin embargo, Europa permanece muda y acusa a Napoleón o, cuando menos, parece escuchar a sus acusadores. No puedo decir lo que pienso. Oh hombres cobardes y envidiosos, ¿es posible abandonarse a un exceso de desprecio hacia vosotros, y cuando no se consigue ser vuestro dueño, entonces no está nada bien divertirse con vosotros como si fuerais una vil presa?[9].

Concluyamos en pocas palabras esos repugnantes asuntos de España.

En la conversación de Bayona, Escoiquiz dice a Napoleón:

> ESCOIQUIZ.—El pueblo desarmado de Madrid creía ser lo bastante fuerte para destruir el ejército francés y defender a Fernando. Hasta el punto de que se hubieran encontrado obstáculos invencibles en caso de que se hubiera querido emplear el único medio de poner en libertad a Fernando.
>
> NAPOLEÓN.—¿Cuál era ese medio, canónigo?
>
> ESCOIQUIZ.—El de hacer que, en secreto, el rey emprendiera la huida.
>
> NAPOLEÓN.—¿Y a qué parte del mundo lo habríais llevado?
>
> ESCOIQUIZ.—A Algeciras, donde teníamos ya algunas tropas y donde hubiéramos estado en la vecindad de Gibraltar.
>
> NAPOLEÓN.—¿Qué habríais hecho después?
>
> ESCOIQUIZ.—Siempre firmes en nuestra aspiración de mantener con Vuestra Majestad una alianza íntima, pero honorable al mismo tiempo, le habríamos propuesto perentoriamente continuarla, a condición de que nuestras plazas fronterizas nos fueran devueltas sin demora y que las tropas francesas salieran de España; y en el caso de que Vuestra Majestad se hubiera negado a suscribir estas proposiciones, le habríamos hecho la guerra con todas nuestras fuerzas hasta el último extremo. Ésa hubiera sido

[9] Véase la carta del general Bertrand a sir Hudson Lowe. Documento referente al prisionero de Santa Helena, Londres, 1818. Véase el hipócrita discurso de lord Bathurst, las cartas del médico O'Meara.

mi opinión, Sire, en caso de que hubiéramos tenido conocimiento, de un modo u otro, de vuestras verdaderas intenciones.

NAPOLEÓN.—Pensáis muy bien; eso es todo lo mejor que hubierais podido hacer.

Espíritus poco ilustrados gritarán: «Alabáis a Napoleón con respecto a España, como si hubiera sido un Washington».

Respondo: España conoció el más feliz azar que pueda presentársele a un país corrompido hasta lo más hondo y, por consiguiente, sin posibilidad de darse a sí mismo la libertad. Dar a la España de 1808 el gobierno de los Estados Unidos les hubiera parecido a los españoles, que son los más despreocupados de los hombres, la más dura y la más penosa tiranía. La experiencia, que José y Joaquín llevaron a cabo en Nápoles, aclaró la cuestión; fueron reyes con casi todas las ridiculeces del oficio, pero fueron moderados y razonables. Eso bastó para hacer progresar con rapidez la felicidad y la justicia en esos países, y para comenzar a poner de relieve el trabajo. Observad que la penosa sensación que experimenta un individuo al romper unas costumbres viciosas también la siente un pueblo. La libertad demanda que se ocupen de ella durante los primeros años. Ese malestar enmascara, al modo de ver de los tontos, la felicidad que debe resultar de las nuevas instituciones.

Así, para España, Napoleón era mejor que Washington; lo que le faltaba en liberalidad lo tenía en energía. Hay un hecho palpable, incluso con respecto a gente para quien las cosas morales resultan invisibles: la población de España, que era de ocho millones cuando Felipe II entró en el país, aumentó a doce por el poco sentido común francés que los reyes de esa nación introdujeron. Ahora bien, España, mayor que Francia, debiera ser más fértil a causa de su sol; posee casi todas las ventajas de una isla. ¿Cuál es pues el poder secreto que impide el nacimiento de catorce millones de hombres? Se me responderá: «Es la falta de cultivo de las tierras». Replicaré a mi vez: «¿Cuál es el veneno secreto que impide el cultivo de las tierras?».

Tras la cesión de España por parte de los príncipes de la dinastía que la guerra había colocado allí noventa años antes, Napoleón quería reunir una asamblea, hacer que ésta reconociera sus derechos, establecer una constitución y, por medio del peso y el prestigio de su poder, poner en movimiento la nueva maquinaria. España era, tal vez, el país de Europa donde Napoleón era más admirado. Comparad ese sistema de conducta con el de Luis XIV en 1713; ved sobre todo las correspondencias de la gente subalterna de ambas épocas, ministros, mariscales, generales, etc. [10], reconoceréis que la envidia es la principal fuente del éxito de madame de Staël y de los libelistas actuales, y los peligros y las ridiculeces que el innoble vulgo prodiga a los defensores del prisionero de Santa Helena.

Para hacer que el nuevo rey procediera de los derechos del pueblo, Napoleón quiso formar en Bayona una *convención* de ciento cincuenta miembros elegidos de los distintos cuerpos de la monarquía. La mayoría de los diputados fueron nombrados por las provincias, las ciudades y las corporaciones; los otros fueron designados por el general francés que mandaba en Madrid (el gran duque de Berg Murat). En todo ello, como sucede en todas las revoluciones, nada fue del todo legal, pues las costumbres políticas de un pueblo, que aún siguen denominándose su constitución, ¿podrían establecer las reglas para un cambio? Eso implica una contradicción. Todo se resentía de la turbulencia y la rapidez de las circunstancias, pero en todo se era fiel a los verdaderos principios. Por ejemplo, ¿quién podía tener derecho a nombrar los diputados de América? Se recurrió a lo más aparente que se encontró entre los americanos residentes en Madrid, y la elección resultó muy buena. Aquella gente estaba menos aplastada por los prejuicios que los españoles.

El 15 de junio de 1808, la junta abrió su sesión; contaba con 75 miembros que luego llegaron a 90. Esa asamblea había sido precedida por un decreto de Napoleón que declaraba que, con la representación de las principales autoridades de España, se había decidido, para poner fin al interregno, proclamar a su hermano José rey de las Españas y de las Indias garantizando la independencia de la monarquía y su integridad en las cuatro partes del mundo [11]. José llegó a Bayona el 7 de junio; abandonó con dolor la voluptuosa villa que se había construido en Nápoles. Valiente como Felipe V, no era mayor general que aquel príncipe.

---

[10] Saint-Simon, el marqués de San Felipe, *Memorias del mariscal de...*

[11] *Moniteur,* 18 de junio de 1808.

Los diputados reunidos en Bayona reconocieron a José el 7 de junio por la noche. Puesto que el discurso del duque del Infantado no expresaba un reconocimiento formal, Napoleón gritó: «No hay que andar con vacilaciones, señor; reconocer francamente o rechazar del mismo modo. Hay que ser grande tanto en el crimen como en la virtud. ¿Queréis regresar a España, poneros a la cabeza de los insurrectos? Os doy mi palabra de haceros llegar allí con seguridad; pero, yo os lo digo, actuaréis de modo que lograréis que os fusilen en ocho días... No, en veinticuatro horas» [12].

Napoleón tenía demasiado genio y generosidad para ejecutar esta amenaza. En el lenguaje del ejército francés, a eso se llama «llevarse al hombre por la petaca», que significa deslumbrar a un carácter débil.

Tras doce sesiones, la convención concluyó sus trabajos el 7 de julio. Había redactado una constitución para España. El proyecto fue enviado desde Bayona a la junta de gobierno de Madrid. De vuelta a Bayona, el acta aumentó en un número de artículos mucho más considerable, pues de ochenta que tenía en Madrid se llegó a ciento cincuenta.

Primero, de acuerdo con los principios, aquí la convención encargada de hacer la constitución aparece por completo separada del cuerpo que gobierna. La ausencia de esa precaución perdió a Francia en 1792.

Los miembros de la convención de Bayona no tenían ninguna afición al martirio, como se ha visto por sus discursos al rey José; sin embargo procedieron con una delicadeza que parece anunciar mucha libertad. Al no considerarse competentes para pronunciar la expulsión de una dinastía y la entrada de otra, no hablaron de ese punto esencial.

Los diputados estuvieron de acuerdo en reconocer que no se había puesto traba alguna a la libertad de sus deliberaciones. La tozudez con que los grandes de España defendieron el tan poco liberal derecho de formar grandes mayorazgos, muestra hasta qué punto creían en la estabilidad del nuevo orden de cosas. Se discu-

---

[12] Véase el discurso del duque del Infantado, *Moniteur* del 18 de junio. A los héroes castellanos, autores del señor duque, les habría costado un poco reconocerse.

tió con pasión sobre la tolerancia religiosa, palabra muy singular en España, y sobre el establecimiento del jurado.

¿Cuál fue durante esas discusiones la conducta del déspota? No pareció desconocer ni un solo instante la insuficiencia de esa representación para sancionar tan gran cambio. Partía siempre del principio de que la *aceptación de la nación* supliría las formalidades que las circunstancias no permitían satisfacer.

La parte de la constitución que se refería a América era bastante liberal y capaz de seguir conteniendo por algún tiempo el impulso hacia la independencia que esa hermosa parte del mundo ha tomado desde entonces. Estos artículos de la constitución habían sido redactados por un joven canónigo de México, llamado El Moral, hombre lleno de ingenio, de conocimiento y de amor por su país. Por lo general, lo que de bueno hay en España es excelente, pero en ningún pueblo la gente ilustrada se encuentra en menor proporción. Cuanto más por detrás del siglo está el cuerpo de la nación más superioridad y verdadera grandeza se encuentra en los quince o veinte mil patriotas aislados en medio del populacho, y cuya gloria e infortunio llenan Europa. Nunca me encuentro con una de esas nobles víctimas sin asombrarme ante el prodigioso esfuerzo que ha debido hacer esa cabeza para lanzarse más allá de la despreocupación y las falsas virtudes [13] que han vuelto el indomable valor del resto del pueblo en su propia contra. Los Augusto Argüelles, los El Moral, los Porlier, los Llorente muestran a Europa lo que será España diez años después de haber arrancado a sus reyes el gobierno de dos cámaras y el final de la Inquisición.

José y la convención abandonaron Bayona el 7 de julio. Si no se hubiera juzgado lo que acababa de pasar sólo por el cortejo que le rodeaba, nunca se habría sospechado el sorprendente cambio que acababa de operarse. Se mostraba a los españoles entre ministros y oficiales que habían servido a sus antiguos dueños. De todo lo que había existido en la corte de los Borbones sólo había cambiado el rey. ¡Dígase después de eso que el sostén de los reyes está

---

[13] El mecanismo de la falsa moral, fruto del papismo, está muy bien desarrollado en el tomo XVI de la historia de Italia del señor de Sismondi.

en su nobleza! La nobleza, por el contrario, es lo que hace odiosa la realeza.

José llegaba a un país poblado por menos de doce millones de habitantes cuyo ejército había sido cuidadosamente desacreditado, apartado, relegado a las partes alejadas de la monarquía. El país languidecía desde hacía ciento cincuenta años bajo un gobierno odiado y mucho más despreciado aún. Las finanzas, conducidas con la misma ineptitud que todo lo demás y asimismo despilfarradas, estaban en el mayor desorden; ¿y cómo restablecerlas en una nación donde el trabajo está deshonrado? En las provincias más ilustradas el pueblo había sentido por sí mismo que era preciso cambiar de rey y había vuelto los ojos hacia el archiduque Carlos [14]. ¡Qué afortunadas las Españas si hubieran seguido esa idea! Ahora disfrutarían de la felicidad que procura siempre una administración prudente y honesta y una política exterior que nada tiene de novelesca. Cuánta diferencia entre su estado y el de los súbditos de la casa de Austria.

José compartía el error de su hermano; no despreciaba lo bastante al populacho. Creía que dar a los españoles la igualdad y toda la libertad que podían concebir era convertirlos en amigos. Lejos de ello, a los españoles les indignó que los 80.000 hombres que entraron en España no fueran tropas de élite; vieron en ello una muestra de desprecio. Y entonces, todo estuvo perdido. En efecto, ¿cómo hacerse con un pueblo ignorante, fanático, sobrio en medio de la abundancia, que obtiene de sus privaciones tanta vanidad como los demás la obtienen de su goce? El español no es avaricioso, incluso carece de esta fuente de actividad; es atesorador sin ser avaro; no quiere poseer oro como el avaro, pero no sabe qué hacer con su fortuna; se pasa la vida ocioso y triste, pensando en su orgullo, en el interior de un soberbio aposento. Sangre, costumbres, lenguaje, modo de vivir y de combatir, en España todo es africano. Si el español fuera mahometano, sería un africano completo. Consumido por los mismos ardores, condenado al mismo retiro, a la misma sobriedad, al mismo gusto por la meditación y el silencio; feroz y generoso a la vez, hospitalario

14 *Moniteur* del 22 de junio de 1808.

e inexorable; perezoso e infatigable el día que se pone en movimiento, el español, abrasado por su sol y su superstición, presenta todos los fenómenos del temperamento bilioso llevado al extremo. Por lo demás, como el pueblo hebreo, sin salir nunca de su casa y permaneciendo ajeno, por prejuicio nacional, a las naciones que le rodean. Todas las incursiones del español se limitaban a América, donde encontraba un despotismo más envilecedor aún que el de la península. El español no comparece en Europa; jamás hay desertor, artista, negociante español. Es poco conocido y, por su lado, no intenta conocer. El español tiene sólo una cualidad: sabe admirar.

En Bayona, por lo general se sintió asombro ante la falta de conocimientos que las personas vinculadas a la corte de España mostraron sobre el estado de Francia; hombres y cosas, lo ignoraban todo. Sentían por los generales más célebres del ejército francés la curiosidad de los salvajes.

El español, como el turco, al que tan poco se parece por su religión, no sale de su país para llevar la guerra al de los demás, pero en cuanto ponen los pies en su casa, todo el mundo es su enemigo. La nación no piensa, como en Alemania, que su defensa es asunto de las tropas.

Se tiene tanto orgullo nacional, se es tan patriota en España que incluso los sacerdotes lo son. Hoy, la mitad de los generales que combaten en América por la libertad se han educado en las clases de los curas. Ése es otro parecido con los turcos. Tal vez la fisonomía del clero sea el rasgo que más separa a España del resto de Europa.

El clero *reside* en España; además es el único gran propietario que vive entre los pueblos. El resto habita en Madrid o las capitales de provincia; de ahí el antiguo proverbio para referirse a algo imposible: «hacer castillos en España». Esa perpetua presencia de los sacerdotes entre los pueblos, esa habitual restitución hecha a los propios lugares de los frutos que de ellos se ha obtenido, deben ejercer una influencia de la que los ausentes, los nobles, no pueden participar. Aunque el español escuche a sus sacerdotes como a su superior en sabiduría, le ama como a un igual en amor por la patria. Los sacerdotes aborrecen los principios liberales; no hay forma de prever cómo España saldrá de esa situación. Es un círculo vicioso; tal vez está destinada a dar a las generaciones futuras el útil y necesario espectáculo de una monarquía completa [15].

España ardía desde hacía seis meses mientras Napoleón seguía creyendo que los beneficios del gobierno representativo iban a ganarse todos los corazones. Sabía que, de entre todos los pueblos de Europa, éste era el que había llevado más lejos la admiración por sus hazañas. El italiano y el español, al no tener nada frívolo en su carácter, al estar amasados con pasión y desconfianza, son mejores jueces de la grandeza de los jefes de las naciones.

Si Bonaparte hubiera hecho ahorcar al Príncipe de la Paz, hubiera devuelto a Fernando VII a España con la constitución de Bayona, una de sus sobrinas como mujer, una guarnición de 80.000 hombres y un hombre de ingenio como embajador, hubiera obtenido de España todos los navíos y todos los soldados que podía proporcionar. ¿Quién puede establecer el grado de adoración al que se hubiera entregado un pueblo en el que la alabanza se convierte en himno y la admiración en éxtasis?

No cabe duda de que Napoleón se sintió seducido por el ejemplo de Luis XIV. Una vez provocado en Iéna, quiso hacer tanto como el gran rey. Cambió de rey precisamente en la única nación donde esa medida no convenía. Las amenazas, renovadas sin cesar, del señor de Talleyrand, también tuvieron mucho que ver con su resolución.

Cuando José entraba en España y Napoleón regresaba triunfal a París con sus remordimientos y sus falsas ideas, España ya se había levantado. Mientras el consejo de Castilla ordenaba una leva de 300.000 hombres, gran número de ayuntamientos se levantaban por sí mismos. No hubo pueblo que no tuviera su junta. España ofreció de pronto un espectáculo semejante al de Francia cuando, en 1793, se llenó de gente que deliberaba sobre los peligros de la patria. En Sevilla, en Badajoz, en Oviedo el levantamiento se produjo tras la noticia de los acontecimientos de Madrid, el 2 de mayo.

---

[15] El despotismo atemperado por la aristocracia de los nobles y la de los sacerdotes, es decir tres poderes conjurados contra el ciudadano útil y productor, que lo desvalijan a su gusto.

Todas las Asturias se alzaron en insurrección al enterarse del cambio de dinastía. El populacho, en su furor, dio comienzo a una horrible sucesión de atentados contra todos aquellos a los que consideraban partidarios de los franceses o tibios ante la causa de la patria. Los personajes más relevantes fueron asesinados; de ello resultó un *terror* universal y surgió la necesidad por parte de todos los que gobernaban de materializar sin vacilaciones la voluntad del pueblo. Por el *terror,* España tuvo ejércitos.

En cuanto un ejército era derrotado, colgaba a su general. Los españoles eran un pueblo religioso y bravo, pero no militar. Tenían, por el contrario, la costumbre de detestar o despreciar todo lo que se refería a las tropas de línea. Es un contraste perfecto con Alemania. Consideraron la guerra como una cruzada religiosa contra los franceses. Una cinta roja con esta inscripción: «vincer o morir pro patria et pro Ferdinando VII (sic)», era la única distinción militar de la mayoría de los soldados.

La primera batalla entre estos fanáticos y los franceses dejó veintisiete mil cadáveres en los campos de Río Seco. Algunas mujeres se lanzaban con horribles aullidos sobre nuestros heridos, y se los disputaban para darles muerte entre los más crueles tormentos; les clavaban cuchillos y tijeras en los ojos y se saciaban, con feroz júbilo, viendo su sangre y sus convulsiones [16].

Napoleón recibió en Burdeos la noticia de la batalla de Bailén, donde Castaños y Reding lograron que el general Dupont depusiera las armas. Era su primer revés; eso le desesperó. Ni Rusia, ni Waterloo produjeron nunca nada parecido en aquella alma altiva. «Robar vasos sagrados», gritó en su furor, «es concebible en un ejército poco disciplinado, ¡pero firmar que se ha robado!». E instantes después: «Conozco a mis franceses: había que gritarles: «¡Sálvese quien pueda!». Al cabo de tres semanas, todos habrían vuelto a mí». Interrogaba a los asistentes: «Pero ¿no hay una ley en algún código que permita fusilar a todos estos infames generales?».

---

16 *Mém. de Rocca,* pág. 190.

Napoleón regresó a París, pero muy pronto fue necesario volver a España. Dejaremos, como de costumbre, la historia general de la guerra, pues exige mucho detalle. Pasó numerosas revistas a las puertas de Madrid. Como solía suceder, se encontró en medio de una gran multitud e incluso, una vez, en medio de una gran columna de prisioneros españoles. Aquellos fanáticos, vencidos, harapientos y abrasados por el sol tenían rostros horribles.

El señor de Saint-Simon, grande de España, antiguo miembro de la Asamblea Constituyente, había combatido en Madrid contra los franceses. Napoleón tenía decidida una política con respecto a los franceses que vuelven sus armas contra la patria. El señor de Saint-Simon fue arrestado y condenado a muerte por una comisión militar. El emperador no podía albergar ningún sentimiento de odio contra un hombre al que no conocía en absoluto y que no era uno de los personajes peligrosos. Sólo la política había marcado a la víctima.

El señor de Saint-Simon tenía una hija que endulzaba su exilio y las penas de su vejez con los más tiernos cuidados. Los peligros de su padre la llevaron hasta los pies de Napoleón. Todo estaba dispuesto para el suplicio; la abnegación de aquella hija piadosa prevaleció contra una decisión ya tomada que parecía irrevocable, pues no se apoyaba en las pasiones sino en la razón y en el recuerdo de San Juan de Acre.

Aquel hermoso acto de clemencia fue facilitado por el mayor general y por los generales Sebastiani y Laubarbière. A todo el ejército le parecía injusta la guerra de España; por aquel entonces aún no estaba irritado por los numerosos actos de traición [17]. En la retirada de Oporto, en 1809, un muy numeroso hospital francés fue masacrado en horribles circunstancias. En Coimbra, varios miles de enfermos y heridos acabaron también de un modo demasiado atroz para ser contado. En otra parte, en el Miño ahogaron a sangre fría a setecientos prisioneros franceses. Hay centenares de anécdotas de este tipo que comprometen a gente a la que todavía

---

[17] «Nuestra máxima era que engañar con habilidad, sin disfrazar por entero la verdad, a un hombre tan falso como Napoleón, era una acción digna de elogios en vez de ser algo condenable», Escoiquiz, pág. 124.

hay quien tiene la bondad de admirar. A medida que esas atrocidades irritaban al ejército francés, fue volviéndose cruel, aunque sin perder nunca las formas. Se fusilaba o se colgaba a quien era considerado rebelde.

En medio de su campaña de España, Napoleón supo que Austria, que se armaba desde hacía mucho tiempo, estaba a punto de atacar. Era preciso confiar España o Francia e Italia a algunos lugartenientes. No pudo vacilar; fue una falta obligada, pero desde aquel momento España estuvo perdida. Todo languideció en el ejército, que ya no era la *Grande Armée,* que ya no estaba santificado por la inmediata presencia del déspota. Desde aquel momento, por mucho que se realizaran grandes acciones, ya no hubo ascenso ni recompensa para el ejército de España.

Para acabar de hacer insostenible la posición, las marcadas diferencias entre José y Napoleón se acentuaron cada vez más. Al principio se basaba en dos causas: el abandono en que Napoleón había dejado a José y la insolencia con que lo trataban los mariscales; en segundo lugar, los nuevos proyectos de Napoleón sobre España.

José creía que, puesto que lo habían hecho rey, era preciso que lo pareciera, que relegarlo a la cola del ejército no era prepararlo para comparecer a la cabeza de la nación, que cuanto más orgullosa era, más debía desear los honores de su jefe. Luis XIV, que entendía de vanidad, no hubiera cometido ese error.

Todo el dinero que se había conseguido en Prusia, unos cien millones, no parecía bastar para la guerra de España. Napoleón, acostumbrado a alimentar la guerra con la guerra, no se decidía a llevar su dinero a España. Quería que José pagase la guerra; España apenas habría podido hacerlo en tiempos de paz. Era el más alto grado del absurdo. Justo cuando las tropas francesas no eran, en sentido estricto, dueñas del terreno que ocupaban militarmente, y que estaban agotando a fondo.

Pero había más: en cuanto llegó a España comenzó a mirarla, la encontró hermosa y quiso un pedazo. Nada más contrario a las actas de Bayona. Su genio inquieto y ardiente, satisfecho por unos instantes en el momento de la creación, percibía sin cesar nuevas relaciones en los asuntos. La idea del día presente devoraba la de la víspera y se sentía con fuerzas para destruir todos los obstáculos, nada era inmutable para un espíritu ante el que los límites de lo posible se alejaban, como el horizonte ante el viajero. A menudo se ha juzgado pérfido a Napoleón, cuando sólo era cambiante. He aquí la disposición que le hacía el príncipe de Europa menos apto para el gobierno constitucional. Había empezado cediendo, muy sinceramente, España a José: sin duda, en Bayona, no pensaba en apropiarse de una sola de sus provincias. Al regresar de Benavente, hasta donde a pesar de todos los obstáculos que la nieve, el invierno y las montañas pueden acumular, había perseguido a los ingleses, se detuvo en Valladolid y allí aguardó con impaciencia a los miembros de la diputación de la villa de Madrid. Hizo llamar a un hombre de su corte que viajaba con aquellos diputados. Ardía en deseos de partir hacia Francia. Era de noche, el tiempo era horrible. Abría la ventana cada instante para consultar el estado del tiempo y asegurarse de la posibilidad de partir. Se dirigía a la gente de su séquito, las preguntas se amontonaban, como de costumbre, inquiría con vivacidad qué se haría en Madrid, qué querían los españoles. Se le decía que estaban descontentos; entonces comenzó a demostrar que se equivocaban, que el descontento no era posible; que un pueblo razona siempre con acierto sobre sus intereses, que los españoles saldrían ganando con el diezmo, la igualdad, los derechos feudales, la disminución de la hidra del clero. Se le respondía que, en primer lugar, el español, al no saber nada de la situación de Europa, no tenía ojos para ver esas ventajas. Pero que, en cambio, tenía el orgullo de no querer verse obligado por nadie. Que, al final, ese pueblo era como la mujer de Sganarelle, que quería ser zurrada. Se rió y prosiguió con vehemencia, paseando a grandes zancadas: «No conozco España; es un país más hermoso de lo que yo pensaba. Con ella le hice un hermoso regalo a mi hermano; pero ya veréis cómo los españoles harán tonterías y la recuperaré; la dividiré en cinco grandes virreinatos». Estaba impresionado por la tendencia de España a aliarse con Inglaterra. No contaba en mayor medida con los reyes de España Napoleones que con los reyes de España Borbones. Intuía que tanto los unos como los otros aprovecharían la primera ocasión para independizarse, como intentaron hacer los reyes de Holanda y de Nápoles.

Abandonó Valladolid al día siguiente de haber cometido tan singular indiscreción, y recorrió en pocas horas de galope las treinta leguas que separan esa ciudad de Burgos. Llegó a París cuatro días después. La rapidez de esas incursiones, esa aptitud para desafiar las fatigas eran parte de la magia de su existencia; hasta el más humilde postillón, todo el mundo sentía que era un hombre superior al hombre.

Detengámonos unos instantes para penetrar en el interior de aquel palacio de las Tullerías de donde partían los destinos de Europa.

La guerra de España marca, a la vez, la época de la decadencia del poder de Napoleón y la época de la decadencia de su genio. La prosperidad había cambiado y viciado poco a poco su carácter. Cometía el error de asombrarse en exceso por sus éxitos y de no despreciar bastante a los reyes, sus colegas. Bebía a largos tragos el veneno del halago. Creyó que nada le era personalmente imposible; ya no pudo soportar la contradicción y muy pronto la menor observación le pareció una insolencia, además de una tontería. A consecuencia de sus malas elecciones, se había acostumbrado a creer que sólo tenían éxito las cosas que hacía él. Muy pronto, sus ministros no tuvieron que aparentar hacer otra cosa que redactar de modo servil sus ideas. Los hombres de verdadero talento se alejaron o fingieron que ya no pensaban, se burlaban de él en secreto [18]. Resulta imposible que en este siglo los verdaderos talentos no estén vinculados a ideas más bien liberales: el propio Napoleón es un ejemplo de ello, y ese crimen pasa por ser el mayor de todos.

---

[18] El conde Réal, por ejemplo.

HONORÉ DE BALZAC

LAS MARANA
EL VERDUGO

Traducción de Antonio Redondo Magaña

LAS MARANA

A la señora condesa Merlín.

A pesar de la disciplina que el mariscal Suchet impuso en el cuerpo de su ejército, no pudo impedir que, en un primer momento, se produjeran cierta confusión y algunos desórdenes en la toma de Tarragona. Según algunos militares bien intencionados, la embriaguez de la victoria tenía mucho de saqueo, un saqueo que, por otra parte, el mariscal supo reprimir rápidamente. Una vez restablecido el orden, acantonados todos los regimientos en sus respectivos cuarteles y nombrado el comandante de la plaza, llegaron los administradores militares. La ciudad cobró entonces una fisonomía mestiza. Si bien se organizó todo a la francesa, los españoles pudieron continuar *in petto* con sus gustos y aficiones nacionales.

El saqueo del primer momento, que duró un período de tiempo bastante difícil de calcular, tuvo, como todos los acontecimientos terrenales, una causa fácilmente identificable.

En el ejército del mariscal había un regimiento compuesto casi completamente por italianos, al mando de un coronel llamado Eugène, un hombre de una valentía tan extraordinaria como la del propio Murat, quien por llegar demasiado tarde a la guerra no consiguió ni un gran ducado de Berg, ni un reino de Nápoles ni un balazo en Pizzo. Pero si no alcanzó ninguna corona, sí que estuvo bien situado para recibir unos cuantos balazos, y no hubiera sido nada extraño que tropezara con unos cuantos.

El regimiento estaba formado con los restos de la legión italiana. Dicha legión era para Italia lo que los batallones coloniales para Francia. Su base, ubicada en la isla de Elba, había servido para deportar honorablemente a los hijos de familia cuyo futuro inspira inquietud y a esos grandes personajes malogrados previamente y marcados con un hierro candente por la sociedad, con el calificativo de *malos sujetos.* Casi todos ellos eran unos incomprendidos cuya existencia puede terminar siendo agradable gracias a una sonrisa de mujer que les libre de su «brillante» pasado, o bien espantosa, al final de una orgía bajo la influencia de alguna malévola reflexión, confiada a sus compañeros de borrachera.

Así pues, Napoleón destinó aquellos enérgicos hombres al 6.º de infantería, con la esperanza de convertir a casi todos ellos en generales, salvo a los que el fuego enemigo dejara inservibles; los cálculos del emperador fueron únicamente acertados en lo relativo a los estragos de la muerte. El regimiento, a menudo diezmado, aunque siempre idéntico, se ganó una gran reputación por su valor en el plano militar; pero en el de la vida privada, tuvo la más detestable de todas.

En el sitio de Tarragona, los italianos perdieron a su célebre capitán Bianchi, el mismo que durante la campaña apostó a que se comería el corazón de un centinela español y se lo comió. De esa diversión de campamento, que está contada en otro texto *(Scènes de la vie parisienne),* se conocieron ciertos detalles en el 6.º de infantería que confirman cuanto se dice allí.

Aunque Bianchi era el príncipe de los demonios encarnados a los que el regimiento debía su doble reputación, también tenía esa especie de honor caballeresco que en el ejército hace que se excusen los mayores excesos. En resumidas cuentas, un siglo antes habría sido un admirable filibustero. Hacía unos pocos días, aquel militar se había distinguido por una brillante acción que el mariscal decidió recompensar. Bianchi rechazó cualquier ascenso, pensión o nueva condecoración y reclamó como única recompensa ser el primero en entrar en Tarragona. El mariscal aceptó su petición y se olvidó de la promesa, pero Bianchi se lo recordó. El violento capitán fue el primero que plantó la bandera francesa en la muralla y mientras lo hacía un fraile lo mató.

Procedía hacer esta digresión histórica para explicar cómo el 6.º de infantería fue el primero que entró en Tarragona y por qué el desorden, bastante natural en una ciudad tomada por la fuerza, degeneró tan pronto en un ligero saqueo.

El regimiento contaba con dos oficiales que, aunque no destacasen precisamente entre aquellos hombres aguerridos, desempeñaron juntos un papel bastante importante en esta historia.

El primero, capitán de intendencia, era un oficial medio militar y medio civil que tenía fama, según la jerga cuartelera, de dedicarse *a sus propios asuntos*. Presumía de valiente, alardeaba ante los civiles de pertenecer al 6.º de infantería y se atusaba el bigote con aires de bravucón, pero sus camaradas no lo apreciaban en absoluto. Su fortuna le había vuelto prudente. Lo llamaban el *Capitán de los cuervos* por dos razones: en primer lugar, porque olía la pólvora a una legua de distancia y escapaba con agilidad de los disparos de cualquier fusil; y, además, porque el apodo encerraba un inocente retruécano militar, que se tenía bien merecido, pero del que cualquier otro se habría sentido orgulloso.

El capitán Montefiore, perteneciente a la ilustre familia de los Montefiore de Milán, aunque las leyes de Italia le prohibían ostentar el título, era uno de los mozos más guapos del ejército. Probablemente en su belleza radicaba una de las causas secretas de su prudencia en el campo de batalla. Cualquier herida que le hubiera deformado la nariz, cortado la frente o llenado de cicatrices las mejillas habría destruido uno de esos hermosos semblantes italianos, cuyas delicadas facciones querrían dibujar oníricamente todas las mujeres. Su rostro, bastante parecido al del modelo que posó como joven turco moribundo en el cuadro *La revuelta de El Cairo* de Girodet, era una de esas caras que casi siempre embaucan a las mujeres.

El marqués de Montefiore tenía bienes a título de fideicomisario y todas sus rentas estaban empeñadas durante algunos años para poder pagar unas francachelas italianas que nadie concebiría en París. Se arruinó por mantener un teatro en Milán y tratar de imponer al público una mala cantante que, según decía, lo amaba con locura. De modo que el capitán Montefiore tenía ante sí un futuro muy prometedor y no le preocupaba jugárselo por un maldito trozo de cinta roja.

Si no era valiente, al menos era filósofo, y de ello tenía antecedentes si es que cabe utilizar aquí el lenguaje parlamentario.

¿No juró Felipe II, tras la batalla de San Quintín, que no volvería a exponerse a más fuego que el de las hogueras de la Inquisición?, y ¿no estuvo de acuerdo con él el duque de Alba, cuando pensó que el peor negocio del mundo era el trueque involuntario de una corona por una bala de plomo? Así pues, Montefiore era felipista por ser marqués y por su condición de guapo mozo; en resumidas cuentas, era un político tan profundo como pudo serlo Felipe II.

Para consolarse del apodo y del poco aprecio que le tenían en el regimiento, decía para su coleto que sus camaradas eran unos granujas y que, en el caso de que sobrevivieran a esta guerra de exterminio, su opinión probablemente no tendría mucho crédito en el futuro. Confiaba en su apostura como si ésta fuera un diploma de valor; daba por seguro que le nombrarían coronel, ya por mediación de algún favor femenino, ya por una hábil metamorfosis que le convertiría de capitán de intendencia a oficial de órdenes, y de oficial de órdenes en ayuda de campo de algún mariscal complaciente. Para él, la gloria era una simple cuestión de uniforme. Así, llegaría el día en que los diarios hablarían de él como *el valiente coronel Montefiore,* etc. Entonces tendría cien mil *scudi* de renta, se casaría con la hija de un alto dignatario y ya nadie se atrevería a dudar de su arrojo ni a comprobar sus heridas. Por último, el capitán Montefiore tenía un amigo en la persona del interventor, un provenzal nacido cerca de Niza que se llamaba Diard.

Los amigos sirven de consuelo en las desgracias, tanto en un calabozo como en una buhardilla de artista. Pues bien, Montefiore y Diard eran dos filósofos que se consolaban de sus desgracias recurriendo al vicio, como dos artistas mitigan las penas de la vida con la esperanza de la gloria. Los dos juzgaban la guerra por sus resultados, no por su acción, y se limitaban a dar a los muertos el nombre de necios. El azar los hizo soldados, pero tendrían que haber estado sentados alrededor de las mesas de juego de algún congreso. La naturaleza dio forma a Montefiore en el molde de los Rizzio, y esculpió a Diard en el crisol de los diplomáticos. Ambos estaban dotados de un carácter nervioso, voluble, femenino, tan propenso al bien como al mal y del que, según el capricho de esos singulares temperamentos, puede esperarse tanto un crimen como una acción generosa, tanto un acto lleno de grandeza como una cobardía. Su destino depende en cada instante de la presión más o menos intensa que las pasiones violentas y fugaces ejerzan sobre su sistema nervioso.

Diard era un contable bastante bueno, pero ningún soldado le habría confiado su bolsa ni su testamento, quizá debido a la antipatía que sienten los militares por los burócratas. El interventor no carecía de arrojo ni de una especie de generosidad juvenil, sentimientos ambos de los que se despojan algunos hombres cuando envejecen, razonan o calculan. Cambiante como pueda serlo la belleza de una mujer rubia, Diard era también jactancioso y muy locuaz, y hablaba de todo. Se consideraba un artista y, a imitación de dos grandes generales, requisaba las obras de arte con el único fin, según decía, de no privar de ellas a la posteridad. A sus camaradas les habría resultado muy dificultoso emitir un juicio certero sobre él. Muchos de los que periódicamente recurrían a su bolsa le creían rico. Pero era un jugador, y los jugadores no tienen nada propio. Era tan jugador como Montefiore, y todos los oficiales jugaban con ellos; lo hacían porque, para mayor vergüenza de los hombres, no es raro ver en torno a un tapete verde a gente que, una vez terminada la partida, no se saluda ni se tiene ningún aprecio. Montefiore había sido el contrincante de Bianchi en la apuesta del corazón español.

Montefiore y Diard estaban en las últimas filas cuando se produjo el asalto, pero fueron los primeros en llegar al centro de la ciudad cuando ésta fue tomada. Ésas son casualidades que se dan en las refriegas. La única salvedad es que los dos amigos solían actuar así. Apoyándose el uno al otro, se lanzaron valientemente por un dédalo de callejuelas estrechas y oscuras, cada cual a lo suyo, buscando uno pinturas de vírgenes y otro vírgenes de carne y hueso.

En no sé qué lugar de Tarragona, Diard reconoció, por la arquitectura del pórtico, un convento cuya puerta estaba derribada y saltó al claustro para detener la furia de los soldados. Llegó en el momento más oportuno, porque impidió que dos parisienses fusilaran a una virgen de la Albana y, a pesar de los bigotes con que aquellos dos fusileros la adornaron por fanatismo militar, la compró.

Al quedarse solo, Montefiore vio, frente al convento, la casa de un comerciante de paños de la que salió un disparo dirigido contra él, en el mismo momento en que la estaba examinando de arriba abajo y le detuvo la fulgurante e intensa mirada que intercambió con una joven curiosa, que asomaba la cabeza por el extremo de una celosía.

Una Tarragona tomada al asalto; una Tarragona llena de cólera y disparando desde todas las ventanas; una Tarragona violada, con los cabellos revueltos y medio desnuda, con sus llameantes calles rebosantes de soldados franceses muertos o matando, bien merecía la mirada de una española intrépida. ¿No era aquello una corrida de toros a lo grande?

Montefiore se olvidó del saqueo y, durante un instante, dejó de oír el griterío, los disparos de mosquetes y el estruendo de la artillería. El perfil de aquella española era lo más deliciosamente divino que nunca había visto un libertino de Italia como él, cansado de mujeres; un hombre que soñaba con una mujer imposible, porque estaba harto de mujeres. Un degenerado como él aún podía estremecerse, aunque hubiera derrochado su fortuna cometiendo las mil locuras y las mil pasiones de un joven embrutecido; era el más abominable monstruo que pueda engendrar una sociedad como la nuestra.

Le vino a la cabeza una gran idea, sin duda inspirada en el disparo del fusil del comerciante patriota. Consistía en prenderle fuego a la casa. Pero estaba solo, sin medios de acción: el centro de la batalla estaba en la gran plaza, donde aún se defendían unos cuantos obstinados.

Después, se le ocurrió otra idea todavía mejor. Cuando Diard salió del convento, Montefiore no le dijo nada sobre su descubrimiento y se fue con él a realizar diversas diligencias en la ciudad. Pero, al día siguiente, el capitán italiano se alojó en la casa del comerciante de paños, por orden de las autoridades militares. ¿No era ésa la vivienda natural de un capitán de intendencia?

La casa de aquel buen español tenía unos bajos donde había una gran tienda oscura, armada exteriormente por grandes barrotes de hierro, como lo están en París los viejos almacenes de la calle Lombards. La tienda comunicaba con una sala de estar iluminada por la luz procedente de un patio interior; en realidad, aquello era una gran habitación donde se respiraba toda la atmósfera del medievo: viejos cuadros ennegrecidos, viejas alfombras, un antiguo brasero, un sombrero de plumas colgado de un clavo, un fusil de las guerrillas y la capa de Bartolo. La cocina daba a ese lugar de reunión, a esa estancia única donde la familia comía y se calentaba al opaco fulgor del brasero, fumando cigarros y discutiendo para atizar el odio de sus corazones contra los franceses. Fuentes de plata y piezas de vajilla antigua adornaban un aparador también de estilo antiguo. La luz del día se distribuía parsimoniosamente, le daba un brillo apagado a los objetos resplandecientes y todo, incluso las caras, se volvía oscuro como en un cuadro de la escuela holandesa.

Entre la tienda y ese salón tan lleno de colorido y vida patriarcal, había una escalera bastante sombría que conducía a un almacén donde unos tragaluces hábilmente practicados permitían examinar las telas. Encima, estaba la vivienda del comerciante y su mujer.

Por último, el alojamiento para el aprendiz y la criada estaba situado en una buhardilla ubicada debajo del tejado saledizo que daba a la calle y sostenida por unos contrafuertes que le daban un aspecto extraño a la casa; las habitaciones de la buhardilla fueron ocupadas por el comerciante y su mujer tras dejar éstos sus aposentos al oficial, sin duda, para evitar males mayores.

Montefiore se hizo pasar por un antiguo súbdito de España, perseguido por Napoleón, a quien servía en contra de su voluntad; estas verdades a medias surtieron el efecto esperado. Y haciendo honor a su nombre, nacimiento y título, lo invitaron a compartir el almuerzo de la familia. Montefiore tenía sus razones para querer ganarse la benevolencia del comerciante; olía a la virgen como el ogro olía la carne fresca de Pulgarcito y a sus hermanos.

A pesar de la confianza que supo inspirar al comerciante de paños, éste guardó un mutismo total sobre la virgen; el capitán no sólo no encontró ningún indicio de la joven durante el primer día que pasó bajo el techo del honrado español, sino que tampoco pudo oír ningún ruido ni captar ninguna señal que le revelara su presencia en aquel antiguo caserón.

Sin embargo, todo resonaba tanto en el entarimado de la casa, casi toda de madera, que durante el silencio de las primeras horas de la noche, Montefiore esperó adivinar el lugar donde se encontraba escondida la joven desconocida. Imaginando que sería la hija única de aquellos ancianos, creyó que la tendrían confinada en las buhardillas, donde habían fijado su domicilio durante el tiempo que durara la ocupación.

Pero no hubo ninguna revelación que delatara el escondite del precioso tesoro. Con la cara pegada a los pequeños cristales en forma de rombo, sujetos por tiras de plomo y que daban al negro recinto del patio interior, el oficial estuvo mirando, pero no vio nada más que la sombra que proyectaban las ventanas de la habitación, donde estaban los viejos esposos tosiendo, yendo, viniendo y hablando. De la joven, no encontró ni el más mínimo indicio. Montefiore era demasiado astuto como para arriesgar el porvenir de su pasión aventurándose a explorar la casa de noche o llamando suavemente a las puertas. Y exponerse a que lo descubriera un patriota ardiente y desconfiado como era aquel español, padre y comerciante de paños, podía acarrear su perdición.

Así pues, el capitán decidió armarse de paciencia, confiando en que el tiempo y la imperfección de los hombres, incluso de los degenerados —y con más motivo de los honrados—, siempre terminan haciendo olvidar algunas precauciones. Al día siguiente, vio una especie de hamaca en la cocina y así descubrió dónde dormía la criada. En cuanto al aprendiz, dormía bajo el mostrador de la tienda.

Durante ese segundo día, mientras cenaban, Montefiore despotricó contra Napoleón, y consiguió que se desarrugara el ceño de su anfitrión, un español grave, con un rostro negro parecido al que se tallaba antaño en el mango de los rabeles, y que su mujer recuperara una alegre sonrisa de odio en los pliegues de su viejo semblante. La lámpara y los reflejos del *brazero* iluminaban fantásticamente aquella noble sala. La anfitriona acababa de ofrecer un *cigaretto* a su medio compatriota. En ese momento, Montefiore oyó el roce de un vestido y la caída de una silla detrás de una cortina.

—¡Vamos —exclamó la mujer, palideciendo—, que todos los santos nos asistan y que no haya ocurrido ninguna desgracia!

—¿Tiene por casualidad a alguien ahí al lado? —preguntó el italiano, sin dar la más mínima muestra de emoción.

El pañero dejó escapar una palabra injuriosa contra las jóvenes. Su mujer, alarmada, abrió una puerta secreta y trajo medio muerta a la virgen del italiano, a la que el arrobado enamorado no prestó ninguna atención. Pero, para evitar toda tirantez, miró a la joven, se volvió hacia su anfitrión y le dijo en su lengua materna:

—¿Es su hija, caballero?

Pérez de Lagounia, que así se llamaba el comerciante, había mantenido intensas relaciones comerciales con Génova, Florencia y Livorno; sabía italiano y respondió en la misma lengua:

—No. Si fuera mi hija, habría tomado menos precauciones. Esta niña nos ha sido confiada y preferiría morir antes que le ocurriera la más mínima desgracia. Pero, ¡vaya usted a confiar en el juicio de una joven de dieciocho años!

—Es muy hermosa —dijo fríamente Montefiore, que ya no volvió a mirar a la joven.

—Su madre es célebre por su belleza —respondió el comerciante.

Y continuaron fumando y observándose mutuamente. Aunque Montefiore se impuso la dura ley de no echar ninguna otra mirada que pudiera comprometer su aparente frialdad, en el momento en que Pérez giró la cabeza para escupir, se permitió echar un vistazo de reojo a la joven y encontró unos ojos chispeantes. Entonces, con esa especie de ciencia del mirar que le confiere al degenerado, igual que a un escultor, el don de poder desnudar, por así decirlo, a una mujer y adivinar sus formas por inducciones rápidas y sagaces, vio una de esas obras maestras, cuya creación reclama todas las dichas del amor.

Tenía una cara blanca en la que el cielo de España había puesto un ligero tono oscuro, quizá debido a su sangre morisca; era un rasgo que añadía una ardiente altivez a su expresión de seráfica serenidad e infundía resplandor, algo que vivificaba y realzaba su tez diáfana. Sus cabellos, recogidos encima de la cabeza, caían y envolvían con sus negros reflejos unas frescas orejas transparentes y dibujaban el contorno de una garganta suavemente azulada.

Unos rizos abundantes hacían resaltar sus ojos ardientes y unos labios rojos en su boca bien dibujada. La falda tradicional que vestía ponía bien de relieve el garbo de su talle, tan flexible como una rama de sauce.

No era la virgen de Italia, sino la virgen de España, la de Murillo, el único artista lo suficientemente atrevido como para pintarla ebria de felicidad por la concepción de Jesucristo y el pintor de imaginación delirante más osado y ardiente.

En aquella joven se reunían tres aspectos, cada uno de los cuales habría bastado para divinizar a una mujer: la pureza de la perla que yace en el fondo de los mares, la sublime exaltación de la santa Teresa española y la voluptuosidad que se ignora a sí misma. Su presencia tuvo los efectos de un talismán. Montefiore ya no vio nada viejo en torno a él: la joven lo había rejuvenecido todo. Pero aunque la aparición fue deliciosa, duró poco.

Se llevaron a la desconocida a la habitación misteriosa donde, a partir de entonces, la criada le servía ostensiblemente velas y comida.

—Hace bien en esconderla —comentó Montefiore en italiano—. Le guardaré el secreto. ¡Caramba! Tenemos generales que se la llevarían incluso por la fuerza.

El arrobamiento de Montefiore llegó a tal extremo que incluso pensó en casarse con la desconocida. Con tal propósito, le preguntó algunos datos a su anfitrión. Pérez no se hizo de rogar y le contó la aventura a la que se debía que tuviera una pupila; el prudente español se decidió a hacer esa confidencia tanto por la condición de Montefiore, de quien había oído hablar en Italia, como para mostrarle cuán fuertes eran las barreras que defendían a la joven de la seducción. Aunque el hombre, en consonancia con sus sencillas costumbres, tenía una cierta elocuencia patriarcal, como había demostrado con el disparo de escopeta hecho a Montefiore, lo mejor será resumir sus razonamientos.

En el momento en que la Revolución francesa cambiaba las costumbres de los países que servían de escenario de sus guerras, llegó a Tarragona una mujer de vida alegre, expulsada de Venecia por la caída de aquella república. La vida de aquella criatura estaba tejida de aventuras novelescas y peripecias extrañas.

Era una mujer que vivía al margen de la sociedad y se distinguía de todas las demás de su clase por la frecuencia con que, gracias al capricho de algún señor deslumbrado por su extraordinaria belleza, se veía, durante un tiempo, cubierta de oro y joyas, y rodeada de las mil delicias de la riqueza. Todo eran flores, carrozas, pajes, hombres de cámara, palacios, cuadros, descoco y viajes como los que hacía Catalina II; en resumidas cuentas, la vida de una reina absoluta en sus caprichos y obedecida más allá de sus fantasías.

Después, sin que ni ella ni nadie —ningún físico, químico o sabio— pudiera descubrir por qué procedimiento se evaporaba su oro, volvía a verse en el arroyo, pobre, desprovista de todo, conservando únicamente su extraordinaria belleza y, además, viviendo sin preocuparse en absoluto por el pasado, el presente o el futuro. Desahuciada, hundida en la miseria por algún pobre oficial jugador, cuyos bigotes la hubieran enamorado, se ataba a él como un perro a su amo, compartiendo tan sólo los males de la vida de cuartel y sirviendo de consuelo; por lo demás, y acostumbrada a todo, dormía tan feliz bajo el tejado de un granero como entre las sedas de los más opulentos cortinajes de cama.

Italiana y española, todo a la vez, observaba puntualmente las prácticas religiosas y, más de una vez, dijo a su enamorado: «Vuelve mañana, hoy pertenezco a Dios».

Pero aquel fango amasado con oro y perfumes, aquella despreocupación por todo, aquellas pasiones furiosas, aquella religiosa creencia arrojada en su corazón como un diamante en el barro, aquella vida empezada y terminada en el hospital, aquellos albures de jugador trasladados al alma, a la existencia entera... En fin, aquella alta alquimia con la que el vicio atizaba el fuego del crisol donde se fundían las mayores fortunas y se liquidaban y desaparecían los escudos de los antepasados y el honor de los grandes nombres; todo eso procedía de un genio particular, fielmente transmitido de madres a hijas desde la Edad Media.

Aquella mujer respondía al nombre de LA MARANA. En su familia, puramente femenina, la idea, la persona, el nombre y el poder de un padre eran completamente desconocidos desde el siglo XIII. Para ella, el nombre de *Marana* era lo que fue la dignidad de

Stuart para la célebre estirpe real escocesa, un nombre honroso que sustituyó al patronímico por la sucesión constante del mismo cargo enfeudado a la familia.

En otros tiempos, en Francia, España e Italia, cuando estos tres países tuvieron entre los siglos XIV y XV intereses comunes que les unieron y desunieron en guerras continuas, la palabra Marana servía para expresar a una mujer de vida alegre en el más amplio sentido de la palabra. En aquella época, este tipo de mujeres tenía en la sociedad un cierto rango del que actualmente nada queda que pueda darnos una idea. Ninon de Lenclos y Marion Delorme son las únicas que en Francia jugaron el papel de las Imperia, Catalina, Marana, mujeres que en los siglos precedentes reunían en torno a ellas la sotana, la toga y la espada. Una Imperia construyó en Roma no sé qué iglesia en un acceso de arrepentimiento, como en tiempos remotos Rhodope construyó una pirámide en Egipto. El nombre, infligido al principio como un estigma a la extraña familia de que se trata aquí, terminó por convertirse en el suyo propio y por ennoblecer el vicio por la incuestionable antigüedad de éste.

Un día, la Marana del siglo XIX, se desconoce si de opulencia o de miseria —pues ese problema quedó en secreto entre Dios y ella, aunque lo cierto es que fue en una hora de religión y melancolía—, aquella mujer se encontró con los pies en un charco de lodo y con la cabeza en los cielos. Fue entonces cuando maldijo la sangre que corría por sus venas y se maldijo a sí misma. Tembló por tener una hija y juró —como juran esta clase de mujeres, con una honradez y una convicción de condenado, características que son la convicción más grande y la honradez más exigente que existen bajo la capa del cielo— ante un altar, creyendo en el altar, que haría de su hija una criatura virtuosa y una santa, con el objeto de dar a la larga serie de pecados amorosos y mujeres perdidas un ángel en el cielo para todas ellas.

Una vez hecha la promesa, habló la sangre de Marana y la cortesana se lanzó de nuevo a su vida aventurera, con un pensamiento más en el corazón.

Y un día empezó a amar con el violento amor de las prostitutas, como Henriette Wilson amó a lord Ponsomby, como la señorita

Dupuis amó a Bolinbroke, como la marquesa de Pescaire amó a su marido; ella no amó, adoró a uno de esos hombres de cabellos rubios, un hombre medio mujer a quien le atribuyó unas virtudes que no tenía, queriendo guardar para ella todo lo que era vicio. Pues bien, de aquel hombre débil y de aquel matrimonio insensato —una unión que ni los hombres ni Dios bendicen, que la dicha debería justificar pero que nunca absuelve y del que un día se avergüenzan las gentes sin vergüenza—, tuvo una hija, una hija que salvar, una hija para la que deseó una hermosa vida y, sobre todo, el pudor que a ella le faltaba.

A partir de entonces, ya viviera feliz o miserable, opulenta o pobre, aquella mujer tuvo en su corazón un sentimiento puro, el más hermoso de todos los sentimientos humanos porque es el más desinteresado. El amor tiene su propio egoísmo, pero el amor materno no tiene ninguno. La Marana fue madre como ninguna madre fue madre; pues, en su naufragio eterno, la maternidad podía ser una tabla de salvación. Realizar santamente una parte de su tarea terrenal enviando un nuevo ángel al paraíso, ¿no valía más que un arrepentimiento tardío?, ¿no era ésa la única plegaria pura que podía elevar a Dios?

Así que cuando nació aquella hija, su María Juana Pepita (hubiese querido ponerla bajo la protección de todas las santas del santoral); cuando le fue concedida la pequeña criatura, se hizo una idea tan elevada de la majestad de una madre que suplicó al vicio que le concediera una tregua. Se volvió virtuosa y vivió sola. Se acabaron las fiestas, las noches y los amores. Puso toda su felicidad y toda su alegría en la frágil cuna de su hija. Los acentos de la voz infantil le levantaron un oasis en las arenas ardientes de su vida. Era un sentimiento que no se podía comparar a ningún otro. ¿No abarcaba todos los sentimientos humanos y todas las esperanzas celestiales? La Marana no quiso mancillar a su hija con más mancha que la del pecado original de su nacimiento y quiso bautizarla con todas las virtudes sociales; de modo que reclamó del joven padre un patrimonio y sus apellidos. Su hija ya no sería una Juana Marana sino Juana de Mancini.

Más tarde, cuando después de siete años de alegría y besos, arrobamiento y felicidad, la pobre Marana tuvo que separarse de su ídolo para que la vergüenza hereditaria no le hiciera bajar la frente, aquella madre tuvo el valor de renunciar a su hija por amor a su hija. Le buscó, no sin terrible pesar, otra madre, una familia, unas costumbres que adoptar y unos santos ejemplos que imitar.

La abdicación de una madre es un acto espantoso o sublime; ¿no fue sublime en este caso?

Así pues, una afortunada casualidad le hizo conocer a los Lagounia en Tarragona, en circunstancias que le permitieron apreciar la honradez del español y la gran virtud de su esposa. Para éstos, su llegada fue la de un ángel libertador. La fortuna y el honor del comerciante estaban momentáneamente comprometidos y necesitaban una ayuda rápida y secreta, y la Marana les entregó la cantidad de que se componía la dote de Juana sin pedirles ningún recibo ni pago de intereses. Según su particular jurisprudencia, un contrato era cosa del corazón, un estilete, la justicia del débil, y Dios, el tribunal supremo. Después de confesarle lo desgraciado de su situación a doña Lagounia, confió hija y fortuna al viejo honor español que respiraba puro y sin tacha en aquella antigua casa. Doña Lagounia no tenía hijos y se sintió muy feliz de poder criar a una hija adoptiva.

La cortesana se separó de su querida Juana, convencida de haber resuelto su futuro y encontrado una madre que la convertiría en una Mancini y no en otra Marana. Al salir de la modesta y sencilla casa del comerciante, donde habitaban las virtudes burguesas de la familia y donde la devoción y la santidad de los sentimientos y el honor se palpaban en el aire, la pobre mujer de vida alegre, madre desheredada de su hija, pudo sobrellevar su dolor al ver a Juana virgen, esposa y madre, madre dichosa durante una larga vida. La cortesana dejó en el umbral de la casa una de esas lágrimas que recogen los ángeles.

Desde aquel día de luto y esperanza, la Marana volvió tres veces a ver a su hija, impulsada por terribles presentimientos.

La primera vez fue cuando Juana cayó gravemente enferma.

—Lo sabía —le dijo a Pérez, en cuanto llegó a su casa.

En sueños y desde lejos había visto a su Juana moribunda. La cuidó y la veló, hasta que una mañana, mientras su hija convaleciente dormía, le besó en la frente y se marchó sin despertarla. La madre expulsaba a la cortesana.

La segunda ocasión fue cuando la Marana entró a la iglesia donde comulgaba Juana de Mancini. Sencillamente vestida y escondida detrás de un pilar, la madre proscrita se reconoció en su hija tal como había sido ella misma un día, celestial figura de ángel y pura como la nieve caída temprano en la cima de una montaña. Cortesana hasta en su propia maternidad, la Marana sintió en el fondo de su alma unos celos más fuertes que todos sus amores juntos y tuvo que salir de la iglesia, incapaz de resistir por más tiempo el deseo de matar a doña Lagounia, al verla allí con la cara radiante y desempeñando demasiado bien el papel de madre.

Por último, el tercer encuentro entre la madre y la hija tuvo lugar en Milán, adonde habían ido el comerciante y su mujer. La Marana pasó por el Corso con toda la pompa y boato de una soberana; apareció ante su hija con la rapidez del rayo y sin que ésta la reconociera. ¡Qué angustia más espantosa! A la Marana cargada de besos le faltaba uno, uno solo por el que habría vendido todos los otros: el beso fresco y alegre dado por una hija a su madre, a la madre venerada en la que resplandecen todas las virtudes domésticas. ¡Juana vivía, pero estaba muerta para ella! Un pensamiento reanimó a la cortesana en el momento en que el duque de Lina le decía: «¿Qué tienes, amor mío?».

¡Delicioso pensamiento! Juana estaba salvada al fin. Quizá fuera la mujer más humilde de todas, pero no sería una infame cortesana a la que todos los hombres podrían decir: «¿Qué tienes, amor mío?».

En resumen, el comerciante y su mujer cumplieron sus compromisos con rigurosa integridad. La fortuna de Juana, puesta a su disposición, terminaría duplicándose. Pérez de Lagounia, el negociante más rico de la provincia, le profesaba a la joven un sentimiento algo supersticioso. Porque después de haber preservado su vieja casa de una ruina deshonrosa, ¿no había traído la presencia de la celestial criatura una inaudita prosperidad? Su mujer, que tenía un corazón de oro y una gran delicadeza, la había convertido en una joven tan religiosa y pura como hermosa era. Juana podría ser la esposa de un señor o de un rico comerciante y nunca faltaría a ninguna de las virtudes necesarias en esos brillantes destinos; si no hubiera estallado la guerra, Pérez, que soñaba con ir a Madrid, la habría casado con uno de los grandes de España.

—No sé dónde está hoy la Marana —terminó diciendo Pérez, para concluir—; pero en cualquier lugar del mundo donde esté, si se ha enterado de la ocupación de nuestra provincia por su ejército y del asedio de Tarragona, debe de haberse puesto en camino, para venir a velar a su hija.

Este relato cambió las intenciones del capitán italiano, que ya no quiso convertir a Juana Mancini en marquesa de Montefiore. Ahora, reconocía la sangre de las Marana en la mirada que la joven intercambió con él a través de la celosía, en la treta que acababa de emplear para despertar su curiosidad y en la última mirada que le dirigió. Aquel libertino quería por esposa a una mujer virtuosa. Ahora, se enfrentaba con una aventura llena de peligros, pero de esos peligros de los que no se espanta ni el hombre con menos arrojo, porque avivan el amor y sus placeres. El aprendiz acostado en el mostrador, la criada instalada en la cocina y Pérez y su mujer durmiendo seguramente con el sueño de los viejos; la sonoridad de la casa y una vigilancia draconiana durante el día... Todo eran obstáculos y todo hacía de aquel amor un amor imposible. Pero, frente a tantas imposibilidades, Montefiore tenía a su favor la sangre de las Marana que bullía en el corazón de aquella extraña italiana, española por las costumbres, virgen de hecho e impaciente por amar. La pasión, la hija y Montefiore, los tres juntos podían desafiar al mundo entero.

Impulsado tanto por el instinto de los hombres afortunados como por esas vagas esperanzas que no se explican en absoluto y a las que damos el nombre de presentimientos, palabra ésta de sorprendente veracidad, Montefiore pasó las primeras horas de la noche en su ventana. Miraba hacia abajo, hacia la presunta dirección del escondite, donde los dos esposos habían alojado el amor y la alegría de su vejez.

Los dos jóvenes estaban separados, para utilizar una expresión que haga comprender mejor su localización, por el almacén del entresuelo. De modo que el capitán no podía recurrir a ese lenguaje totalmente artificial que los amantes saben crear en ocasiones semejantes y que consiste en hacer ruidos significativos de una pared a otra. La casualidad vino en su ayuda, si es que no lo hizo la propia joven. En el momento en que se asomó a su ventana, vio en la negra pared del patio una zona de luz en cuyo centro se dibujaba la silueta de Juana; los movimientos repetidos del brazo, la actitud, todo hacía adivinar que se estaba arreglando para acostarse.

«¿Estará sola? ¿Podría atar sin peligro en el extremo de un hilo una carta con unas cuantas monedas y golpear el vidrio redondo del tragaluz que seguramente ilumina su celda?», se preguntó Montefiore.

Inmediatamente escribió un mensaje. Era el mensaje de amor de un oficial, de un soldado deportado por su familia a la isla de Elba; el mensaje de un marqués caído en desgracia que, en sus tiempos, fue barbilindo y ahora era capitán de intendencia. A continuación, hizo una cuerda con todo lo que encontró para tal menester, ató el mensaje junto con algunos escudos y lo descolgó en el más profundo silencio hasta el centro de la luz esférica.

«Las sombras me dirán al proyectarse si su madre o la criada están con ella. Si no está sola, tiraré de la cuerda hacia arriba con todas mis fuerzas», pensó Montefiore.

Pero cuando, después de mil penas fácilmente comprensibles, el dinero golpeó el vidrio, se agitó en la pared una única figura, el esbelto busto de Juana. La joven abrió el tragaluz suavemente, vio el mensaje, lo cogió y lo leyó de pie.

Montefiore se presentaba y pedía una cita; y, al estilo de las viejas novelas, ofrecía su corazón y su mano a Juana de Mancini.

¡Qué treta más infame y vulgar, pero qué eficaz resulta siempre! A la edad de Juana, ¿no aumenta los peligros la nobleza del alma? Un poeta de aquel tiempo dijo con donaire: «La mujer sólo sucumbe en su fuerza. El amante finge dudar del amor que inspira en el momento en que es más amado; confiada y orgullosa, una joven querría inventar sacrificios que imponerse y no conoce lo bastante el mundo ni los hombres, para mantenerse tranquila en el seno de sus pasiones desencadenadas y mirar con desprecio al hombre capaz de aceptar el ofrecimiento de una vida en expiación de un reproche falaz».

Desde la sublime constitución de las sociedades, una joven doncella se encuentra sometida a los terribles desgarramientos que causan los cálculos de una virtud prudente y la desgracia de una falta. Si resiste, a menudo pierde un amor, el más delicioso en apariencia, el primero; pero si es imprudente, pierde un matrimonio.

Si se echa un vistazo a las vicisitudes de la vida social en París, resulta imposible dudar de la necesidad de la religión, teniendo en cuenta que no hay demasiadas jóvenes seducidas cada noche. Pero París está situado a 48° latitud norte, y Tarragona a 41°. La vieja cuestión de los climas todavía sigue siendo útil a los narradores para justificar los desenlaces bruscos y las imprudencias o las resistencias del amor.

Montefiore tenía la vista fija en el elegante perfil negro que se dibujaba en medio del resplandor. Ni él ni Juana podían verse, pues un inoportuno friso, colocado allí por una fastidiosa casualidad, les impedía disfrutar de esa correspondencia muda que puede entablarse entre los enamorados cuando se asoman a sus respectivas ventanas. Así que el alma y la atención del capitán estaban concentrados en el círculo luminoso donde la joven, quizá sin darse cuenta, iba inocentemente a dejar que sus gestos espontáneos traicionaran sus pensamientos.

Pero no. Los extraños movimientos de Juana no le permitían a Montefiore concebir la más mínima esperanza. Juana se divertía rompiendo en pedazos el mensaje. La virtud y la moral adoptan a menudo por desconfianza las precauciones inspiradas por los celos al Bartolo de la comedia. Sin tinta, ni pluma ni papel, Juana respondía a tijeretazos. A continuación, ató el mensaje, el oficial lo izó, lo abrió, lo puso a la luz de la lámpara y leyó: «Venga!».

«¡Que vaya! ¡Y el veneno, la escopeta y la daga de Pérez! ¡Y el aprendiz adormilado en el mostrador! ¡Y la criada en la hamaca! Y esta casa tan sonora que es como una caja de resonancia y donde incluso desde aquí oigo los ronquidos del viejo Pérez. ¡Que vaya! ¿Es que no tiene nada que perder?», pensó él.

¡Punzante reflexión! Los degenerados son los únicos que saben ser tan lógicos y que pueden castigar a una mujer por su entrega. El hombre ha inventado a Satanás y a Lovelace; pero la virgen es un ángel al que sólo sabe prestar sus propios vicios; es tan grande y tan hermosa que no puede engrandecerla ni embellecerla, y sólo se le ha concedido el poder de deshonrarla atrayéndola a su vida cenagosa.

Montefiore esperó la hora más somnífera de la noche; después, a pesar de sus reflexiones, bajó descalzo, armado con sus pistolas, andando paso a paso, parándose a escuchar el silencio, adelantando las manos, sopesando los peldaños, hasta ver casi en la oscuridad, siempre dispuesto a volver a su habitación si se producía el más ligero incidente. El italiano se había puesto su uniforme más vistoso, se había perfumado su negra cabellera y se había acicalado de forma que resaltara su belleza natural; en parecidas circunstancias, la mayoría de los hombres son tan mujeres como una mujer.

Montefiore pudo llegar sin dificultades a la puerta secreta del gabinete donde la joven estaba alojada, un escondite habilitado en un rincón de la casa, ensanchada en aquel lugar por uno de esos caprichosos entrantes, bastante frecuentes allí donde los hombres se ven obligados por la carestía del terreno a no dejar espacio libre entre las casas.

Aquella celda pertenecía exclusivamente a Juana, la cual durante el día permanecía allí, lejos de todas las miradas. Hasta entonces, había dormido cerca de su madre adoptiva; pero la estrechez de las buhardillas donde se habían refugiado los dos esposos no les había permitido llevarse consigo a su pupila.

Así pues, doña Lagounia había dejado a la joven bajo la guarda y la llave de la puerta secreta. Estaba bajo la protección de las ideas religiosas más eficaces, porque se habían convertido en supersticiones, y era defendida por un orgullo natural de un pudor de mujer sensible. Todo aquello convertía a la joven Mancini en una excepción dentro de su sexo, aunque igualmente tenía sus virtudes más atractivas y sus inspiraciones más apasionadas. También habían resultado necesarias la modestia y la santidad de aquella vida monótona, para calmar y refrescar la sangre ardiente que bullía en el corazón de las Marana y que su madre adoptiva llamaba «tentaciones del demonio».

Montefiore pudo ver desde donde estaba un suave reguero de luz trazado en el suelo por el resquicio de la puerta; la arañó suavemente y Juana abrió. Montefiore entró todo palpitante y observó en la reclusa una expresión de ingenua curiosidad, la ignorancia más completa del peligro que corría y una especie de admiración cándida. Durante un momento, se quedó impresionado por la santidad del cuadro que se ofrecía a su mirada.

En las paredes, un cortinaje con fondo gris cubierto de flores violetas; un pequeño baúl de ébano, un espejo antiguo, un inmenso y viejo sillón, también de ébano, tapizado; había también una mesa de patas torneadas; una bonita alfombra en el suelo y, cerca de la mesa, una silla. Aquello era todo. Encima de la mesa, flores y una labor de bordado, y, al fondo, una cama estrecha y delgada en la que Juana soñaba; encima de la misma, tres cuadros; en la cabecera, un crucifijo con un acetre, una oración escrita en letras de oro y puesta en un marco. Las flores exhalaban un suave olor y las velas esparcían una luz suave; todo era plácido, puro y sagrado. Las ideas soñadoras de Juana y, sobre todo, Juana habían contagiado su encanto a las cosas, y su alma parecía irradiar; era una perla en su concha de nácar. Juana, vestida de blanco, de una belleza sin artificio, dejando el rosario para llamar al amor, habría inspirado respeto hasta al mismo Montefiore si el silencio, la noche y Juana no hubieran estado tan enamoradas, y si el pequeño lecho blanco no hubiera dejado ver las sábanas entreabiertas y la almohada confidente de mil confusos deseos.

Montefiore permaneció de pie durante mucho tiempo, ebrio de una dicha desconocida, quizá la de Satanás entreviendo el cielo a través de los jirones de nubes.

—Desde el primer momento que la vi —dijo él, en puro toscano y con una voz melodiosamente italiana—, desde ese momento, la amo. A usted confío mi alma y mi vida, y suyas serán para siempre si usted lo quiere.

Juana escuchó aspirando en el aire el sonido de aquellas palabras que el lenguaje del amor volvía magníficas.

—Mi pobre pequeña, ¿cómo ha podido respirar tanto tiempo en esta negra casa sin perecer? Usted, hecha para reinar en sociedad, para habitar el palacio de un príncipe, para vivir de fiesta en fiesta y saborear las alegrías que nos da el nacer. Ha de ver a todos a sus pies y eclipsar las más hermosas riquezas con las de su belleza sin rival. Usted ha vivido aquí, solitaria y ¡con esa pareja!

Estas palabras eran interesadas. Quería saber si Juana tenía algún amante.

—Sí —respondió ella—. Pero ¿quién le ha dicho mis pensamientos más secretos? Hace ya algunos meses que me muero de tristeza. Sí, preferiría estar muerta a quedarme más tiempo en esta casa. Mire ese bordado, no tiene ni una sola puntada que no haya hecho con mil pensamientos espantosos. ¡Cuántas veces he querido escaparme para arrojarme al mar! ¿Por qué? Ni siquiera lo sé ya... Pequeños disgustos de niña, pero muy intensos a pesar de su necedad... A menudo, he abrazado a mi madre por la noche, como si la abrazara por última vez, y me he dicho interiormente: «Mañana, me mataré». Pero al final no me moría. Los que se suicidan van al infierno, y el infierno me da tanto miedo que me he resignado a vivir, a volver a levantarme, acostarme y trabajar a las mismas horas y hacer las mismas cosas. No me aburría, sino que sufría... Y, sin embargo, mi padre y mi madre me adoran. ¡Ah! Soy mala, se lo digo muchas veces a mi confesor:

—¿De modo que siempre ha estado aquí sin ninguna diversión ni ningún recreo?

—¡Oh! No siempre ha sido así. Hasta que tuve quince años me gustaba ir a ver los cánticos, la música y las fiestas de la iglesia. Me hacía dichosa sentirme como los ángeles, sin pecado, y poder comulgar cada ocho días; en fin, amaba a Dios. Pero hace tres años que todo cambió para mí, día a día. Al principio, quise flores aquí y las tuve muy hermosas; después, quise... Bueno, ahora, ya no quiero nada —añadió, tras una pausa, sonriendo a Montefiore—. ¿No acaba de enviarme un mensaje diciendo que me amaría siempre?

—Sí, Juana mía —exclamó dulcemente Montefiore, cogiendo a la adorable joven por la cintura y apretándola con fuerza contra su corazón—, sí. Pero deja que te hable como tú hablas a Dios. ¿No eres más bella que la María de los cielos? Escucha. Juro —continuó besándole los cabellos—, juro, tomando tu frente como el altar más hermoso de todos, que te convertiré en mi ídolo, que te prodigaré todas las riquezas del mundo. Para ti serán mis carrozas, para ti será mi palacio de Milán, para ti serán todas las joyas y los diamantes de mi antigua familia; para ti crearé nuevos aderezos cada día; para ti serán los mil goces y todas las alegrías del mundo.

—Sí —contestó ella—, quiero todo eso; pero siento en mi alma que lo que más querré en el mundo será a mi querido esposo. *¡Mio caro sposo!* —añadió, porque es imposible expresar en ningún otro idioma la admirable ternura, la amorosa elegancia con que la lengua y la pronunciación italianas revisten de sonoridad estas tres deliciosas palabras. Y, precisamente, el italiano era la lengua materna de Juana—. Volveré a encontrar —prosiguió, lanzando a Montefiore una mirada en la que brillaba la pureza de los querubines— mi querida religión en *él.* Él y Dios, Dios y él. ¿Será usted? Ciertamente, será usted —exclamó tras una pausa—. Mire, venga a ver el cuadro que mi padre me trajo de Italia.

Tomó una vela, hizo una señal a Montefiore y le mostró al pie de la cama un san Miguel derribando al demonio.

—Mire, ¿no tiene los mismos ojos que usted? Así pues, cuando le vi en la calle, aquel encuentro me pareció una señal del cielo. En mis ensueños, antes de que me llamara mi madre para rezar por la mañana, contemplé tantas veces esta pintura, este ángel, que terminé por convertirlo en mi esposo. ¡Dios mío! Le hablo como si hablara conmigo misma. Debo parecerle completamente loca; pero, ¡si supiera cuánto necesita una pobre reclusa decir los pensamientos que la ahogan! Estando sola le hablaba a las flores, a los ramilletes del tapiz; creo que me comprendían mejor que mi padre y mi madre, siempre con una expresión tan grave.

—Juana —prosiguió Montefiore, cogiéndole las manos y besándolas con una pasión que resplandecía en sus ojos, en sus gestos y en el timbre de su voz—, háblame como a tu esposo, como a ti misma. He sufrido todo lo que has sufrido. Entre nosotros, bastan pocas palabras para que comprendamos nuestro pasado; pero nunca habrá suficientes para expresar nuestra felicidad futura. Pon tu mano en mi corazón. ¿Sientes cómo late? Prometámonos ante Dios, que nos ve y nos escucha, sernos fieles el uno al otro durante toda nuestra vida. Mira, coge este anillo... Dame el tuyo.

—¡Dar mi anillo! —exclamó espantada.

—¿Y por qué no? —preguntó Montefiore, inquieto por tanta ingenuidad.

—Es que fue de nuestro santo padre el papa. Cuando era niña, me lo puso en el dedo una hermosa señora que me alimentó, me trajo a esta casa y me dijo que lo llevara siempre.

—Juana, ¿es que no me amas?

—¡Ah! —exclamó ella—, aquí está. ¿Verdad que es mejor que lo tenga usted y no yo?

Tenía en su mano temblorosa el anillo y lo apretaba mirando a Montefiore con una penetrante lucidez inquisitiva. Aquel anillo era ella misma por completo; se lo dio.

—¡Oh! Juana mía —dijo Montefiore, estrechándola en sus brazos—, Habría que ser un monstruo para engañarte... Te amaré siempre...

Juana se quedó ensimismada. Montefiore, pensando para sí mismo que en esa primera entrevista no había que arriesgar nada que pudiera asustar a una joven tan pura, imprudente más por virtud que por deseo, se remitió al futuro, a su belleza cuyo poder conocía y al inocente juego de esponsales con el anillo: el casamiento más magnífico de todos, la ceremonia más ligera y fuerte de todas, el himeneo del corazón. Durante el resto de la noche y a lo largo del día siguiente, la imaginación de Juana debería ser el cómplice de su pasión. De modo que se esforzó por ser tan respetuoso como tierno. Con ese pensamiento, secundado por su pasión y, aún más, por el deseo que le inspiraba Juana, tuvo palabras que sonaron como melosas caricias. Embarcó a la inocente joven en todos los proyectos de una nueva vida, le pintó el mundo con los colores más brillantes, le habló de esos detalles del hogar que tanto agradan a las jóvenes y comentó con ella esas convenciones tan disputadas que dan derechos y realidad al amor. Tras decidir la hora en que se celebrarían sus citas nocturnas, dejó a Juana feliz pero cambiada; la Juana pura y santa dejó de existir en la última mirada que le lanzó. En el precioso movimiento que hizo para acercar su frente a los labios del amante ya había más pasión de la que le está permitido mostrar a una joven. Todo aquello era obra de la soledad, del hastío y de los trabajos contrarios a la naturaleza de la joven: para que fuera prudente y virtuosa habría hecho falta, probablemente, acostumbrarla poco a poco al mundo o bien ocultárselo para siempre.

—Mañana me parecerá un día muy largo —dijo ella, al recibir en la frente un beso, casto todavía—. Pero quédese en la sala y hable un poco alto, para que yo pueda escuchar su voz y me llegue al corazón.

Montefiore, adivinando toda la vida de Juana, no pudo por menos que felicitarse de haber sabido contener su deseo, para así asegurar mejor su cumplimiento. Volvió a su habitación sin ningún contratiempo.

Transcurrieron diez días sin que ningún acontecimiento turbara la paz y la soledad de la casa. Montefiore desplegó todas sus zalamerías italianas con el viejo Pérez, con doña Lagounia, con el aprendiz y hasta con la criada, y consiguió que todos le quisieran; pero, a pesar de la confianza que supo inspirarles, nunca quiso aprovecharse para intentar ver a Juana ni para hacerse abrir la puerta de la deliciosa celda. La joven italiana, ansiosa por ver a su amante, se lo pidió muchas veces; pero él se negó siempre por prudencia.

Por otra parte, utilizó todo su crédito y toda su habilidad para desvanecer las sospechas de los dos viejos esposos, y les acostumbró a no verle levantado hasta mediodía, a pesar de ser militar. El capitán ponía como pretexto estar enfermo.

Así pues, los dos amantes sólo vivían de noche, en el momento en que todo dormía en la casa. Si Montefiore no hubiera sido uno de esos libertinos a los que el hábito del placer no les hace perder la sangre fría en cualquier circunstancia, se hubieran perdido diez veces durante aquellos diez días. Cualquier joven amante, en el candor del primer amor, habría sucumbido a las arrebatadoras imprudencias que tan difíciles son de resistir. Pero el italiano resistía incluso a una Juana enfadada, a una Juana loca de amor, a una Juana convirtiendo sus largos cabellos en una cadena que le pasaba alrededor del cuello para retenerlo.

Mientras tanto, incluso al hombre más perspicaz del mundo le habría costado adivinar el secreto de sus citas nocturnas. Es de suponer que, seguro de su éxito, el italiano se procuró el inefable placer de una seducción realizada a pequeños pasos, de un incendio que se propaga gradualmente y termina por abrasarlo todo.

El undécimo día, mientras comían, juzgó necesario confiar en el mayor secreto al viejo Pérez que la causa de haber caído en desgracia ante su familia se debía a un matrimonio desigual.

Esa falsa confidencia era una cosa horrible en medio del drama nocturno que se desarrollaba en aquella casa. Como jugador experimentado, Montefiore preparaba un desenlace del que disfrutaba de antemano como un artista enamorado de su obra. Contaba con abandonar pronto la casa y a su amor.

Ahora, cuando Juana, arriesgando quizá su vida en una cuestión, preguntara a Pérez dónde estaba su huésped después de haberlo esperado durante largo tiempo, Pérez le diría sin conocer la importancia de su respuesta:

—El marqués de Montefiore se ha reconciliado con su familia, la cual consiente ahora en recibir a su esposa, y ha ido a presentársela.

¡Entonces Juana!... El italiano nunca se preguntó que sería de Juana; pero había estudiado su nobleza, su candor y todas sus virtudes, y estaba seguro del silencio de Juana.

Consiguió que un general le encomendara una misión.

Tres días después, durante la noche, la noche que precedía a su partida, Montefiore, queriendo sin duda no dejar nada de su presa, lo mismo que un tigre, en lugar de volver a su habitación, entró por la tarde en la de Juana para alargar la noche de despedida.

Juana, doblemente apasionada por su doble condición de española e italiana, se sintió dichosa por ese atrevimiento y embriagada de ardor. Encontrar en el amor puro del matrimonio la cruel felicidad de una unión ilícita, ocultar al esposo detrás de las cortinas del lecho; engañar a medias a su padre y a su madre adoptiva, y poder decirles, en caso de sorpresa: ¡soy la marquesa de Montefiore!

Para una joven dada a las fantasías, que desde hacía tres años soñaba en el amor sin pensar en sus peligros, ¿no era eso una fiesta?

La puerta acolchada cayó como un velo sobre ellos, sobre su locura, sobre su felicidad, y resultaba inútil volver a levantarlo.

Eran alrededor de las nueve, el comerciante y su mujer leían sus oraciones nocturnas; de repente, resonó en la callejuela el fragor de un carruaje tirado por varios caballos; en la tienda, resonaron unos rápidos aldabonazos y la criada corrió a abrir la puerta.

Inmediatamente, entró de dos saltos en la sala antigua una mujer magníficamente vestida, aunque saliera de una berlina de viaje horriblemente salpicada por el barro de mil caminos. Su carruaje había atravesado Italia, Francia y España. ¡Era la Marana! La Marana que, a pesar de sus treinta y seis años y de su vida licenciosa, estaba en el apogeo de una *beltà folgorante,* por utilizar un soberbio vocablo acuñado para ella en Milán por sus apasionados adoradores; la Marana que, querida declarada de un rey, abandonó Nápoles, las fiestas de Nápoles, el cielo de Nápoles, el esplendor de su vida de oro y madrigales, perfumes y sedas, cuando se enteró por su regio amante de los acontecimientos de España y el sitio de Tarragona.

«¡A Tarragona, antes de que la tomen! Dentro de diez días, quiero estar en Tarragona...», había exclamado.

Y sin preocuparse ni de la corte ni de la corona, llegó a Tarragona, provista de un firman casi imperial y de oro que le permitiría atravesar el imperio francés con la velocidad y esplendor de un cohete. Para las madres, las distancias no existen; una madre de verdad lo presiente todo y ve a su hijo de uno a otro polo.

—¡Hija mía! —exclamó la Marana.

Impresionados por aquella voz, por aquella brusca invasión y por el aspecto de aquella reina de pie pequeño, a Pérez y a su mujer se les cayeron de las manos los libros de oraciones, la voz de la Marana retumbó como un trueno y los ojos de la Marana lanzaban chispas.

—Está aquí —respondió el comerciante con un tono tranquilo, tras una pausa durante la cual se recuperó de la emoción que le habían causado la brusca llegada y la mirada y la voz de la Marana—. Está aquí —repitió mostrando la pequeña celda.

—Sí, ¿pero no ha estado enferma, sigue estando...?

—Perfectamente bien —dijo doña Lagounia.

—¡Dios mío! Arrójame ahora al infierno por toda la eternidad, si así lo quieres —exclamó la Marana, dejándose caer agotada y medio muerta en un sillón.

La falsa coloración debida a su ansiedad cedió de repente y palideció. Había tenido fuerzas para soportar el sufrimiento, pero no las tenía para la alegría. Su alegría era más violenta que su dolor, porque contenía los ecos del dolor y la angustia de la alegría.

Pero, ¿cómo lo habéis conseguido? Tarragona ha sido tomada por asalto —dijo ella.

—Sí —contestó Pérez—. Pero si me está viendo vivo, ¿cómo es que me hace esa pregunta? ¿No habían de matarme para llegar a Juana?

Tras esta respuesta, la cortesana cogió la mano encallecida de Pérez y se la besó, derramando las lágrimas que le asomaban en los ojos. Ella, que nunca lloraba, tenía lo más hermoso que existe bajo el cielo: sus lágrimas.

—Buen Pérez —dijo, por fin—. Pero ¿tendrá militares alojados aquí?

—Uno solo —respondió el español—. Por suerte, tenemos al hombre más leal de todos, un hombre de origen español, un italiano que odia a Bonaparte, un hombre casado, un hombre frío... Se levanta tarde y se acuesta temprano. Incluso está enfermo en este momento.

—¡Un italiano! ¿Cómo se llama?

—El capitán Montefiore...

—Entonces, no puede ser el marqués de Montefiore...

—Sí, señora, el mismo.

—¿Ha visto a Juana?

—No —respondió doña Lagounia.

—Se equivoca usted, esposa mía —puntualizó Pérez—. El marqués ha debido ver un breve instante a Juana, es verdad; pero creo que eso fue aquel día que ella entró aquí durante la cena.

—¡Ah! Quiero ver a mi hija.

—Nada más fácil —dijo Pérez—. Está durmiendo. Si ha dejado la llave en la cerradura, habrá que despertarla.

Al levantarse para coger la doble llave de la puerta, los ojos del comerciante se fijaron por casualidad en la alta ventana. Entonces, en el cerco de luz proyectado sobre el negro muro del patio interior, por la gran vidriera oval de la celda, vio la silueta de un grupo que ningún escultor pudo adivinar antes del inspirado Canova. El español se volvió.

—No sé dónde hemos puesto la llave —le dijo a la Marana.

—Está muy pálido —dijo ella.

—Voy a decirle por qué —respondió él, saltando para coger su puñal con el que golpeó violentamente la puerta de Juana y gritando—: Juana, ¡abre! ¡abre!

Su acento expresaba una espantosa desesperación que heló a las dos mujeres.

Pero Juana no abría, porque necesitaba algún tiempo para esconder a Montefiore. No sabía nada de lo que estaba ocurriendo en la sala. Las dobles colgaduras ahogaban las palabras.

—Señora, le he mentido al decirle que no sé dónde está la llave. Aquí está. Pero no sirve —dijo, cogiéndola del aparador—. La de Juana está en la cerradura y su puerta está atrancada. ¡Hemos sido engañados, señora mía! —dijo, volviéndose hacia ella—. En la celda de Juana, hay un hombre.

—Por mi salvación eterna, eso es algo imposible —dijo su mujer.

—No haga juramentos, doña Lagounia. Nuestro honor está muerto y esta mujer... —continuó Pérez, señalando a la Marana, que se había levantado y permanecía inmóvil, fulminada por aquellas palabras—; esta mujer tiene derecho a despreciarnos. Nos salvó la vida, la fortuna y el honor, y sólo hemos sabido guardarle sus escudos.

—Juana ¡abre o echo abajo la puerta! —gritó.

Y su voz, ganando en violencia, llegó a resonar hasta en los graneros de la casa. Se mantenía frío y tranquilo. Tenía en sus manos la vida de Montefiore e iba a lavar sus remordimientos con toda la sangre del italiano.

—¡Salid, salid, salid todos! —gritó la Marana, saltando con la agilidad de un tigre sobre el puñal que arrancó por sorpresa de las manos de Pérez.

—Salga, Pérez —dijo la Marana, con tranquilidad—, salga usted, su mujer, su criada y su aprendiz. Aquí va a haber una muerte. Los franceses los podrían fusilar a todos. No se mezclen en esto. Sólo a mí me concierne. Entre mi hija y yo, no tiene que haber nadie más que Dios. En cuanto al hombre, me pertenece a mí. Ni la tierra entera me lo arrancaría de las manos. Váyanse, váyanse pues, yo les perdono. Ya veo que esta hija mía es una Marana. Ustedes, su religión y su honor eran demasiado débiles para luchar contra mi sangre.

Lanzó un terrible suspiro y les mostró unos ojos secos. Todo lo tenía perdido pero sabía sufrir, era una cortesana.

Se abrió la puerta. La Marana se olvidó de todo y Pérez, haciendo una señal a su mujer, permaneció en su sitio. Como un irreductible español viejo que era en materia de honor, quería ayudar a vengarse a la madre traicionada.

Juana, suavemente iluminada y vestida de blanco, se mostró tranquila en medio de la habitación.

—¿Qué quieren de mí? —preguntó.

La Marana no pudo reprimir un ligero estremecimiento.

—Pérez —preguntó—, ¿tiene este gabinete alguna otra salida?

Pérez hizo un gesto de negación y, confiando en ese gesto, la cortesana entró en la habitación.

—Juana, soy tu madre y tu juez, y te has colocado en la única situación en que me puedo descubrir a ti. Has venido a mí, a mí que quería verte en el cielo. ¡Ah!, has caído muy bajo. Tienes un amante en tu habitación.

—Señora, aquí no puede ni debe encontrarse nadie, con la excepción de mi esposo —respondió la joven—. Soy la marquesa de Montefiore.

—¿Así que hay dos? —dijo el viejo Pérez con su voz grave—. Me había dicho que estaba casado.

—¿Montefiore, amor mío! —exclamó la joven, desgarrando las cortinas y mostrando al oficial—, ven, esta gente te calumnia.

El italiano apareció pálido y lívido. Veía el puñal en la mano de la Marana y la conocía.

Así que, de un salto, se lanzó fuera de la habitación gritando con una voz estentórea:

—¡Socorro, socorro! ¡Están asesinando a un francés! ¡Soldados del 6.º de infantería, corred a buscar al capitán Diard! ¡Socorro!

Pérez cogió al capitán y se disponía a hacerle un mordaza natural con su ancha mano, cuando la cortesana le detuvo diciéndole:

—Agárrelo bien, pero deje que grite. Abra las puertas, déjelas abiertas. Y que salgan todos, se lo repito. En cuanto a ti —dijo, dirigiéndose a Montefiore—, pide socorro... Cuando se oiga el paso de los soldados, tendrás esta hoja clavada en el corazón. ¿Estás casado? Responde.

Montefiore, caído en el umbral de la puerta, a un paso de Juana, ya no oía ni veía nada, salvo la hoja del puñal cuyo brillo resplandeciente lo cegaba.

—De modo que me habría engañado —dijo Juana lentamente—. Decía que era libre.

—Me dijo que estaba casado —añadió Pérez, con su voz grave.

—¡Virgen Santa! —exclamó doña Lagounia.

—Así pues, ¿responderás, alma de fango? —preguntó la Marana, en voz baja e inclinándose junto al oído del marqués.

—Su hija —vaciló Montefiore.

—La hija que tenía está muerta o va a morir —replicó la Marana—. Ya no tengo hija. No vuelvas a pronunciar esa palabra. Responde, ¿estás casado?

—No, señora —dijo, al fin, Montefiore, con el deseo de ganar tiempo—. Quiero casarme con su hija.

—Mi noble Montefiore —dijo Juana, suspirando.

—Entonces, ¿por qué huir y pedir socorro? —preguntó el español.

¡Qué revelación más terrible!

Juana no dijo nada, pero se retorció las manos y fue a sentarse en su sillón.

En ese instante, se produjo fuera un tumulto bastante fácil de distinguir por el profundo silencio que reinaba en la sala de estar.

Un soldado del 6.º de infantería, que casualmente pasaba por la calle en el momento en que Montefiore pedía socorro, había ido en busca de Diard. El interventor que, por fortuna, volvía a su casa, entró acompañado de algunos amigos.

—¿Por qué huir? —continuó Montefiore, al oír la voz de su amigo—. ¡Si le estaba diciendo la verdad! ¡Diard! ¡Diard! —gritó con una voz penetrante.

Pero el aprendiz, obedeciendo una orden de su amo, que quería que todos participaran en aquella muerte, cerró la puerta; los soldados se vieron obligados a derribarla. Antes de que consiguieran entrar, la Marana pudo asestarle una puñalada al culpable; pero era tanta su cólera que no atinó bien y el puñal se deslizó sobre las charreteras de Montefiore. Sin embargo, puso tanta fuerza en el golpe que el italiano cayó a los pies de Juana, sin que ésta se diera cuenta.

La Marana se arrojó encima de él y, esta vez, para no fallar, le cogió por la garganta, lo sujetó con brazo férreo y apuntó al corazón.

—¡Soy libre y me caso con ella! Lo juro por Dios, por mi madre, por todo lo que hay de más sagrado en el mundo; soy soltero, me caso con ella, ¡palabra de honor!

Y, acto seguido, mordió el brazo de la cortesana.

—¡Anda!, madre mía —dijo Juana—, mátalo. Es demasiado cobarde. No lo quiero por esposo, aunque fuera diez veces más guapo.

—¡Ah! Ahora, reconozco a mi hija —exclamó la madre.

—¿Qué es lo que ocurre aquí? —preguntó el interventor, presentándose allí.

—Ocurre —exclamó Montefiore— que me asesinan en nombre de esta joven que afirma que yo soy su amante. Me ha tendido una trampa y ahora quiere obligarme a que me case con ella contra mi voluntad...

—¿No quieres? —preguntó Diard, asombrado por la sublime belleza que la indignación, el desprecio y el odio prestaban a Juana, ya de por sí tan bella—. ¡Resultas muy difícil de contentar! Si hace falta un marido, aquí me tienen. Envainen los puñales.

La Marana cogió al italiano, lo levantó, lo condujo cerca de la cama de su hija y le dijo al oído:

—Si no te mato, es gracias a lo último que has dicho. Pero, ¡recuerda!, si tu lengua deshonra alguna vez a mi hija, nos volveremos a ver las caras... ¿A cuánto puede ascender la dote? —preguntó a Pérez.

—Tiene doscientas mil piastras fuertes...

—Eso no será todo, caballero —dijo la cortesana a Diard—. ¿Quién es usted? —Y volviéndose hacia Montefiore le dijo—: Ya puedes marcharte.

Al oír hablar de las doscientas mil piastras fuertes, el marqués se adelantó diciendo:

—Realmente, soy libre...

Una mirada de Juana le dejó sin palabras.

—Realmente, es muy libre de irse —dijo.

Y el italiano se fue.

—Por desgracia, señor —continuó la joven, dirigiéndose a Diard—, le estoy muy agradecida y llena de admiración por usted. Mi esposo está en el cielo, será Jesucristo. Mañana, entraré en el convento de...

—Juana, Juana mía, ¡cállate! —gritó la madre, estrechándola en sus brazos.

Después, le dijo al oído:

—Te hace falta otro esposo...

Juana palideció.

—¿Quién es usted, caballero! —repitió, mirando al provenzal.

—Por ahora, sólo soy el interventor del 6.º de infantería. Pero por una mujer como usted, uno se siente capaz de llegar a ser mariscal de Francia. Me llamo Pierre-François Diard. Mi padre era preboste de los comerciantes; de modo que no soy un...

—¡Eh! Usted es un hombre honrado ¿no es así? —exclamó la Marana—. Si usted es del agrado de la señora Juana de Mancini, ambos pueden ser dichosos.

Acto seguido, dirigiéndose a su hija en un tono grave, dijo:

—Juana, al convertirte en la mujer de un hombre valiente y digno, piensa que serás madre. He jurado que podrías besar en la frente a tus hijos, sin tener que ruborizarte... —Aquí, su voz se alteró ligeramente—. He jurado que serías una mujer virtuosa. Así pues, cuenta con que en esta vida tendrás muchas penas; pero, ocurra lo que ocurra, permanece pura y sé fiel en todo a tu marido; sacrifícaselo todo al que será el padre de tus hijos... ¡El padre de tus hijos!... ¡Va! Entre un amante y tú, siempre te encontrarás con tu madre; únicamente lo seré en los trances de peligro... Mira el puñal de Pérez... Forma parte de tu dote —dijo, cogiendo el arma y arrojándola a la cama de Juana—, te la dejo como prenda de tu honor, mientras yo tenga los ojos abiertos y las manos libres. ¡Adiós! —exclamó, reteniendo las lágrimas—. Quiera el cielo que no nos veamos nunca más.

Y ante esta idea, sus lágrimas se derramaron abundantemente.

—¡Pobre niña! Has sido muy dichosa en esta celda, mucho más de lo que puedas creer.

—Haga que no lo lamente nunca —dijo, mirando a su futuro yerno.

Este relato meramente introductorio no es en absoluto el argumento principal de este estudio, para cuya comprensión era necesario explicar, ante todo, cómo fue que el capitán Diard se casó con Juana de Mancini; cómo se conocieron Montefiore y Diard, y dar a conocer qué corazón, qué sangre y qué pasiones animaban a la señora Diard.

Historia de la señora Diard

Cuando cumplimentó las largas y lentas formalidades sin las que a ningún militar francés le está permitido casarse, el interventor se enamoró apasionadamente de Juana de Mancini. Ésta tuvo tiempo de pensar en su sino. ¡Un destino espantoso! Juana, que no sentía ni aprecio ni amor por Diard, estaba unida a él no obstante por una palabra, sin duda imprudente pero necesaria.

El provenzal no era guapo ni bien proporcionado. Sus modales, carentes de distinción, se resentían igualmente del mal tono característico del ejército, de las costumbres adquiridas en su provincia y de una educación incompleta. De modo que: ¿podía amar a ese Diard una joven, toda ella gracia y elegancia, impulsada por un invencible instinto de lujo y buen gusto, y cuya naturaleza aspiraba a las esfera de las altas clases sociales?

En cuanto al aprecio, le negó ese sentimiento a Diard, precisamente porque éste se casó con ella. Esa repulsión era completamente natural.

La mujer es una santa y bella criatura, pero casi siempre incomprendida; y casi siempre mal juzgada por incomprendida. Si Juana hubiera amado a Diard, lo hubiera apreciado. El amor convierte a la mujer en una mujer nueva; la de la víspera, ya no existe al día siguiente. Cuando la mujer se pone el vestido nupcial de una pasión en la que pone en juego su vida, se viste pura y blanca. Al renacer virtuosa y púdica, ya no hay pasado para ella; toda ella se vuelve futuro y todo lo debe olvidar, para volver a aprenderlo de nuevo.

En este sentido, el célebre verso que un poeta moderno puso en los labios de Marion Delorme eran palabras llenas de autenticidad, era como un verso de espíritu corneilliano:

Y el amor me hizo virgen de nuevo

¿No es este verso una reminiscencia de alguna tragedia de Corneille por la intensidad con que revive el estilo tan vigoroso del padre del teatro francés? A pesar de todo, el poeta se vio obligado a sacrificarlo al genio esencialmente vodevilesco del público teatral.

De modo que Juana, sin amor, seguía siendo la Juana engañada, humillada y degradada. Juana no podía respetar al hombre que la había aceptado así.

Sentía en toda la escrupulosa pureza de sus pocos años, esa distinción, aparentemente sutil, pero de una autenticidad sagrada, legal según el corazón, y que las mujeres aplican instintivamente a todos sus sentimientos, incluso a los más irreflexivos.

Juana se volvió profundamente triste al descubrir todo el alcance de la vida. A menudo, volvió los ojos llenos de lágrimas, orgullosamente reprimidas, hacia Pérez y hacia doña Lagounia, y los dos comprendían los amargos pensamientos contenidos en esas lágrimas; pero ambos callaban. ¿De qué servirían los reproches? ¿De qué servirían las palabras de consuelo? Cuanto más vivas son, más ahondan la desgracia.

Una noche, Juana, alelada por el dolor, escuchó a través de la portezuela de su celda, que los dos esposos creían cerrada, una queja que se le escapó a su madre adoptiva.

—La pobre niña se morirá de pena.

—Sí —contestó Pérez, con una voz conmovida—. Pero ¿qué podemos hacer? ¿Puedo ir ahora a ponderar la casta belleza de mi pupila al conde de Arcos, con quien esperaba casarla?

—Una falta no es vicio —respondió la vieja mujer, tan indulgente como podría serlo un ángel.

—Su madre ya la ha entregado —agregó Pérez.

—En un momento y sin consultarla —repuso doña Lagounia.

—Sabía muy bien lo que hacía.

—¡En qué manos va a caer nuestra perla!

—No digas una palabra más o le busco querella a ese... Diard. Y eso sería otra desgracia.

Al oír estas terribles palabras, Juana comprendió entonces la dicha que había tenido, hasta que la perdió por cometer un desliz. Las horas puras y cándidas de su dulce retiro se habrían visto así recompensadas con esa resplandeciente y espléndida existencia, en cuyas delicias había soñado tantas veces, con unos sueños que causaron su ruina. ¡Caer desde lo alto de la Grandeza a ese *señor* Diard!

Juana lloró. Juana casi se volvió loca. Durante unos instantes, estuvo flotando entre el vicio y la devoción. El vicio era un rápido desenlace; la devoción, toda una vida de sufrimientos. La meditación fue tormentosa y solemne. El día siguiente sería fatal: era la fecha fijada para el matrimonio. Juana aún podía seguir siendo Juana. Libre, ella sabía hasta donde llegaría su desgracia; casada, ella lo ignoraba. La devoción triunfó.

Doña Lagounia acompañó a su hija a rezar y velar, tan piadosamente como si rezara y velara a una moribunda.

—Dios lo quiere así —dijo doña Lagounia a Juana.

La naturaleza da a la mujer una fuerza particular que la ayuda a sufrir y, alternativamente, una debilidad que le aconseja resignación. Juana se resignó sin reservas. Quiso obedecer a la promesa de su madre y atravesar el desierto de su vida para llegar al cielo, aún sabiendo que no encontraría ninguna flor en su penoso viaje.

Se casó con Diard.

En cuanto al interventor, aunque no encontrara gracia ante Juana, ¿quién no le habría absuelto? Estaba ebrio de amor. La Marana, tan naturalmente hábil para presentir el amor, y adivinando el carácter brusco y los movimientos generosos, propios de los meridionales, reconoció en él el acento de la pasión. En el paroxismo de su inmensa cólera, sólo tuvo en cuenta las hermosas cualidades de Diard, y creyó que aquello bastaba para asegurar eternamente la dicha de su hija.

Los primeros días del matrimonio fueron aparentemente felices; o, mejor dicho, Juana no quiso empañar la alegría de su marido, dando muestras de esa capacidad de las mujeres para sepultar todas las miserias en el fondo de su corazón e impedir que afloren los hechos latentes. Doble papel, que es espantoso desempeñar y que, tarde o temprano, desempeñan la mayoría de las mujeres mal casadas.

De una vida así, un hombre sólo puede contar los hechos; únicamente, los corazones femeninos pueden adivinar los sentimientos. ¿No es ésa una historia imposible de relatar en toda su verdad? Juana, luchando a todas horas contra su doble naturaleza española e italiana al mismo tiempo, habiendo secado la fuente de sus lágrimas de tanto llorar en secreto, era una de esas creaciones típicas, destinadas a representar la desgracia femenina en su más amplia expresión: un dolor incesantemente activo y cuya descripción exigiría unas observaciones tan minuciosas que resultaría insípida para la gente ávida de emociones dramáticas.

Este análisis, en el que cada esposa debería reconocer algunos de sus propios sufrimientos para comprenderlos todos, ¿no llenaría un libro entero? Un texto ingrato por su naturaleza y cuyo mérito radicaría en los toques sutiles, en los matices delicados que los críticos considerarían blandos y difusos. Además, ¿quién podría abordar, sin llevar otro corazón en su corazón, esas conmovedoras y profundas elegías que algunas mujeres se llevan consigo a la tumba: melancolías incomprendidas, incluso por quienes las provocan; suspiros no exhalados, entregas sin recompensa, terrenal al menos; magníficos silencios ignorados; venganzas desdeñadas; generosidades perpetuas y perdidas; placeres anhelados y frustrados; caridades de ángel realizadas misteriosamente; en fin, todas sus devociones y su inextinguible amor?

Juana conoció esa vida y el destino no la dispensó de nada. Fue toda una mujer, pero una mujer desgraciada y sufrida, una mujer constantemente ofendida y dispuesta siempre al perdón, una mujer pura como un diamante sin mácula; así era ella, que tenía la belleza y el resplandor del diamante; y en esa belleza y en ese resplandor, se generaba una venganza totalmente preparada. Desde luego, no era una joven a la que pudiera atemorizar el puñal añadido a su dote.

Sin embargo, Diard, animado por un amor verdadero, por una de esas pasiones que cambian en un momento los caracteres más detestables y sacan a la luz todo lo que de hermoso subyace en un alma, supo comportarse ante todo como un hombre de honor. Obligó a Montefiore a abandonar el regimiento e incluso el cuerpo de ejército, al objeto de que su mujer no lo encontrara nunca durante el corto período de tiempo que pensaba permanecer en España.

A continuación, el interventor pidió el traslado y consiguió que lo destinaran a la guardia imperial. Quería conseguir a cualquier precio un título, honores y una consideración en consonancia con su gran fortuna.

Con esa intención, derrochó valor en una de las batallas más sangrientas en Alemania; pero las heridas que recibió le impidieron seguir en activo. Ante el riesgo de perder una pierna, pidió el retiro sin el título de barón ni las demás recompensas que anhelaba ganar y que, quizá, hubiera obtenido si no hubiera sido Diard.

Ese contratiempo, su herida, sus esperanzas traicionadas, todo aquello contribuyó a cambiarle el carácter. Su energía provenzal, exaltada durante un momento, se vino abajo de repente. Sin embargo, al principio contó con el apoyo de su mujer a la que los esfuerzos, el valor y la ambición mostrados por su marido le infundieron algo de fe en él, y también porque su mujer debía demostrarse a sí misma, más que a ninguna otra, cómo son las mujeres de consoladoras y tiernas en las penas de la vida. Animado por algunas palabras de Juana, el jefe de batallón retirado se fue a París y decidió conquistar en la carrera administrativa una elevada posición que impusiera respeto, hiciera olvidar al interventor del 6.º de infantería y dotara algún día a la señora Diard de algún hermoso título.

Su pasión por la seductora criatura le ayudaba a adivinar sus deseos secretos. Aunque Juana callaba, él la comprendía; no era amado como un amante sueña serlo; lo sabía y quería hacerse apreciar, amar y mimar. Aquel hombre desgraciado presentía la dicha al encontrar en todas las ocasiones a su mujer dulce y paciente; pero esa dulzura y esa paciencia delataban una resignación sin la cual no habría tenido a Juana. La resignación, la devoción, ¿era eso el amor? A menudo, Diard hubiera preferido el rechazo, en vez de encontrar una casta obediencia; a menudo, hubiera dado su vida eterna a cambio de que Juana llorara en su pecho y no disfrazara sus pensamientos con un risueño semblante que mentía noblemente. Muchos hombres jóvenes, porque a cierta edad ya no luchamos más, quieren triunfar de un mal destino, un sino cuyas nubes retumban, de vez en cuando, en el horizonte de su vida; y en el momento en que ruedan por los abismos de la desgracia, hay que reconocerles esos combates ignorados.

Como otros muchos, Diard probó de todo, y todo le resultó negativo.

Su fortuna le permitió rodear a su mujer de los deleites del lujo parisiense, y ella tuvo una vivienda suntuosa, grandes salones y mantuvo una de esas grandes residencias en las que abundan los artistas, poco inclinados a juzgar, algunos de esos intrigantes que se hacen notar, individuos dispuestos a divertirse en todas partes y algunos hombres muy conocidos; todos ellos enamorados de Juana.

Quienes quieran destacar en la capital francesa deben domar o sufrir París. Diard no tenía un carácter suficientemente fuerte, compacto y persistente para imponerse en la sociedad de aquella época, porque por entonces todos querían medrar. Las clasificaciones sociales, por artificiosas que sean, quizá supongan un gran bien, incluso para el pueblo. Napoleón llegó a confesarnos lo mucho que le costó imponer el respeto en su corte, donde la mayoría de sus súbditos habían sido sus iguales.

Pero Napoleón era corso, y Diard provenzal. A igual genio, un isleño siempre será más completo que un hombre de tierra firme y, bajo la misma latitud, el brazo de mar que separa Córcega y Provenza es, a pesar de la ciencia humana, todo un océano que las convierte en dos patrias.

De la posición falsa en que se metió Diard, y que aún falseó más, se derivaron grandes desgracias para él. Quizá se pueda sacar una sutil enseñanza de la ilación imperceptible de los hechos que engendraron el desenlace de esta historia.

En primer lugar, los graciosos de París no veían sin una sonrisa maliciosa los cuadros con que al antiguo interventor había decorado su mansión. Las obras maestras recién compradas quedaron incluidas en el mudo reproche con que todos contemplaban los cuadros saqueados en España, un reproche con el que vengaban su amor propio ofendido por la fortuna de Diard.

Juana supo interpretar algunas de esas palabras de doble sentido en las que sobresalen los franceses. De modo que, siguiendo su consejo, su marido devolvió los cuadros a Tarragona.

Pero el público, decidido a tomarse mal las cosas, dijo: «Ese Diard es muy astuto. Ha vendido sus cuadros».

La gente continuó creyendo que los cuadros que quedaban en sus salones eran de procedencia ilícita.

Algunas mujeres celosas se preguntaban cómo un *Diard* podía estar casado con una joven tan rica y tan bella. De ahí procedían esos comentarios y burlas sin fin que tan bien se saben hacer en París.

Sin embargo, Juana encontraba por todas partes el respeto impuesto por su vida pura y devota, una existencia que triunfaba sobre todo, incluso sobre las calumnias parisienses; pero ese respeto quedaba circunscrito a ella y no alcanzaba a su marido. Su perspicacia femenina y su mirada brillante planeando en sus salones sólo le aportaban sinsabores.

Aquel menosprecio por Diard también era algo natural.

Los militares, a pesar de las virtudes que les atribuye la imaginación, no le perdonaban al antiguo interventor del 6.º de infantería que fuera rico y que quisiera ser un personaje en París.

Ahora bien, en la capital francesa, desde la última casa del faubourg Saint-Germain hasta la última mansión de la calle Saint-Lazare, entre la colina del Luxembourg y la de Montmartre, vive una clase de gente que no tiene más objetivo en este mundo que lucirse y chismorrear, que se viste para salir y sale para chismorrear; toda esa gente de mucho y poco rumbo, todo ese mundo vestido de impertinencia y revestido de pobres deseos, antojos y servilismo; todo ese mundo dorado y desdorado, joven y viejo, noble de ayer o noble del siglo IV; todo ese mundo que se burla del nuevo rico; todo ese mundo que tiene miedo de comprometerse y que quiere derribar cualquier poder, pero que lo adora si se le resiste; todos los oídos de ese mundo escuchan, todas las lenguas de ese mundo dicen y todas las inteligencias de ese mundo saben en una sola velada dónde ha nacido o crecido, lo que ha hecho o no ha hecho el recién llegado que pretende encumbrarse en la sociedad.

Aunque no exista un tribunal de apelación para la alta sociedad, ésta se enfrenta con el fiscal más cruel de todos, un ser moral, inabordable, juez y verdugo a la vez, que acusa y marca con el estigma. No esperen poder ocultarle nada, díganselo todo ustedes mismos, pues quiere saberlo todo y lo conoce todo. No pregunten dónde está el telégrafo desconocido que desde todos los lugares le transmite instantáneamente cualquier historia, escándalo y noticia; no pregunten quién lo hace funcionar. Ese telégrafo es un misterio social; un observador sólo puede constatar sus efectos. Hay ejemplos increíbles; baste uno solo: el asesinato del duque de Berry, perpetrado en la Ópera, fue contado en el minuto décimo que siguió al crimen, en el fondo de la isla Saint-Louis.

La opinión reinante en el 6.º de infantería sobre Diard se filtró al mundo la misma noche que dio su primer baile.

Por tanto, Diard ya no tuvo ningún poder sobre el mundo. A partir de entonces, sólo su mujer tuvo capacidad para conseguir que fuera alguien. ¡Milagro de esta singular civilización! En París, cuando un hombre no sabe ser nada por sí mismo, su mujer, si es joven e ingeniosa, puede ofrecerle la posibilidad de elevarse. Entre las mujeres, las hay enfermas, de apariencia débil, que sin levantarse de su diván y sin salir de su habitación, dominan la sociedad, utilizan mil resortes y sitúan a sus maridos allí donde, para satisfacer su propia vanidad, quisieran estar colocadas ellas.

Pero Juana, cuya infancia habría transcurrido inocentemente en su celda de Tarragona, no conocía ninguno de los vicios, ninguna de las cobardías ni ninguno de los recursos del mundo parisiense; lo observaba como una joven curiosa, y sólo se enteraba de lo que su dolor y su orgullo herido le revelaban. Por lo demás, Juana tenía el tacto de un corazón virgen que recibe las impresiones de antemano, como persona sensible que era. La joven solitaria, hecha mujer tan rápidamente, comprendió que si intentaba obligar al mundo a honrar a su marido, eso sería mendigar a la española con una escopeta en la mano. Además, la frecuencia y la multiplicidad de las precauciones que debía adoptar, ¿no pondrían al descubierto toda la necesidad que tenía de ellas? Entre no hacerse respetar y hacerse respetar demasiado había todo un abismo para Diard. De repente, ella adivinó el mundo como antaño había adivinado la vida, y por todos los lados percibió únicamente la inmensa amplitud de un infortunio irreparable.

Más tarde, aún tuvo el disgusto de reconocer tardíamente la particular incapacidad de su marido, el hombre menos adecuado para cuanto exigiera ser consecuente con las propias ideas. Aquél no comprendía nada del papel que debía desempeñar en el mundo, no lo captaba ni en su conjunto ni en sus matices, y los matices lo eran todo. ¿No se encontraba en una de esas situaciones en que la astucia puede sustituir fácilmente a la fuerza? Aunque la astucia que triunfa siempre es quizá la fuerza más grande de todas.

Ahora bien, en vez de eliminar la mancha de aceite originada por sus antecedentes, Diard hizo todo lo posible por extenderla. Así, no sabiendo calibrar bien la fase del imperio en que estaba, quiso, aunque sólo era jefe de escuadrón, que le nombraran prefecto. Por aquel entonces, casi todo el mundo creía en el genio de Napoleón, cuyo favor lo engrandecía todo. Las prefecturas, esos imperios diminutos, sólo podían ambicionarlas los que estaban respaldados por un gran apellido, los chambelanes de S. M. el emperador y rey. Los prefectos se habían convertido entonces en verdaderos visires. De modo que los adláteres del gran hombre se burlaron de la ambición demostrada por el jefe de escuadrón y Diard tuvo que contentarse con solicitar una subprefectura. Así se produjo un contraste ridículo entre la modestia de sus pretensiones y la envergadura de su fortuna. Abrir salones regios, exhibir un lujo insolente y, a continuación, dejar esa vida de potentado para irse de subprefecto a Issoudun o Savenay, ¿no era rebajarse demasiado?

Juana, puesta al corriente demasiado tarde de las leyes, costumbres y usanzas administrativas vigentes en Francia, se lo hizo ver igualmente demasiado tarde a su marido. Desesperado, Diard dirigió solicitudes sucesivamente a todos los departamentos ministeriales. Rechazado en todas partes, no pudo ser nada y, entonces, la sociedad le juzgó como le juzgaba el gobierno y como él se juzgaba a sí mismo. Diard había sido herido gravemente en el campo de batalla y no había recibido ninguna condecoración. El interventor era rico pero, carente de prestigio, no encontró un puesto en el Estado. Lógicamente, la sociedad también le negó lo que pretendía alcanzar en ella.

En definitiva, aquel desgraciado sentía constantemente en su casa la superioridad de su mujer. Por más que ella mostrara un grandísimo tacto, que habría que calificar de aterciopelado si el epíteto no fuera demasiado atrevido, para ocultar a su marido esa supremacía que la sorprendía y humillaba, Diard terminó por verse afectado. En ese juego, los hombres necesariamente se achican, se engrandecen o se vuelven malvados. En el caso de Diard, su valor o su pasión tenían que quedar empequeñecidos bajo los reiterados golpes que sus faltas asestaban a su amor propio, y él las cometía una tras otra.

En primer lugar, tenía que combatir contra todo, incluso contra sus hábitos y su carácter. Provenzal apasionado, tan franco en sus defectos como en sus cualidades, aquel hombre, cuyas fibras parecían cuerdas de arpa, fue todo corazón para sus antiguos amigos. Socorrió tanto a pobres viejos decrépitos como a necesitados de alta alcurnia; en resumidas cuentas, reconoció a todo el mundo y, en su salón dorado, le dio la mano a cualquier pobre diablo.

Al ver eso, un general del imperio, una variedad de la especie humana de la que pronto ya no habrá especímenes, le retiró el tratamiento que debía a Diard como antiguo oficial y le dijo insolentemente: «¡Querido amigo!», en un tono de atropello.

Pero si los generales disfrazaron su insolencia de campechanía de cuartel, el reducido círculo de personas de la buena sociedad que veía a Diard le manifestó ese desprecio elegante y encubierto, frente al que un advenedizo casi siempre se encuentra inerme.

Por último, la prestancia, la gesticulación medio italiana, el hablar de Diard y su manera de vestir, todo en él impedía profesarle el respeto que la gente vulgar se sabe ganar con la observancia exacta de las cosas exigidas por el buen tono, cuyo yugo únicamente se pueden sacudir los grandes poderes. Así va el mundo.

Estos detalles dan una pequeña idea de los mil suplicios que atormentaron a Juana, uno tras otro. Cada círculo social le clavó su alfiler y, para un alma que prefiere los golpes de puñal, ¿no representaba un atroz sufrimiento aquella lucha en la que Diard recibía afrentas sin sentirlas?, ¿no era aquel combate un terrible padecer y Juana sentía las puñaladas sin recibirlas?

Hasta que llegó un momento, un instante espantoso, en que ella tuvo una percepción lúcida del mundo y sintió, a la vez, todos los dolores que se habían concentrado de antemano encima de ella. Juzgó a su marido completamente incapaz de escalar los altos peldaños del orden social y adivinó hasta dónde debería descender el día en que el corazón no le respondiera. Entonces, Juana se apiadó de Diard. El porvenir se presentaba muy oscuro para aquella joven mujer. Seguía viviendo en la aprensión de una desgracia, sin saber de dónde podría llegarle tal desgracia. Este presentimiento estaba tan enraizado en su alma como pudiera estarlo un contagio en el aire, pero sabía encontrar fuerzas para ocultar su angustia con sonrisas. Sucedía hasta que llegó a no pensar más en sí misma.

Juana se sirvió de su influencia para obligar a Diard a renunciar a todas sus pretensiones y hacerle ver la vida dulce y bienhechora del hogar doméstico como un refugio. Puesto que los males venían del mundo, ¿no había que rechazarlo? Diard encontraría en su casa la paz y el respeto; allí estaría su reino. Juana se sentía suficientemente fuerte como para aceptar la dura tarea de hacerle dichoso, pese a que estuviera descontento de sí mismo. Su energía se acrecentó con las dificultades de la vida, tuvo todo el necesario y secreto heroísmo para hacer frente a su situación y estuvo inspirada por esos religiosos deseos que sostienen al ángel encargado de proteger un alma cristiana: supersticiosa poesía, imágenes alegóricas de nuestras dos naturalezas.

Diard abandonó sus proyectos, cerró su casa y se recluyó en su interior, si se nos permite emplear esta expresión tan familiar. Pero ahí radicaba el escollo. El pobre militar tenía una de esas almas completamente excéntricas, necesitadas de un movimiento perpetuo. Diard era uno de esos hombres instintivamente impulsados a marcharse en cuanto han llegado al lugar y cuyo objetivo vital parece ser un incesante ir y venir, como el de las ruedas de que hablan las Sagradas Escrituras. Quizá intentaba huir de sí mismo. Su pasión por Juana, que la posesión volvió más tranquila, le rindió al carácter de ella, sin llegar a cansarse de aquella mujer ni poder acusarla. A partir de entonces, sus momentos de decaimiento se hicieron más frecuentes y, a menudo, se entregó a sus arrebatos de carácter meridional.

Cuanto más virtuosa e irreprochable es una mujer, tanto más le gusta al hombre sorprenderla en un desliz, aunque sólo sea por tener una prueba de su superioridad legal; pero si por casualidad ella se le impone por completo, el hombre siente la necesidad de inventarle faltas. Entonces, una nadería entre los esposos aumenta hasta convertirse en una montaña.

Pero Juana, sufrida sin orgullo, dulce sin esa amargura que las mujeres saben echar en cara en su sumisión, no daba ningún pretexto para la maldad calculada, la más terrible de las maldades. Además, era una de esas nobles criaturas a las que es imposible faltar; su mirada, en la que resplandecía su vida santa y pura; su mirada de mártir tenía todo el peso de una fascinación.

Diard, molesto al principio y ofendido después, terminó por considerar aquella elevada virtud como un yugo. La discreción de su mujer no le daba emociones violentas y él anhelaba emociones.

En el fondo de las almas, bajo las frías deducciones de una existencia aparentemente simple y vulgar se desarrollan miles de escenas. Entre todos esos pequeños dramas, que duran poco pero que calan tan hondo en la vida y casi siempre son presagio del gran infortunio inscrito en la mayoría de los matrimonios, resulta difícil escoger un ejemplo. Sin embargo, hay una escena muy a propósito para señalar el momento en que comienza la desavenencia en la vida de la pareja. Quizá sirva para explicar el desenlace de esta historia.

Juana tenía, por suerte para ella, dos hijos: dos varones. El primero nació siete meses después de su matrimonio. Se llamaba Juan y se parecía a su madre.

El segundo lo tuvo dos años después de su llegada a París. Éste se parecía igualmente a Diard y a Juana, aunque mucho más al militar, cuyo nombre y apellidos llevaba.

Desde hacía cinco años, Francisque era para Juana el objeto de sus cuidados más tiernos. La madre se ocupaba constantemente de ese niño que acaparaba las caricias delicadas, los juguetes y, sobre todo, las miradas penetrantes de la madre. Juana lo espió desde la cuna, estudió sus gritos, sus movimientos y quiso adivinar su carácter para dirigir su educación. Parecía como si Juana sólo tuviera ese hijo.

El provenzal, al ver a Juan casi postergado, lo tomó bajo su protección y, sin pararse a pensar si el pequeño era hijo del amor efímero que debía haber tenido Juana, por una especie de halago admirable, el marido lo convirtió en su benjamín.

De todos los sentimientos que la señora Diard debía a la sangre de sus antepasados y que la devoraban, sólo aceptó el amor materno. Amaba a sus hijos con la misma violencia sublime de que dio ejemplo la Marana con su actuación en el preámbulo de esta historia y con el gracioso pudor, con el delicado ejercicio de las virtudes sociales, cuya práctica era la gloria de su vida y su recompensa íntima. Lo que en la vida de la Marana había sido pensamiento secreto y escrupulosa maternidad, algo que le imprimió un sello de ruda poesía, era en la vida de Juana un sentimiento abnegado y consuelo en todo instante. Su madre fue virtuosa de la misma manera que las demás mujeres son criminales, a hurtadillas; robó la dicha tácita; no la disfrutó. Pero Juana, a quien la virtud hizo desgraciada, como el vicio hizo desgraciada a su madre había deseado tanto y nunca tuvo. Para Juana, como para la Marana, la maternidad comprendía, pues, todos los sentimientos terrenales. Ni una ni otra tuvieron más consuelo que ése en su miseria, aunque por causas opuestas. Quizá Juana amó más porque, privada de amor, sustituyó todos los goces que le faltaban por el de sus hijos, y con las pasiones nobles ocurre lo mismo que con los vicios: cuanto más se satisfacen, más se incrementan. La madre y el jugador son insanciables.

Cuando Juana vio el generoso perdón que el afecto paterno de Diard sellaba cada día con un beso en la frente de Juan se sintió enternecida y, desde el día en que los dos esposos intercambiaron su papel, la española se interesó por Diard, con el mismo profundo y auténtico interés del que tantas pruebas le había dado hasta entonces, únicamente por deber.

Si aquel hombre hubiera sido más consecuente en su vida, si no hubiera destruido con su incoherencia, inconstancia e inestabilidad de su carácter los destellos de una sensibilidad auténtica, aunque nerviosa, Juana, sin duda, lo habría amado. Por desgracia, no pertenecía a ese grupo de meridionales ingeniosos, aunque sin ilación en sus puntos de vista, individuos capaces de grandes cosas la víspera y nulos al día siguiente, víctimas frecuentemente de sus propias virtudes y también a menudo satisfechos de sus malas pasiones; por lo demás, son hombres admirables, cuando sus buenas cualidades tienen la característica común de una constante energía.

Así pues, hacía dos años que Diard vivía cautivo en el hogar con la más dulce de las cadenas. Vivía, casi a pesar suyo, bajo la influencia de una mujer que se obligaba a mostrarse alegre y divertida para él, que utilizaba los recursos del genio femenino para seducirlo en nombre de la virtud, pero cuya habilidad no llegaba hasta el extremo de simular amor por él.

En aquel momento, todo París estaba pendiente del asunto de un capitán del antiguo ejército que, en un paroxismo de libertinaje, había asesinado a una mujer. Cuando Diard volvió a su casa para comer, le contó a Juana la muerte de aquel oficial. Se había matado para evitar la deshonra de un proceso y una muerte indigna en el cadalso. Juana no comprendió de inmediato la lógica de esa conducta y su marido se vio obligado a explicarle la curiosa jurisprudencia de las leyes francesas, que no permite perseguir a los muertos.

—Papá, ¿no nos dijiste el otro día que el rey concedía indultos? —preguntó Francisque.

—El rey sólo puede conceder la vida —respondió Juan, medio enojado.

Aquella escena, que Diard y Juana presenciaron juntos, le afectó de manera muy diferente. La mirada húmeda de alegría que su mujer lanzó al hijo mayor le revelaron fatalmente al marido los secretos de un corazón impenetrable hasta entonces.

El primogénito se parecía a Juana en todo; ella lo conocía; estaba segura de su corazón y de su futuro; lo adoraba y su ardiente amor por él era un secreto entre ella, su hijo y Dios. Juan disfrutaba instintivamente con los arranques de su madre, que lo apretaba hasta ahogarlo cuando estaban solos, y parecía ponerle mala cara en presencia de su hermano y de su padre.

Francisque era Diard y las atenciones de Juana traicionaban el deseo de combatir en ese hijo los vicios del padre y alentar las buenas cualidades.

Juana, sin darse cuenta de que su mirada había sido demasiado elocuente, tomó a Francisque en su regazo y, con una voz suave aunque aún emocionada por el placer que le había proporcionado la respuesta de Juan, le dio una lección apropiada para su inteligencia.

—Su carácter requiere grandes cuidados —dijo Diard a Juana.

—Sí —respondió ella escuetamente.

—¿Y Juan?

La señora Diard se quedó mirando a su marido, alarmada por el acento con que éste pronunció esas dos palabras.

—Juan ha nacido perfecto —añadió el. Dicho esto, se sentó con un aire sombrío y, viendo a su mujer silenciosa, continuó—: De estos dos hijos *tuyos,* hay uno al que quieres más.

—Lo sabes muy bien —dijo ella.

—¡No! —respondió Diard—. Hasta ahora, he ignorado cuál de los dos prefieres.

—Pero ninguno de los dos me ha dado ningún disgusto hasta el momento —contestó ella, con viveza.

—Sí, pero ¿quién te ha dado más alegrías? —preguntó él, con más viveza todavía.

—No las he contado.

—Las mujeres son muy falsas —exclamó Diard—. Atrévete a decir que Juan no es el hijo de tu corazón.

—Si así fuera —replicó ella, con nobleza—, ¿lo considerarías una desgracia?

—Tú no me has querido nunca. Si me hubieras querido, yo habría sido capaz de conquistar reinos para ti. Sabes que lo he intentado todo, apoyándome únicamente en el deseo de agradarte. ¡Ah! Si me hubieras amado...

—Una mujer que ama —contestó Juana— vive en la soledad, lejos del mundo. ¿No es eso lo que hacemos?

—Ya sé, Juana, que tú nunca te equivocas.

Esta frase estaba henchida de una honda amargura y abrió un profundo abismo entre ellos para el resto de su vida.

El día siguiente a aquella fatal jornada, Diard fue a casa de uno de sus antiguos camaradas y volvió a encontrar las distracciones del juego. Por desgracia, ganó mucho dinero y volvió a jugar. Continuó así, deslizándose por una insensible pendiente, hasta que cayó en la vida disipada que había llevado muchos años antes. Al cabo de poco tiempo, dejó de ir a comer a su casa. Tras unos meses disfrutando los primeros goces de la independencia, quiso conservar su libertad y se separó de su mujer; le dejó las grandes habitaciones y se alojó en un entresuelo. Al cabo de un año, Diard y Juana sólo se veían por la mañana, a la hora del desayuno.

Al fin, como todos los jugadores, ganaba unas veces y perdía otras. Ahora bien, con el propósito de no tener que tocar el capital de su fortuna, quiso sustraer al control de Juana la disposición de las rentas; de modo que un día le retiró la parte que ella tenía en la administración de la casa. A una confianza ilimitada, le sucedieron las precauciones de la desconfianza. A continuación, en lo relativo a las finanzas, que antes eran comunes entre ellos, adoptó el método de asignarle a su mujer una pensión mensual para cubrir sus necesidades y juntos fijaron su importe; ésa fue la última vez que mantuvieron una de esas conversaciones íntimas que constituyen uno de los mayores atractivos del matrimonio. El silencio entre dos corazones es un divorcio que se consuma definitivamente el día que ya no se dice *nosotros*. Juana comprendió que, a partir de ese día, ya sólo era madre, y se sintió dichosa sin pararse a pensar en la causa de aquel desastre. Eso fue un gran error de su parte. Los hijos hacen que la vida de los esposos sea solidaria y la vida secreta de su marido para Juana no debió haber sido exclusivamente un motivo de melancolía y angustia.

Emancipado, Diard se acostumbró en seguida a perder y ganar cantidades inmensas. Buen y gran jugador, se hizo célebre por su manera de jugar. La consideración que no había podido adquirir durante el Imperio la consiguió durante la Restauración, gracias a su fortuna capitalizada, que corría por las mesas de juego, y a un talento en todos los juegos que le hizo célebre. Los embajadores, los banqueros más importantes, los poseedores de grandes fortunas y todos los hombres que, por haber exprimido demasiado la vida, terminan pidiéndole al juego sus exorbitantes goces, admitieron a Diard en sus clubes, aunque raramente en sus casas; todos jugaron con él y Diard estuvo de moda.

Por orgullo, una o dos veces durante el invierno, daba una fiesta para devolver las atenciones que había recibido.

Entonces, Juana volvía a ver el mundo en una vorágine de banquetes, bailes, lujo y luces; pero ella consideraba todo aquello como una especie de tributo impuesto a la dicha de su soledad. Reina de aquellas solemnidades, aparecía en ellas como una criatura llegada de un mundo desconocido. Su ingenuidad, que nada había corrompido; su bella virginidad de alma, que las nuevas costumbres de su nueva vida le habían devuelto; su belleza y su modestia auténtica le procuraban homenajes sinceros. Pero, como vio pocas mujeres en sus salones, comprendió que, si bien su marido seguía sin comunicarle ningún nuevo plan de conducta, tampoco se había ganado el aprecio de la sociedad.

Diard no siempre fue afortunado. En tres años, dilapidó tres cuartas partes de su fortuna, pero su pasión le dio la energía necesaria para seguir jugando.

Se relacionaba con mucha gente, sobre todo con la mayoría de esos tiburones de la Bolsa, esos hombres que desde la Revolución impusieron el principio de que un robo, hecho a lo grande, no es más que una *mancha,* transfiriendo así a las cajas de caudales las desvergonzadas máximas adoptadas en el amor por el siglo XVIII.

Diard se convirtió en un hombre de negocios y se comprometió en una serie de asuntos *turbios,* tal como se les llama en el argot de Palacio. Aprendió a comprar a pobres diablos, que no conocían los vericuetos legales, unas liquidaciones eternamente aplazadas que él resolvía de una tacada, compartiendo los beneficios con los liquidadores. Después, cuando le faltaron las deudas líquidas, buscó las flotantes, y desenterró en los estados europeos, berberiscos y americanos reclamaciones ya prescritas que hacía revivir. Cuando la Restauración extinguió las deudas de los príncipes, de la República y del Imperio, consiguió que le asignaran comisiones sobre los empréstitos, sobre los canales y sobre toda clase de empresas. Por último, practicó también el robo decente a que se dedicaban tantos hombres hábilmente enmascarados u ocultos entre los bastidores del teatro político; un robo que, cometido en la calle, a la luz de una farola, hubiera enviado a presidio a cualquier pobre desgraciado, pero que, perpetrado entre el oro de las molduras y los candelabros, quedaba impune. Diard compraba y vendía azucareras, acaparaba y vendía empleos, y tuvo la gloria de inventar al *testaferro* para los empleos lucrativos que había que guardar durante cierto tiempo, antes de tener otros. También calculaba las primas, estudiaba las lagunas legales y hacía contrabando legal. Para resumir en una sola palabra aquel negocio de altos vuelos, diremos que pidió un *tanto por ciento* por la compra de los quince votos legislativos que en el transcurso de una noche pasaron de los escaños de la Izquierda a los escaños de la Derecha. Tales acciones ya no son ni crímenes ni robos, sino que consisten, como se suele decir, en hacer obra de gobierno, impulsar la industria y ser una eminencia financiera.

La opinión pública sentó a Diard en los escaños de la infamia, donde ya había más de un hombre hábil. Allí se encuentra la aristocracia del mal. Está en la cámara alta de los degenerados de buen tono. Así pues, Diard no fue ese jugador vulgar que los dramas caracterizan de indigno y que termina por mendigar. Ese jugador ya no existe en determinadas alturas topográficas del mundo. En la actualidad, esos atrevidos granujas mueren brillantemente uncidos al carro del vicio, enjaezados con los arreos de la fortuna. Van en carroza a saltarse las tapas de los sesos, llevándose consigo todo el crédito que pudieron sonsacar. Diard, al menos, tuvo el talento de no comprar sus remordimientos a la baja y se volvió uno de esos hombres privilegiados. Habiendo llegado a conocer todos los resortes del gobierno y todos los secretos y las pasiones de las personas principales, supo estar en su sitio en el horno ardiente donde se había arrojado.

La señora Diard ignoraba la vida infernal que llevaba su marido. Satisfecha del abandono en que la había dejado, no le causó en principio ninguna sorpresa, porque todas sus horas estaban bien llenas. El dinero lo destinó a la educación de sus hijos, a pagar un preceptor muy competente y a escoger a todos los profesores necesarios para una enseñanza completa; quería hacer de ellos unos hombres e imbuirles de un raciocinio recto, sin estropear su imaginación. La vida monótona que llevaba no le hacía sufrir, pues todas sus sensaciones eran para sus hijos, que eran para ella lo que son los hijos durante mucho tiempo para muchas madres: una especie de prolongación de su propia existencia. Diard ya sólo era un accidente. Desde que Diard dejó de ser el padre y el jefe de familia, Juana únicamente quedó unida a él por los vínculos de la vida social impuesta a los esposos. Sin embargo, educaba a sus hijos en el más estricto respeto del poder paterno, por imaginario que éste fuera para ellos. Afortunadamente, la ausencia continuada de su marido le facilitó mucho la tarea. Si Diard se hubiera quedado en casa, habría echado por tierra los esfuerzos de Juana. Sus hijos tenían ya demasiado tacto y sutileza como para no juzgar a su padre. Y juzgar al propio padre es un parricidio moral.

Sin embargo, la indiferencia de Juana por su marido desapareció a la larga. Ese sentimiento primitivo se transformó incluso en terror. Un día, ella comprendió que la conducta de un padre puede pesar durante mucho tiempo en el futuro de sus hijos y que, algunas veces, su amor de madre ofrecía revelaciones incompletas de la verdad. Cada día, su constante temor de que se produjera una desgracia desconocida pero inevitable era más vivo y ardiente. Así, durante los escasos instantes en que Juana veía a Diard, dirigía a su cara vacía, lívida por las noches en blanco y arrugada por las emociones, una penetrante mirada cuya intensidad hacía casi sobresaltarse a Diard. Entonces, la falsa jovialidad que imponía su marido la espantaba aún más que su sombría expresión de inquietud, cuando por casualidad olvidaba su papel de hombre jovial. Temía a su mujer como el criminal teme al verdugo. Juana veía en él la vergüenza de sus hijos y Diard temía la venganza tranquila de aquella imagen de la justicia con la frente serena y el brazo siempre levantado y armado.

Un buen día, tras quince años de matrimonio, Diard se encontró sin recursos. Debía cien mil escudos y apenas tenía cien mil francos. Su mansión, su único bien visible, estaba gravada con una serie de hipotecas que sobrepasaban su valor. Transcurridos algunos días, se desvanecería el prestigio de que le había revestido la opulencia. Pasados esos días de gracia, ninguna mano se le tendería y ninguna bolsa se le abriría. Después de ello, a menos que se produjera algún acontecimiento favorable, terminaría cayendo en el lodo del desprecio, más abajo quizá de donde debería estar, precisamente porque se había elevado hasta una altura indebida.

Por suerte, se enteró de que, durante la temporada de las aguas, varios extranjeros distinguidos, diplomáticos, irían a jugarse grandes sumas de dinero a un balneario de los Pirineos. Pero no quiso dejar en París a su mujer, a la que algunos acreedores podrían revelar el espantoso misterio de su situación, y se la llevó junto con los dos hijos, sin dejar que les acompañara ni siquiera el preceptor. Llevó consigo únicamente a un criado y a duras penas consintió que Juana conservara una doncella. Su tono se volvió brusco, imperativo y pareció de nuevo lleno de energía. Ese viaje repentino, cuyo motivo Juana no acertaba a comprender, le causó un secreto espanto. Su marido estuvo de buen humor durante el viaje. Reunidos por fuerza en la berlina, el padre se mostró cada día más atento con los hijos y más amable con la madre. Sin embargo, Juana se sentía acuciada, constantemente, por siniestros presentimientos, esa clase de presentimientos que tienen las madres y las hacen temblar sin razón aparente: rara vez se equivocan cuando tiemblan así. Parece como si el velo del futuro fuera más ligero para ellas.

En una calle tranquila de Burdeos, Diard alquiló una casita también tranquila y muy decorosamente amueblada, y alojó en ella a su familia. La casa estaba situada, por casualidad, en una esquina de la calle y tenía un gran jardín. Como sólo lindaba por uno de sus lados con la casa vecina, estaba muy a la vista y era accesible desde tres lados. Diard pagó el alquiler y no le dejó a Juana más dinero que el estrictamente necesario para los gastos durante tres meses: apenas cincuenta luises. La señora Diard no se permitió ningún comentario sobre esa tacañería insólita.

Cuando su marido le dijo que iba a un balneario y que ella debía quedarse en Burdeos, Juana adoptó un plan: enseñar más a fondo el español y el italiano a sus hijos y hacerles leer las principales obras maestras de las dos lenguas. De modo que decidió llevar una vida retirada, sencilla y naturalmente económica. Para ahorrarse las molestias de la vida material, al día siguiente de la partida de Diard, contrató el suministro de la comida con un proveedor. Para su servicio, se bastaba con la doncella y, así, se encontró sin dinero, pero provista de todo lo necesario hasta el regreso de su marido. Sus diversiones consistían en dar algunos paseos con sus hijos. Entonces, contaba treinta y seis años y tenía una resplandeciente belleza que había llegado a todo su esplendor. De manera que, cuando se mostró en público, en todo Burdeos no se habló más que de la bella española. Después de la primera carta de amor que recibió, el gesto de Juana fue pasear únicamente por su jardín.

Al principio, Diard tuvo suerte en el balneario; en dos meses, ganó trescientos mil francos, pero no se le ocurrió enviar dinero a su mujer, porque quería recaudar mucho y poder jugar aún más. A finales del último mes, llegó al balneario el marqués de Montefiore, precedido por la celebridad de su riqueza, por la fama de su apuesta figura, por lo afortunado de su matrimonio con una ilustre dama inglesa y, sobre todo, por la reputación de su gran afición al juego. Diard, su antiguo camarada, quiso esperarlo con la intención de desplumarlo como a todos los demás. Un jugador armado con unos cuatrocientos mil francos está siempre en una posición desde la que domina la vida, y Diard, confiando en su suerte, reanudó el trato con Montefiore. Éste lo recibió con frialdad pero jugaron y Diard perdió cuanto tenía.

—Mi querido Montefiore —dijo el antiguo interventor, después de dar la vuelta al salón, ya arruinado del todo—, le debo doscientos mil francos; pero tengo dinero en Burdeos, donde he dejado a mi mujer.

Diard, desde luego, llevaba encima los cien billetes de banco; pero con el aplomo y la rapidez de reflejos de un hombre acostumbrado a sacar partido de todo, aún confiaba en los indefinibles caprichos del juego. Montefiore había manifestado el deseo de ver Burdeos. Si Diard pagaba la deuda, se quedaría sin dinero y ya no podría tener una revancha. Una revancha cubre, a veces, todas las pérdidas anteriores. Sin embargo, esas ardientes esperanzas dependían de la respuesta del marqués.

—Espera, querido amigo —dijo Montefiore—, iremos juntos a Burdeos. En honor a la verdad, hoy soy lo bastante rico como para no querer coger el dinero de un antiguo camarada.

Tres días más tarde, Diard y el italiano estaban en Burdeos. Uno le ofreció la revancha al otro. Ahora bien, durante la partida en la que Diard empezó por pagar sus cien mil francos, perdió otros doscientos mil, bajo palabra de honor.

El provenzal estaba contento como si fuera un hombre acostumbrado a bañarse en oro.

Acababan de dar las once y el cielo estaba soberbio. Montefiore debió sentir la misma necesidad que Diard de salir a respirar el aire libre y dar un paseo para recuperarse de sus emociones. Este último le propuso ir a su casa a buscar el dinero y tomar una taza de té.

—Pero la señora Diard... —dijo Montefiore.

—¡Bah! —exclamó el provenzal.

Bajaron; pero Diard, antes de coger el sombrero, entró en el comedor de la casa donde estaban y pidió un vaso de agua. Mientras se lo servían, anduvo a lo ancho y a lo largo y, sin que lo viera nadie, pudo coger uno de esos cuchillos de acero muy pequeños, puntiagudos y con mango de nácar, que sirven para cortar la fruta del postre, que todavía no habían retirado de la mesa.

—¿Dónde vives? —preguntó Montefiore a Diard en el patio—. Tengo que enviar mi coche a tu puerta.

Diard le indicó, detalladamente, dónde estaba su casa.

—Comprenderás que, mientras esté contigo, no tengo nada que temer; pero si volviera solo y me siguiera un ladrón, le sería muy fácil matarme —dijo Montefiore, en voz baja y cogiéndole del brazo.

—Pues, ¿qué es lo que llevas encima?

—¡Oh! Casi nada —respondió el desconfiado italiano—. Sólo llevo mis ganancias. Pero, para un pordiosero, eso sería una bonita fortuna con la que podría pasar por hombre honrado durante el resto de su vida.

Diard condujo al italiano por una calle desierta, donde había reparado en una casa cuya puerta estaba al final de una especie de avenida con árboles y flanqueada por altos muros muy oscuros. Al llegar a aquel lugar, tuvo la audacia de cuadrarse ante Montefiore y pedirle que fuera delante. Montefiore comprendió a Diard y quiso seguirle el juego. Entonces, en cuanto los dos se adentraron en aquella avenida, Diard saltó como un tigre y derribó al marqués con una zancadilla en la corva de las rodillas. Inmediatamente le puso sin vacilar el pie en el cuello y le hundió el cuchillo varias veces en el corazón, hasta que la hoja se rompió. A continuación, registró a Montefiore y le cogió la cartera y el dinero, todo. Aunque Diard actuó con una rabia lúcida y la rapidez de un malhechor; pese a que sorprendió muy hábilmente al italiano, Montefiore tuvo tiempo de gritar.

—¡Al asesino! ¡Al asesino! —gritó, con una voz clara y penetrante que debió remover las entrañas de la gente que dormía.

Sus últimos suspiros fueron unos gritos terribles.

Diard no sabía que, en el momento en que entraron en la avenida, una oleada de gente que había salido de los teatros al término del espectáculo se encontraba en lo alto de la calle. Aquellas personas habían oído el estertor del moribundo, pese a que el provenzal había intentado ahogar sus voces, apoyando con fuerza el pie en el cuello de Montefiore. Aquella maniobra sólo había conseguido apagar, gradualmente, los gritos.

La gente, al oírlo, se puso a correr en dirección a la avenida, desde donde llegaban los gritos, unos chillidos que, con el eco causado por los altos muros, señalaban el lugar exacto donde se estaba cometiendo el asesinato. Sus pasos retumbaron en el cerebro de Diard. Pero sin perder la cabeza todavía, el asesino abandonó la avenida y salió a la calle, andando despacio como un curioso convencido de la inutilidad del socorro. Se volvió, incluso, para calcular bien la distancia que le podía separar de los que venían corriendo y vio cómo se precipitaban por la avenida; uno de ellos, por una precaución completamente natural, se puso a observar a Diard.

—¡Es él! ¡Es él! —gritó la gente que había entrado en la avenida, cuando vieron a Montefiore tendido en el suelo, la puerta de la casa cerrada y después de buscar por todas partes sin encontrar al asesino.

En cuanto resonó ese clamor, Diard, sintiéndose con ventaja, se puso a correr, mejor dicho, a volar, con la energía de un león y la agilidad de un ciervo. Vio o creyó ver una masa de gente en la otra punta de la calle y se metió por una calle transversal. Pero ya empezaban a abrirse todas las ventanas y, en cada ventana, aparecían figuras; de cada puerta, salían gritos y aparecían luces. Diard huía sin volver la vista atrás, en medio de las luces y el tumulto. Sus piernas se movían con tanta agilidad que dejó atrás el tumulto, aunque sin poder evitar, a pesar de todo, todas aquellas miradas que cubrían el terreno, más rápidamente incluso de lo que él lo hacía a la carrera. Vecinos, soldados y gendarmes, todo el mundo se puso en marcha en un abrir y cerrar de ojos. Unos oficiales despertaron a los comisarios, mientras otros se quedaron vigilando el cuerpo. El rumor se fue difundiendo hasta el fugitivo, que quedó envuelto en él como si fueran las llamas de un incendio. Llegó hasta el centro de la ciudad, donde estaban los magistrados. Diard creía estar soñando al oír cómo toda la ciudad rugía, corría y se estremecía. Sin embargo, aún conservaba la mente clara y la presencia de ánimo. Se limpió las manos en las paredes.

Por último, alcanzó el muro del jardín de su casa. Creyendo haber despistado a sus perseguidores, se detuvo en un rincón completamente silencioso; pero todavía llegaba el lejano murmullo de la ciudad. Parecía el bramido del mar. Sacó agua de un arroyo y bebió. Al ver un montón de adoquines de desecho, escondió allí su tesoro, impulsado por uno de esos vagos pensamientos que se les ocurren a los criminales en el momento en que, habiendo perdido la facultad de juzgar sus propios actos, se apresuran a proclamar su inocencia, basándose, por así decirlo, en la falta de pruebas.

Hecho esto, intentó adoptar un talante plácido, probó a sonreír y llamó suavemente a la puerta de su casa, confiando en que no le hubiera visto nadie. Levantó los ojos y vio a través de las persianas la luz de las velas que iluminaban la habitación de su esposa. Entonces, en medio de su turbación, las imágenes de la serena vida de Juana, sentada entre sus hijos, le produjeron el mismo efecto que si recibiera un martillazo en la cabeza. La doncella abrió la puerta y Diard la cerró rápidamente de un puntapié.

En ese momento respiró; pero se dio cuenta de que estaba sudando, por lo que permaneció en la sombra y envió a la doncella al lado de Juana. Se limpió la cara con su pañuelo, se arregló la ropa como un fatuo que se alisa el traje antes de entrar en casa de una mujer y, a continuación, aprovechó la claridad de la luna para examinarse las manos y palparse la cara. Al ver que no tenía ninguna mancha de sangre, un líquido que sin duda se había derramado en el interior del cuerpo de la víctima, tuvo un momento de alegría. Pero le llevó bastante tiempo asearse debidamente.

Subió a la habitación de Juana con una actitud tranquila y sosegada, como puede ser la de un hombre que, después de ver un espectáculo, vuelve a su casa a acostarse. Mientras subía los peldaños de la escalera, pudo reflexionar sobre su situación, que resumió en esta frase: «Salir y llegar al puerto». Esas ideas no las pensó, se las encontró escritas con letras de fuego en la sombra. Una vez en el puerto, debería esconderse durante el día y volver a buscar el tesoro por la noche. A continuación, tendría que meterse como una rata en la sentina de un barco y partir sin que nadie sospechara su presencia a bordo.

Para todo aquello, ¡ante todo, necesitaba el oro! Y no tenía nada.

—Félicie —dijo—, ¿no oye ruido y gritos en la calle? Salga a preguntar el motivo y después infórmeme...

Vestida con sus blancos atavíos de noche, su mujer estaba sentada a una mesa y hacía leer a Francisque y a Juan un texto de Cervantes en español, que los dos seguían, mientras ella lo pronunciaba en voz alta. Los tres se detuvieron y miraron a Diard, que estaba de pie con las manos en los bolsillos, casi sorprendido de encontrarse con esa escena tan tranquila, iluminada suavemente y embellecida por las figuras de la mujer y los dos niños. Era un cuadro viviente de la Virgen entre su hijo y san Juan.

—Juana, tengo que decirte algo.

—¿Qué pasa? —preguntó ella, adivinando por la palidez amarilla de su marido la desgracia que esperaba cada día.

—No es nada, pero quisiera hablar... a solas.

Y miró fijamente a sus dos hijos.

—Queridos hijos, id a vuestra habitación y acostaos —dijo Juana—. Rezad vuestras oraciones sin mí.

Los dos niños salieron en silencio, con esa obediencia exenta de curiosidad de los hijos bien educados.

—Mi querida Juana —continuó Diard, con una voz cariñosa—, te dejé muy poco dinero y ahora lo lamento mucho. Escucha, desde que te evité las preocupaciones por la casa asignándote una pensión, ¿no habrías ahorrado un poco, como hacen todas las mujeres?

—No —respondió Juana—, no tengo nada. No pensaste en los gastos de la educación de tus hijos. No te lo reprocho en absoluto, querido mío, y si te recuerdo esta omisión es para explicarte mi falta de dinero. Todo lo que me has dado ha servido para pagar a los maestros y...

—¡Basta! —exclamó Diard, bruscamente—. ¡Por mil rayos...! El tiempo apremia. ¿No tienes joyas?

—Sabes muy bien que nunca he llevado.

—¿No hay aquí ni un céntimo? —gritó Diard, fuera de sí.

—¿Por qué gritas? —preguntó ella.

—Juana —prosiguió él—, acabo de matar a un hombre.

Ella corrió hacia la habitación de sus hijos y volvió después de cerrar todas las puertas.

—Que tus hijos no oigan nada —añadió ella—. Pero, ¿con quien te has batido?

—¡Ah! Con Montefiore —respondió él.

—¡Ah! —exclamó ella, que dejó escapar un suspiro—. Es el único hombre al que tienes derecho a matar...

—Había muchas razones para que muriera en mis manos. Pero no perdamos más tiempo. Dinero, dinero, dinero, ¡en nombre de Dios! Es posible que me persigan. No nos hemos batido. Lo he... matado.

—¡Matado! —exclamó ella—. ¿Y cómo...?

—Pues como se mata; me había robado toda mi fortuna y yo se la he cogido. Mientras todo esté tranquilo, y puesto que no tenemos dinero, tú, Juana, deberías ir a buscar el mío en ese montón de piedras que ya conoces, ese montón de ladrillos que está al final de la calle.

—Vamos —dijo Juana—, que lo has robado.

—¿Qué puede importarte eso? ¿No es preciso que me vaya? ¿Tienes dinero? ¡Me están pisando los talones!

—¿Quién?

—¡Los jueces!

Juana salió y volvió bruscamente.

—Toma —dijo, tendiéndole desde lejos una joya—. Ésta es la cruz de doña Lagounia. Tiene cuatro rubíes de mucho valor, según me han dicho. Vamos, vete, vete... Vete de una vez.

—Félicie no vuelve —dijo él, con estupor—. ¿La habrán detenido?

Juana dejó la cruz en el borde de la mesa y se abalanzó hacia las ventanas que daban a la calle.

Allí, a la luz de la luna, vio unos soldados que en un profundo silencio se apostaban a lo largo de los muros.

Volvió aparentando estar tranquila y le dijo a su marido:

—No puedes perder ni un minuto, tienes que huir por el jardín. Ésta es la llave de la puerta pequeña.

Por un prurito de prudencia, fue sin embargo a echar una ojeada al jardín. Entonces, en la sombra, vio, bajo los árboles, el brillo de los reflejos que producían los bordes plateados de los morriones de los gendarmes. Oyó incluso el rumor vago de la multitud, atraída por la curiosidad y contenida por los centinelas en los extremos de las calles por donde afluían.

Efectivamente, Diard había sido visto por la gente que estaba asomada a las ventanas. Y, en seguida, siguiendo sus indicaciones y las de la criada, a la que asustaron y después detuvieron, las tropas y el pueblo habían cerrado las dos calles, en cuya esquina estaba situada la casa. Una docena de gendarmes salidos del teatro la rodearon, mientras otros saltaban por encima de los muros del jardín y lo registraban, autorizados por un crimen tan flagrante.

—Caballero —dijo Juana—, ya no podéis salir. Toda la ciudad está aquí.

Diard corrió a las ventanas, preso de la loca actividad de un pájaro encerrado que tropieza con todas las claridades. Fue y volvió a cada salida. Juana permaneció de pie, pensativa.

—¿Dónde puedo esconderme? —preguntó él.

Miraba la chimenea y Juana contemplaba las dos sillas vacías. Para ella, sus hijos estaban allí hacía un momento. En ese instante, se abrió la puerta de la calle y resonó el ruido de numerosos pasos en el patio.

—Juana, mi querida Juana, dame un buen consejo, por favor.

—Voy a darte uno —dijo ella— y a salvarte.

—¡Ah! Serás mi ángel.

Juana regresó, tendió a Diard una de sus pistolas y volvió la cabeza. Diard no cogió la pistola. Juana oyó el ruido procedente del patio donde estaban depositando el cuerpo del marqués, para el careo con el asesino. Luego, se volvió y vio a Diard pálido y lívido. El hombre se sentía desfallecer y quería sentarse.

—Tus hijos te lo suplican —dijo ella, poniéndole el arma en las manos.

—Pero, mi buena Juana, mi pequeña Juana, ¿crees que...? Juana, esto es muy precipitado... Quisiera besarte.

Los gendarmes ya subían por los peldaños de la escalera. Juana, entonces, cogió la pistola, apuntó a Diard, lo sujetó por el cuello a pesar de sus gritos y le disparó un tiro en la cabeza. Luego, arrojó el arma al suelo...

En ese momento, se abrió la puerta bruscamente. El fiscal del rey, seguido de un juez, un médico, un secretario judicial y los gendarmes, en fin, toda la justicia humana apareció.

—¿Qué quieren ustedes? —dijo ella.

—¿Es el señor Diard? —preguntó el fiscal del rey, señalando aquel cuerpo doblado por la mitad.

—Sí, señor.

—Señora, su vestido está lleno de sangre.

—¿No comprende usted por qué? —preguntó Juana.

Ella fue a sentarse a la mesita, donde cogió el libro de Cervantes, y se quedó pálida, casi al borde de una crisis nerviosa que intentaba controlar.

—Salgan —ordenó a los gendarmes el magistrado.

A continuación, hizo una seña al juez de instrucción y al médico, quienes permanecieron allí.

—Señora, en esta ocasión, no podemos por menos que felicitarle por la muerte de su marido. Si lo que le ha extraviado ha sido la pasión, al menos habrá muerto al estilo militar y eso hace inútil la acción de la justicia. Pero a pesar de nuestro deseo de no importunarla en un momento como éste, la ley nos obliga a proceder en cualquier caso de muerte violenta. Permítanos cumplir con nuestro deber.

—¿Puedo ir a cambiarme de ropa? —preguntó ella, poniendo el libro en la mesa.

—Sí, señora, pero la traerá aquí. El doctor, sin duda, la necesitará...

—Sería demasiado penoso para la señora verme y oírme operar —dijo el médico, que comprendió las sospechas del magistrado—. Señores, permítanle que permanezca en la habitación contigua.

Los magistrados aprobaron al caritativo médico y, entonces, Félicie fue a servir a su señora.

El juez y el fiscal del rey hablaron en voz baja. Los magistrados tienen la mala suerte de verse obligados a sospechar de todo y a pensar en todo. A fuerza de suponer malas intenciones y de comprenderlas, para llegar a las verdades ocultas que subyacen en las acciones más contradictorias, resulta imposible que en el ejercicio de su espantoso sacerdocio no se termine secando, a la larga, la fuente de las emociones generosas que se ven obligados a verter. Si los sentidos del cirujano terminan por embotarse después de investigar los misterios del cuerpo, ¿en qué no se convertirá la conciencia de un juez obligado a investigar constantemente los más profundos repliegues del alma? Siendo como son los primeros mártires de su misión, los magistrados han de terminar por resignarse a la pérdida de sus ilusiones y a que el crimen no pese sobre ellos menos que sobre los criminales. Un anciano sentado en un tribunal es sublime, pero un juez joven, ¿no resulta estremecedor?

Pues bien, aquel juez de instrucción era joven y se vio obligado a preguntarle al fiscal del rey:

—¿Cree usted que la mujer es cómplice del marido? ¿Hay que proceder contra ella? ¿Es usted partidario de interrogarla?

El fiscal del rey respondió encogiendo los hombros despreocupadamente.

—Montefiore y Diard —añadió— eran dos malos sujetos conocidos. La doncella nada sabía del crimen. Vamos a quedarnos en eso.

El médico operaba. Examinaba a Diard y dictaba su informe al secretario judicial. De repente, se abalanzó a la habitación de Juana.

—Señora...

Juana, que ya se había quitado el vestido ensangrentado, fue al encuentro del doctor.

—Ha sido usted quien ha matado a su marido —dijo, inclinándose al oído de la española.

—Sí, señor.

«... Y del conjunto de los hechos... —continuó dictando el médico— *se deduce, en nuestra opinión, que el llamado Diard se dio la muerte voluntariamente».*

—¿Ha terminado usted? —preguntó al secretario judicial, tras una pausa.

—Sí —contestó el funcionario.

El médico firmó y Juana le lanzó una mirada, reprimiendo con pena las lágrimas que le humedecieron fugazmente los ojos.

—Señores —dijo ella al fiscal del rey—, soy extranjera, española. No sé cuáles son sus leyes. No conozco a nadie en Burdeos. Reclamo de ustedes un gran servicio. Procúrenme un pasaporte para España...

—¡Un instante! —exclamó el juez de instrucción—. Señora, ¿qué ha sido de la cantidad robada al marqués de Montefiore?

—El señor Diard me habló vagamente de un montón de piedras donde lo había escondido —respondió ella.

—¿Dónde?

—En la calle.

Los dos magistrados se miraron.

Juana dejó escapar un gesto sublime y llamó al médico.

—Señor —dijo—, ¿seré sospechosa de alguna infamia? ¡Yo! El montón de piedras debe estar al final de mi jardín. Vayan ustedes mismos, por favor. Vayan y busquen ese dinero.

El médico salió llevándose al juez de instrucción y encontraron la cartera de Montefiore.

Dos días más tarde, Juana vendió su cruz de oro para sufragar los gastos del viaje. Cuando, junto con sus dos hijos, se dirigía a la diligencia que la conduciría hasta la frontera con España, oyó que la llamaban en la calle: era su madre moribunda, que la había visto a través de las cortinillas de la camilla donde la llevaban al hospital.

Juana hizo entrar la camilla en una puerta cochera. Allí, se celebró el último encuentro entre la madre y la hija.

Aunque las dos conversaban en voz baja, Juana escuchó estas palabras de despedida:

—Muere en paz, madre mía; ¡he sufrido por todas vosotras!

París, noviembre de 1832.

EL VERDUGO

A Martínez de la Rosa.

Acababan de dar las doce de la noche en el reloj de la torre de la pequeña ciudad de Menda. En ese momento, un joven oficial francés, apoyado en el pretil de una larga terraza que bordea los jardines del castillo de Menda, parecía ensimismado en una contemplación más profunda de lo que cabe esperar de la despreocupación de la vida militar; pero hay que decir también que nunca hubo hora, paraje y noche más propicios para la meditación. El hermoso cielo de España extendía su mano azul por encima de su cabeza. El centelleo de las estrellas y la suave claridad de la luna iluminaban el precioso valle que se extendía graciosamente a sus pies. Apoyado en un naranjo en flor, el jefe de batallón podía ver a unos treinta metros por debajo de él la ciudad de Menda, que parecía haberse puesto al abrigo de los vientos del norte, al pie del peñón sobre el que se levantaba el castillo. Volviendo la cabeza, veía el mar cuyas brillantes aguas enmarcaban el paisaje con una ancha lámina de plata. El castillo estaba iluminado. El alegre bullicio de un baile, los sones de la orquesta, las risas de algunos oficiales y sus parejas de baile llegaban hasta él, mezclados con el lejano murmullo de las olas. El frescor de la noche imprimía una especie de energía a su cuerpo fatigado por el calor del día. Por último, los jardines estaban plantados de árboles tan aromáticos y flores de fragancia tan suave que el joven se encontró como sumergido en un baño perfumado.

El castillo de Menda pertenecía a un grande de España que, a la sazón, vivía en él con su familia. A lo largo de toda la velada, la hija mayor había mirado al oficial con un interés impregnado de una tristeza tal que el sentimiento de compasión expresado por la española bien podía ser la causa de las divagaciones del francés. Clara era hermosa y, aunque tenía tres hermanos y una hermana, los bienes del marqués de Leganés parecían lo suficientemente cuantiosos como para hacer creer a Victor Marchand que la joven aportaría una buena dote al matrimonio. Pero, ¿cómo atreverse a creer que la hija del anciano más orgulloso de su grandeza que existía en España podría comprometerse con el hijo de un tendero de París? Todo eso sin contar con el odio que inspiraban los franceses. Como el marqués había infundido sospechas al general G...t...r, que gobernaba la provincia, de preparar un levantamiento en favor de Fernando VII, el batallón al mando de Victor Marchand había quedado acantonado en la pequeña ciudad de Menda, para controlar los campos vecinos que obedecían al marqués de Leganés. Un reciente despacho del mariscal Ney hacía temer que los ingleses desembarcaran próximamente en la costa y señalaba al marqués como hombre que mantenía contactos con el gobierno de Londres. Así, a pesar de la buena acogida con que el español recibió a Victor Marchand y sus soldados, el joven oficial estaba en guardia constantemente. Al dirigirse hacia la terraza, desde la que examinaba el estado de la ciudad y los campos confiados a su vigilancia, se preguntaba cómo debería interpretar la amistad, que el marqués no dejaba de manifestarle, y cómo se podía conciliar la tranquilidad del territorio con la inquietud de su general; pero hacía un momento ya que esos pensamientos habían sido sustituidos en la mente del joven comandante por un sentimiento de prudencia y una curiosidad muy legítimos. Acababa de divisar una gran cantidad de luces en la ciudad. Aunque se celebrara la fiesta de Santiago, aquella misma mañana había ordenado que se apagaran los fuegos a la hora fijada en su bando. Únicamente el castillo había quedado exento de la medida. Miró cómo destellaban en varios puntos las bayonetas de sus soldados en los puestos de costumbre; pero reinaba un imponente silencio y no había indicio alguno de que los españoles estuvieran de jolgorio o celebrando alguna fiesta. Después de intentar explicarles la infracción en que habían incurrido los vecinos, llegó a considerar ese delito como un misterio tanto más incomprensible por cuanto había dejado oficiales encargados de la vigilancia nocturna y de las rondas. Iba a lanzarse con todo el ímpetu de su juventud por una brecha para bajar más deprisa por las rocas y, así, llegar antes que por el camino habitual a un puesto colocado a la entrada de la ciudad por el lado del castillo, cuando un débil ruido le hizo detenerse. Creyó escuchar el crujido de la arena de la alameda bajo las leves pisadas de una mujer. Volvió la cabeza y no vio nada; pero sus ojos quedaron hipnotizados por el extraordinario brillo del océano. De pronto, vio un espectáculo tan funesto que se quedó paralizado por la sorpresa, creyendo que sus sentidos le engañaban. Los blanquecinos rayos de la luna le permitieron distinguir unas velas a una distancia bastante considerable. Se estremeció e intentó convencerse de que aquella visión era un espejismo provocado por las fantasías de las olas y de la luna. En ese momento, una voz ronca pronunció el nombre del oficial, y éste miró hacia la brecha y vio levantarse lentamente la cabeza del soldado que le había acompañado al castillo.

—¿Es usted, mi comandante?

—Sí. ¿Y bien? —dijo en voz baja el joven, al que una especie de presentimiento le hacía hablar en tono misterioso.

—Esos bribones se mueven como gusanos; si usted me lo permite, me apresuraré a comunicarle las pocas observaciones que he hecho.

—Habla —respondió Victor Marchand.

—Acabo de seguir a un hombre del castillo que se ha marchado por aquí, con un farolillo en la mano. ¡Los farolillos son de lo más sospechoso! No creo que ese cristiano tenga ninguna necesidad de encender velas a estas horas. «¡Quieren comérsenos!», me he dicho, y he corrido para atraparlo. Y así, mi comandante, he descubierto a unos pasos de aquí, encima de una roca, un montón de leña.

Un grito terrible que resonó de pronto en la ciudad interrumpió al soldado. Un fogonazo repentino iluminó al comandante. El pobre granadero cayó derribado por un balazo en la cabeza. Una hoguera de paja y leña seca brillaba como un incendio a diez pasos del joven. En el salón de baile, dejaron de sonar los instrumentos y se acallaron las risas. Un repentino y mortal silencio, sólo interrumpido por los gemidos, siguió a los rumores y la música de fiesta. Sobre la llanura blanca del océano, retumbó un cañonazo. Por la frente del joven oficial empezó a correr un sudor frío. Iba sin espada. Se daba cuenta de que sus soldados habían perecido y los ingleses estaban a punto de desembarcar. Se vio deshonrado si conservaba la vida y compareciendo ante un consejo de guerra; entonces, midió con la mirada la profundidad del valle y se lanzó hacia abajo en el mismo momento en que la mano de Clara le cogió la suya.

—¡Huya! —dijo ella—. Mis hermanos me siguen para matarle. Al pie del peñón, por allí, encontrará el caballo andaluz de Juanito. ¡Váyase deprisa!

Le empujó y el joven la miró, estupefacto, durante un momento; pero obedeciendo en seguida al instinto de conservación que nunca abandona al hombre, ni siquiera al más fuerte, se lanzó velozmente por el parque, en la dirección indicada. Corrió a través de los peñascos por donde sólo las cabras se habían aventurado hasta entonces. Oyó cómo Clara gritaba a sus hermanos para que lo persiguieran; escuchó los pasos de sus asesinos, y percibió cómo le silbaban en los oídos los balazos de varias descargas; pero llegó al valle, encontró el caballo, lo montó y desapareció con la rapidez de un relámpago.

Al cabo de pocas horas, el joven oficial llegó al cuartel del general G...t...r., a quien encontró comiendo con su Estado Mayor.

—¡Le traigo mi cabeza! —exclamó el jefe de batallón, presentándose pálido y deshecho.

Se sentó y contó la horrible aventura. Cuando terminó su relato, se hizo un silencio espantoso.

—Le considero más desdichado que culpable —respondió, al fin, el terrible general—. Usted no es responsable de la fechoría de los españoles y, a menos que el mariscal decida otra cosa, le absuelvo.

Estas palabras sirvieron de poco para consolar al desgraciado oficial.

—¡Cuando el emperador se entere! —exclamó.

—Querrá que lo manden fusilar —añadió el general—, pero ya veremos. En fin, no hablemos más de eso —proclamó con un tono severo—, salvo para adoptar medidas de venganza que infundan un terror saludable a este país, donde hacen la guerra a la manera de los salvajes.

Una hora después, se pusieron en marcha un regimiento entero, un destacamento de caballería y un convoy de artillería. El general y Victor marchaban a la cabeza de la columna. Los soldados, enterados de la masacre de sus camaradas, estaban locos de rabia y furor. Franquearon con una rapidez milagrosa la distancia que separaba la ciudad de Menda del cuartel general. A lo largo del trayecto, el general encontró pueblos enteros en pie de guerra. Sus tropas rodearon todos aquellos pobres villorios y diezmaron a sus habitantes.

Por una de esas fatalidades inexplicables, los navíos ingleses se habían quedado al pairo y no avanzaban; pero después se supo que aquellos barcos sólo llevaban artillería y navegaban mejor que el resto de los transportes. Al quedar Menda privada de los defensores que esperaba y que la aparición de las velas inglesas parecía prometerle, les fue fácil a las tropas francesas rodearla casi sin disparar un tiro. Los habitantes, aterrorizados, ofrecieron rendirse sin condiciones. Por uno de esos rasgos de abnegación que no fueron raros en la península, los asesinos de los franceses, que conocían la crueldad del general, previendo que Menda quizá sería pasto de las llamas y la población entera pasada por las armas, planearon denunciarse a sí mismos al general. Éste aceptó el ofrecimiento, poniendo como condición que le entregaran a los habitantes del castillo, desde el marqués hasta el último criado. Una vez aceptada esta capitulación, el general prometió indultar al resto de la población e impedir que sus soldados saquearan la ciudad y le prendieran fuego. Les impuso una contribución enorme y los vecinos más ricos fueron hechos prisioneros, para garantizar el pago que debía efectuarse en el plazo de veinticuatro horas.

El general adoptó todas las precauciones necesarias para la seguridad de sus tropas, organizó la defensa de la comarca y se negó a alojar a sus soldados en las casas. Después de hacerles acampar, subió al castillo y se apoderó de él por la fuerza de las armas. Los miembros de la familia Leganés y sus criados fueron detenidos, puestos bajo la vigilancia de centinelas, maniatados y encerrados en el salón donde se había celebrado el baile. Desde las ventanas de dicha estancia, se podía divisar fácilmente la terraza que dominaba la ciudad. El Estado Mayor se instaló en una galería próxima y, en ella, celebró el general un consejo sobre las medidas a adoptar para oponerse al desembarco. Después de enviar una ayuda de campo al mariscal Ney y ordenar montar baterías en la costa, el general y su Estado Mayor se ocuparon de los prisioneros. Los doscientos españoles que los vecinos habían entregado fueron fusilados inmediatamente en la terraza. Tras esta ejecución sumaria, el general ordenó montar en la terraza tantas horcas como individuos había en el salón del castillo y envió a buscar al verdugo de la ciudad. Victor Marchand aprovechó el tiempo que quedaba hasta la hora de comer para ir a ver a los prisioneros. Poco después, volvió a presentarse ante el general.

—Vengo —dijo con voz emocionada— a pedirle una gracia.

—¡Usted! —exclamó el general, con un tono de amarga ironía.

—¡Ay! —prosiguió Victor—. Pido una gracia que causa tristeza. El marqués, al ver que se montaban las horcas, confió en que usted no le aplicaría ese género de suplicio a su familia y le ruega que haga decapitar a los nobles.

—Sea —contestó el general.

—También pide que les sean concedidos los auxilios de la religión y que se les quiten las ataduras; prometen no intentar escapar.

—Concedido —manifestó el general—; pero usted responde por ellos.

—El anciano le ofrece también toda su fortuna, si decide perdonar a su joven hijo.

—¿De veras? —exclamó—. Sus bienes ya pertenecen al rey José. —Se detuvo. Tras un pensamiento de desprecio que arrugó su frente, añadió—: Voy a colmar con creces su deseo. Adivino la importancia de su última petición. ¡Pues bien!, que compre la eternidad de su nombre, pero que España se acuerde para siempre de su traición y su suplicio. Dejo su fortuna y la vida al hijo que realice el trabajo del verdugo. Váyase y no me hable más de esto.

La comida estaba servida. Los oficiales sentados a la mesa comieron con un apetito aguzado por la fatiga. En el banquete, sólo faltaba Victor Marchand. Tras vacilar un largo rato, entró en el salón donde gemía la orgullosa familia de Leganés y vio con tristeza el espectáculo que presentaba aquella habitación donde la antevíspera había visto girar al ritmo de vals las cabezas de las dos jovencitas y los tres jóvenes. Se estremeció al pensar que, dentro de poco, rodarían cortadas por el sable del verdugo. Atados a su dorados sillones, el padre, la madre, los tres hijos y las dos hijas permanecían en un estado de inmovilidad total. Ocho criados estaban de pie con las manos atadas a la espalda. Los quince personajes se miraban con una expresión grave y sus ojos apenas traicionaban los sentimientos que les animaban. En algunas frentes, se leía una resignación profunda y el pesar de haber fracasado en el empeño. Unos soldados inmóviles les vigilaban respetando el dolor de aquellos crueles enemigos. Los semblantes se animaron con un movimiento de curiosidad cuando apareció Victor. Éste ordenó que desataran a los condenados y él mismo fue a soltar las cuerdas que mantenían a Clara prisionera en su silla. Ella sonrió tristemente. El oficial no pudo resistir la tentación de rozar los brazos de la joven, admirando su cabellera negra y su talle esbelto. Era una española de verdad: tenía la tez española, los ojos españoles, largas y rizadas pestañas y unas pupilas más negras que el ala de un cuervo.

—¿Lo ha conseguido? —preguntó ella, dirigiéndole una de esas sonrisas fúnebres en la que parecía haber algo semejante a un mohín de jovencita curiosa.

Victor no pudo reprimir un gemido. Miró sucesivamente a los tres hermanos y a Clara. Uno, el mayor, tenía treinta años. Bajo, de cuerpo nada armonioso y con un talante altivo y despectivo, no carecía de cierta nobleza en sus modales; parecía tener algo de esa delicadeza de sentimientos que en tiempos pasados hizo tan célebre a la galantería española. Se llamaba Juanito. El segundo, Felipe, tenía unos veinte años. Se parecía a Clara. El último tenía ocho años. Un pintor habría encontrado en los rasgos de Manuel algo de esa constancia romana que David prestó a los niños en sus láminas republicanas. El anciano marqués tenía la cabeza cubierta de cabellos blancos; parecía salida de un cuadro de Murillo. Al ver el aspecto que presentaban, el joven oficial movió la cabeza, convencido de que ninguno de aquellos cuatro personajes aceptaría el trato del general; sin embargo, se atrevió a confiárselo a Clara. La española se estremeció al principio, pero en seguida adoptó un aire tranquilo y fue a ponerse de rodillas delante de su padre.

—¡Oh! —dijo—, hágale jurar a Juanito que cumplirá fielmente las órdenes que usted le dé y nos quedaremos contentos.

La marquesa tembló de esperanza; pero cuando se inclinó hacia su marido y escuchó la horrible confidencia de Clara, aquella madre se desvaneció. Juanito lo comprendió todo y saltó como un león en una jaula. Victor se comprometió a hacer salir a los soldados una vez que el marqués le prometiera una obediencia total. Los criados fueron sacados y entregados al verdugo y éste los ahorcó. Cuando la familia se quedó vigilada únicamente por Victor, el anciano padre se levantó.

—¡Juanito! —llamó.

Juanito respondió sólo con una inclinación de cabeza, un gesto que equivalía a una negativa. Luego, se dejó caer de nuevo en su silla y miró a sus padres con ojos secos y terribles. Clara fue a sentarse en sus rodillas y, con ademán alegre, le habló:

—Querido Juanito —dijo, poniéndole los brazos alrededor del cuello y besándole los párpados—; si supieras cuán dulce me sería la muerte, si me la dieras tú. No tendría que sufrir el odioso contacto de las manos de un verdugo. Tú me curarás de los males que me acechaban y... Juanito, ¿verdad que no querías que yo fuera de nadie?

Sus ojos aterciopelados lanzaron una mirada encendida a Victor, como para despertar en el corazón de Juanito el horror a los franceses.

—Ten valor —dijo su hermano Felipe, dirigiéndose a Juanito—, de lo contrario nuestra estirpe casi regia se extinguirá.

De repente, Clara se levantó y el grupo que se había formado en torno a Juanito se deshizo. El hijo, rebelde por razones más que justificadas, vio delante de él erguido a su anciano padre que, con un tono solemne, exclamó:

—Juanito, yo te lo ordeno.

Ya que el joven conde permanecía inmóvil, su padre se postró de hinojos ante él. Involuntariamente, Clara, Manuel y Felipe le imitaron. Todos tendieron las manos hacia el que debía salvar a la familia del olvido y parecían repetir las mismas palabras paternas: «Hijo mío, ¿te faltarán la energía española y la auténtica sensibilidad? ¿Vas a dejarme mucho tiempo de rodillas ante ti? ¿Crees que debes anteponer tu vida y tus sufrimientos?».

El anciano, volviéndose hacia la marquesa, añadió:

—¿Es hijo mío, señora?

—¡Consiente! —exclamó la madre, desesperada, viendo a Juanito fruncir las cejas de una manera cuyo significado sólo ella conocía.

Mariquita, la segunda hija, permanecía de rodillas apretando a su madre con sus débiles brazos. Al ver que la niña lloraba a lágrima viva, su hermano pequeño, Manuel, fue a regañarla. En ese momento, entró el capellán del castillo. Inmediatamente, la familia lo rodeó y lo condujo junto a Juanito. Victor, que no podía soportar más aquella escena, hizo una señal a Clara y se marchó corriendo, para conseguir, en un último esfuerzo, una gracia del general. Lo encontró de buen humor, en medio del banquete y bebiendo con sus oficiales, que empezaban a estar un poco achispados.

Una hora después, cien vecinos de los más notables de Menda llegaron a la terraza para presenciar, por orden del general, la ejecución de la familia Leganés. En aquel lugar, se colocó un destacamento de soldados para contener a los españoles, que fueron alineados al pie de las horcas en las que habían sido ajusticiados los criados del marqués. Las cabezas de aquellos burgueses casi tropezaban con los pies de los mártires. A treinta pasos de ellos, se elevaba un tajón y relucía una cimitarra. El verdugo estaba allí, por si se producía la negativa de Juanito. Muy pronto, los españoles oyeron, en medio de un profundo silencio, el paso de varias personas, el sonido acompasado de la marcha de un piquete de soldados y el leve tintineo de sus fusiles. Esos diferentes ruidos se mezclaban con las risotadas procedentes del banquete de los oficiales, de igual modo que, días antes, el bullicio de una fiesta encubrió los preparativos de la sangrienta traición. Todas las miradas se dirigieron hacia el castillo y vieron a la noble familia que avanzaba con una increíble entereza. Todos los semblantes estaban tranquilos y serenos. Un único hombre, pálido y deshecho, se apoyaba en el sacerdote que le prodigaba los consuelos de la religión: aquel hombre era el único que tendría que sobrevivir. El verdugo comprendió, como todo el mundo, que Juanito había aceptado representar su papel por un día. El anciano marqués y su mujer, Clara, Mariquita y sus dos hermanos fueron a arrodillarse a unos pasos del lugar fatídico. Juanito iba conducido por el sacerdote. Cuando llegó al tajón, el verdugo, cogiéndole por la manga, lo llevó a un lado y, probablemente, le dio algunas instrucciones. El confesor colocó a las víctimas de manera que no vieran el suplicio. Sin embargo, eran auténticos españoles y permanecieron de pie sin desfallecer ni un momento.

Clara fue la primera que se abalanzó hacia su hermano.

—Juanito —dijo—, ¡ten piedad de mi falta de valor! ¡Empieza por mí!

En ese momento, resonaron los pasos precipitados de un hombre. Victor llegó al lugar donde se desarrollaba aquella escena. Clara ya estaba de rodillas y ofrecía su blanco cuello a la cimitarra. El oficial se puso pálido, pero tuvo fuerzas para llegar hasta allí.

—El general te perdona la vida, si consientes casarte conmigo —dijo, en voz queda.

La española le lanzó al oficial una mirada de desprecio y orgullo.

—Vamos, Juanito —dijo ella, con una voz profunda.

Su cabeza rodó a los pies de Victor. Al oír el ruido, la marquesa de Leganés dejó escapar un movimiento convulsivo; ésa fue su única manifestación de dolor.

—¿Estoy bien así, Juanito? —preguntó el pequeño Manuel a su hermano.

—¡Ah! ¡Estás llorando, Mariquita! —exclamó Juanito a su hermana.

—¡Oh! Sí —respondió la joven—. Pienso en ti, mi pobre Juanito, que te sentirás muy desgraciado sin nosotros.

En seguida apareció la gran figura del marqués. Miró la sangre de sus hijios, se volvió hacia los espectadores mudos y paralizados, extendió las manos hacia Juanito y con voz fuerte, proclamó:

—¡Españoles, doy a mi hijo la bendición paterna! Ahora, *marqués,* golpea sin miedo, que estás libre de toda culpa.

Cuando Juanito vio acercarse a su madre, que andaba apoyada en el confesor, exclamó:

—¡Ella me ha criado!

Su voz arrancó un grito de horror a la asamblea. Y ese terrible clamor apagó el ruido del banquete y las risas alegres de los oficiales. La marquesa comprendió que a Juanito ya no le quedaba valor. Acto seguido, se abalanzó de un salto por encima de la balaustrada y se desplomó sobre las rocas, rompiéndose la cabeza. Un grito de admiración se elevó y Juanito cayó desamayado.

—Mi general —dijo un oficial medio borracho—. Marchand acaba de contarme algo de esa ejecución, pero apuesto a que usted no la ordenó...

—¿Olvidan, señores, que dentro de un mes quinientas familias francesas estarán llorando y que estamos en España? ¿Quieren usedes que nos entierren aquí? —preguntó el general G...t...r.

Tras esta alocución, no hubo nadie, ni siquiera un subteniente, que se atreviera a vaciar su vaso.

A pesar del respeto que le rodea y pese al título de *El verdugo* que el rey de España concedió como título de nobleza al marqués de Leganés, el aristócrata está devorado por la pena, vive retirado y raramente aparece en público. Abrumado por el peso de su admirable crimen, parece esperar con impaciencia que el nacimiento de su segundo hijo le dé el derecho a reunirse con las sombras que le acompañan constantemente.

París, octubre de 1829.

RELATOS DESDE GRAN BRETAÑA

WALTER SAVAGE LANDOR

EL GENERAL LACY Y EL CURA MERINO

Traducción de Javier Alcoriza y Antonio Lastra

EL GENERAL LACY Y EL CURA MERINO

MERINO.—Ha sido la voluntad de Dios. En cuanto a esos rebeldes, el dedo de Dios...

LACY.—Os lo ruego, *Señor Curedo,* dejemos en paz el dedo de Dios. Hombres muy dignos son capaces de agarrarlo muy a la ligera, usándolo incluso para llenar la cazoleta de su pipa. Si España, a juicio de nuestros adversarios, pudiera haber obtenido una constitución por otros medios, no se habría unido a los franceses. Es cierto, han persistido, pero ¡qué pocos tienen la sabiduría o el valor suficiente para distinguir entre la retractación de un error y el abandono de una causa! Aquel que se declara hombre de partido, por liberales que sean los sentimientos que profesa el partido, es un esclavo registrado y alistado; empieza por ser un celota y acaba por ser un zote; le atormentan la queja y la ira y, sin embargo, es incapaz de sentir vergüenza y de decidirse a quitarse la librea con la que ha jurado y se ha enfurecido, como hiciera aquél, fuerte y generosamente, con la prenda envenenada por la sangre del centauro.

MERINO.—¡Cuánto mejor es abolir los partidos poniendo a un rey legítimo al frente de los asuntos!

LACY.—El objetivo, gracias a Dios, se ha cumplido. Fernando regresa a Madrid, si los hombres perversos no lo descarrían.

MERINO.—Sin embargo, hay españoles lo bastante salvajes como para hablar de *Cortes* y Cámaras de Pares.

LACY.—No sé nada de las últimas, pero sé que España antes fue grande, libre y feliz por la administración de las *Cortes* y, como en política prefiero los viejos experimentos a los nuevos, no lo lamentaría si la locura, tal como la llamáis, siguiera esa dirección.

Hay muchas formas de gobierno, pero sólo dos tipos: el libre y el despótico; en uno el pueblo tiene sus representantes, en el otro no. La libertad, si existe, debe ser perfecta: lo que es a medias libre no existe en mayor medida, ni siquiera como idea, que lo que es a medias entero. Las restricciones que un pueblo se impone a sí mismo son sacrificios en aras de la libertad, y nunca se ejerce un poder mayor o más beneficioso que al imponerlas. La nación que paga impuestos sin su consentimiento está en la esclavitud: quien provoca, quien mantiene esa esclavitud, subvierte o tolera la subversión del orden social. Quien está por encima de la ley está fuera de la ley, y eso es tan evidente como que quien está encima de esta habitación está fuera de ella. Si los hombres se ponen fuera de la ley con actos descubiertos, no vamos a condenar a quienes los aparten por los medios menos perjudiciales para la paz pública. Si mi hija diera a luz un monstruo, no podría detener el brazo que lo fulminara, y un monstruo así sería infinitamente menos pernicioso que el que brota en la sociedad por la violación de la ley.

En relación con la Cámara de los Pares, España carece de materiales. ¿Cuál ha sido la educación de nuestros grandes? ¡Qué poco espacio ha habido entre el abecedario y el *sambenito!* Los ingleses se asombran, y los franceses se indignan, por que no hayamos imitado sus constituciones. Toda constitución forjada por los franceses es provisional. Tropiecen o rueden, caminen o resbalen, la tendencia va directa a la esclavitud; ningún gobierno, salvo el más rígido, los hará abstenerse de la crueldad o el perjuicio; los azota el buen humor y se rinden de contento. He leído lo que he podido encontrar de la constitución inglesa y me parece, como la deidad, un objeto universalmente venerado, pero falto de una revelación. No veo a la Cámara de los Pares, como esperaba, situada entre el rey y el pueblo. En una larga serie de años, sólo se ha opuesto en dos ocasiones a los Comunes: una, al declarar que el tráfico de esclavos no debía ser abolido; de nuevo, al declarar que aquellos que creían en la transustanciación no están preparados para dirigir un ejército o decidir en una causa.

MERINO.—¡En qué extravagancias incurren por infidelidad unos hombres que, en otras cuestiones, no están faltos de sentido! ¡Virgen bendita de los mil dolores! ¡Gran Santiago de Compostela! ¡Dignaos a devolver a esa nación ignorante a la recta senda!

LACY.—Sobre la deidad, razonamos con atributos; sobre el gobierno, con metáforas. La lana y la arena, presionadas, pueden amortiguar la violencia de las descargas contra los muros de una ciudad: la aristocracia hereditaria carece de esa virtud contra los asaltos del despotismo, el cual, por el contrario, la mantendrá contra el pueblo. Su poder y riqueza, aunque son otorgados *por* el rey, deben ser concedidos *desde* la nación: una no tiene interés en enriquecerla, el otro sí. Todos los países que han sido conquistados se han rendido al conquistador por la aristocracia, con estipulación de su propiedad, poder y rango, y con cesión de los hombres, ganado y metales de la comunidad. Sin embargo, en toda nación se albergará con afecto el proyecto de una cámara alta. Los más ricos aspiran a los honores, los más pobres a la protección. Toda familia rica y respetable desea contar con un par entre sus parientes y, cuando todo el número puede ser aún nominado, cualquiera puede esperarlo. Los que no tienen oportunidad de ser protegidos desean el poder de proteger, y los que tienen esa oportunidad, desean a los más eficaces.

En ningún lugar se halla más seguro el despotismo que bajo la efigie y las insignias de la libertad. Supondréis que los pares británicos han dado su nombre a instituciones benéficas, sabias leyes y florecientes colonias; nada de eso; en lugar de eso, una loncha de carne entre dos de pan deriva su nombre de uno; una voltereta completa, hazaña consumada por los mendigos de los caminos, de otro. El primero, presumo, era un comentarista práctico de la fábula romana del vientre y los miembros, y mantuvo con todo su interés y poder la supremacía de la parte más noble, y el segundo procedía de una familia en que la cabeza nunca valió tanto como las piernas. Otros dividen sus títulos entre un chaleco, un gorro y una bota; el más ilustre, entre ciertas islas habitadas por focas.

MERINO.—No deseo que nuestra monarquía importe tales cosas. ¡Dios impida que el armiño de su majestad católica sea mancillado por el sórdido rastro de un monstruo tan soez como el feudalismo!

LACY.—Si los reyes, por confianza en fuerzas exteriores, por introducción de instituciones externas o por un mal uso de los recursos que posean en el reino, muestran una disposición a conspirar con otros reyes contra sus derechos, puede esperarse que las comunidades (unas secretas y otras abiertamente) unan contra ellos sus poderes morales, intelectuales y, cuando la oportunidad lo permita, físicos. Si son sagradas las alianzas que entran en un terreno usurpado, seguramente no son profanas las que se forman a la defensiva, contra todo tipo y método de expoliación. Si los hombres son condenados al destierro, a la cárcel, a muerte, porque afirman los derechos y defienden las libertades de su país, ¿podéis asombraros de ver, como ya habréis hecho, una confederación de países libres, formada por la aprehensión o extinción de quien pague, discipline o dirija, con cualquier pretexto, esas tremendas masas humanas que consumen el producto de su tierra natal para despoblar otra? ¿Es inicuo o antinatural que las leyes se opongan a los edictos, y las constituciones al despotismo? ¡Oh *señor* Merino! Aún hay cosas sagradas: todos los bárbaros y todos los autócratas del universo no pueden convertir esa palabra en un refrán para el español. Sí, puede haber santas alianzas, y ha llegado la hora de su establecimiento. Esta hermosa tierra, estos cielos, con su magnificencia y esplendor, han visto cosas más encantadoras y gloriosas que ellos mismos. ¡El trono de Dios es una mota oscura si la comparáis con el corazón que sólo late, y que late constantemente, para verter su sangre por la conservación de su país! ¡Invencible España! ¡Cuántos hijos tuyos han hecho este sacrificio puro en tu altar! La deidad lo ha aceptado, y hay quienes echarían sus cenizas a los vientos.

Si la perversidad de carácter o la perfidia alimentada en la corte indujera al rey de España a violar su juramento, a masacrar a sus súbditos, a proscribir a sus amigos, a encerrar a sus defensores, a abolir la representación del pueblo, España se vería arrastrada por resentimiento a ejecutar esa política que ha susurrado en vano al oído de la generosidad. Ella y Portugal serán una: no sentirá la desgracia de cambiar a un príncipe de origen francés por otro príncipe portugués. A la postre, hay un pasaje al noroeste hacia las orillas doradas de la libertad, y si los piratas infestan los mares, valientes aventureros se abrirán paso a través de ellos. Que los reyes no tiemblen más que por su propia fraudulencia y violencia; nunca por las asambleas populares, que sólo pueden orientarlos sin defecto.

MERINO.—Educados como han sido los reyes por hombres piadosos, siervos de Dios, ven una quimera en toda asamblea popular.

LACY.—Aquellos que niegan a su pueblo una representación justa y nacional, llamándola quimera, recordarán un día que el que compra su afecto al precio de una quimera, lo compra barato, y aquellos que, habiendo prometido una bendición, se retractan, pondrán su mano en la firma sellada por una mano de hierro. Los estados avanzan afirmando sus derechos, como se siguen las olas; una actúa sobre otra, y se forma la tempestad en regiones donde ningún murmullo o voz resulta audible. Portugal suspira por la libertad, en otras palabras, es libre. Con un pie en Inglaterra y otro en Brasil, había peligro de que retirara ambos; sin embargo, parece haber recuperado el equilibrio. Acostumbrada a fijar su atención en Inglaterra, obrará sabiamente si imita su ejemplo de unión con Irlanda; una unión que no tiene que lamentar sino que se haya celebrado tan tarde. Si, por el contrario, cree que el poder nacional y la prosperidad son obsequios peculiares de la independencia, debe creer que Inglaterra era más poderosa y próspera en los días de su heptarquía que hace cincuenta años. El Algarve no obtendría más ventaja de su independencia de Portugal que Portugal de su prolongada separación de otras partes de la península. Hubo excelentes razones para proclamar la independencia en su momento; ahora las hay mejores, si es que las hay, para una coalición. Como nosotros, está en peligro de perder sus colonias; ¿cómo podrá cualquier partido reparar la pérdida por otros medios? Normandía y Bretaña, tras siglos de guerras, se unieron a las otras provincias de Francia; más siglos de guerras aún más cruentas no las separarían. Nosotros no hemos de pagar ese precio. La independencia es siempre el sentimiento que sigue a la libertad, y es siempre el más ardientemente deseado por aquel país que, suponiendo que la administración de la ley sea similar e igual, obtiene su mayor ventaja de la unión. Según el estado de la sociedad en los dos países, la justicia o injusticia del gobierno, la proximidad o lejanía, la independencia puede ser buena o mala. Para Normandía y Bretaña habría sido hiriente y perniciosa; habrían sido corrompidas por el soborno, invadidas por los rivales, más formidables y desastrosos por la paridad de la fuerza. No tenían, sin embargo, razones tan poderosas para su unión con Francia como las tiene Portugal respecto a España.

MERINO.—Para evitar la colisión del rey y el pueblo, podemos pensar en una asamblea compuesta por el alto clero y la nobleza principal.

LACY.—¿Por qué debería producirse colisión, disensión o disidencia entre el rey y el pueblo? ¿Es la sabiduría de una nación menor que la de un individuo? ¿No ve *aquélla* su propio interés, o acaso debería ver *éste* algún otro? Rodead el trono de pompa, esplendor y magnificencia, pero apartad de él los medios de la corrupción, que pueden anegarlo y agotarlo. Con ninguna intención o propósito deben usarse, a menos que sea para subvertir la constitución, puesto que, más allá de la estacada de una constitución, un rey es *fera naturae.* Fijaos en Rusia y Turquía; ¡qué pocos de sus zares y sultanes han sufrido una muerte natural! ¡A menos que se considere que en tal sociedad la muerte más natural es la violenta! Yo no habituaría a los hombres a usar puñales y venenos, razón por la cual los apartaría tanto como fuera posible del despotismo.

Hablar de Francia es inútil; en Inglaterra, donde se ven más causas en un año que aquí en diez, sólo hay doce jueces de derecho penal y civil en sus tribunales ordinarios. Un hombre culpable, o inocente, pasa en prisión seis meses antes del juicio, bajo sospecha de haber robado unas enaguas o un par de zapatillas. En cuanto a sus leyes civiles, son más contradictorias, más dilatorias, más complicadas, más inciertas, más caras, más inhumanas que cualesquiera otras usadas entre los hombres. Los que apelan a ellas por reparación o injuria sufren un agravio mayor, y cuando al fin llega la justicia, se posa en las ruinas. La opinión pública es el único baluarte contra la opresión, y la voz del desgraciado suele sonar tan débil que no la despierta. La ley, en Inglaterra y en la mayoría de los demás países de Europa, es la corona de la injusticia, ardiente e intolerable, como la que fue martilleada y clavada en la cabeza de Zekkler, tras haberle forzado a comer la carne palpitante de los otros insurgentes. En los estatutos de los Estados Unidos de Norteamérica no existe el delito de libelo sobre el gobierno, porque en ese país no hay ningún miserable cuyo gobierno sea medio u objeto de desprecio. Por ese delito, indefinido e indefinible en Inglaterra, han sido condenados muchos hombres justos y sabios eminentes a la pobreza y la cárcel, a enfermedades incurables y a la muerte súbita. La ley, como el toro andaluz, baja la testa y cierra los ojos antes de embestir, o yerra su objetivo o lo deja bañado en sangre.

Cuando un súbdito se querella contra otro y pretende con ello una indemnización por un daño infligido a su propiedad, sus bienes o su persona, un jurado fija la cantidad; pero si un parásito del rey desea enmendar su fortuna, tras una racha de mala suerte en la mesa de juego o de apuestas imprevisoras en las carreras, informa al fiscal general de que ha detectado un libelo sobre su majestad, el cual, a menos que sea castigado y frenado por la oportuna interferencia de esas benditas instituciones de las que proviene su grandeza y gloria, no dejará ilesos el cargo, el honor o la paz de nadie. Puede ocurrir que el escritor, en el peor caso, haya dirigido su ingenio contra una falta personal, algún rasgo de carácter que asoma bajo la corona: eso basta para procesarlo, y si el autor es declarado culpable, queda a merced del juez. El jurado en este caso no es nunca el compensador de los perjuicios. ¿Son entonces las leyes inglesas iguales para todos? Recientemente ha habido un miembro del Parlamento que declaraba en público tales cosas contra el gobierno que fueron calificadas abiertamente de sediciosas y difamatorias, tanto por sus colegas como por los jueces. Fue condenado a pagar una multa, que ascendía a menos de un tres por ciento de su propiedad, y a ser confinado por tres meses en una habitación más aireada y espléndida que cualquiera de su propia casa. Otro, que no era miembro del Parlamento, escribió algo lúdico sobre su majestad y fue condenado, junto con su hermano, ¡a pagar la mitad de su propiedad y a dos años de prisión en compañía de felones! Este encierro fue considerado tan flagrantemente cruel, que el magistrado pronto les concedió un poco más de luz, un poco más de aire y mejor compañía, pero no en pabellones separados, sino en prisiones separadas. El juez que pronunció la sentencia aún vive; sigue ileso, intacto, y parece un hombre entre tantos otros.

MERINO.—¿Por qué no? Dio prueba de espíritu, firmeza y fidelidad; en nuestro país sería nombrado gran inquisidor para la próxima vacante y acompañaría a la reina a su escaño en el primer *auto da fé*. Los ociosos y los filósofos pueden quejarse, pero todo auténtico español, todo amigo del altar y la corona, debería apoyar calurosamente ese aspecto de las instituciones inglesas. Y, sin embargo, general, lo nombráis de tal manera que un oyente descuidado, poco atento, se marcharía convencido de que lo desaprobáis. Existen hombres especulativos e insatisfechos en todos los países, incluso en España e Inglaterra; pero tenemos látigos de sobra para la lascivia de la insatisfacción, y fundas y tapas para los telescopios de la especulación.

LACY.—No sólo los especulativos o los sanguíneos, los oprimidos o los descontentos se quejan o señalan lo defectuoso de las leyes inglesas; también Jorge II, uno de nuestros reyes más valientes y constitucionales, se mofó de ellas. «En cuanto a las leyes», dijo, «aprobamos casi un centenar por sesión, y el único propósito será el de darnos el gusto de infringirlas».

Quien informó de ello no fue un *Whig* o un *Tory,* que cambian tanto de principios como de lugares, sino un hombre desapasionado y sin ambición, de sentido común y en circunstancias favorables, un amigo íntimo y personal del rey, de cuyos labios lo recibió: lord Waldegrave. Sin embargo, el inglés se considera tan libre, y gobernado tan racionalmente, como un ciudadano de los Estados Unidos: igual que el chino. Tal es la cicuta a la que el hábito nos ha hecho inmunes, y tan largo es el sopor antes de que el corazón enferme.

Estoy lejos de la vehemencia del comandante inglés, Nelson, un hombre, sin embargo, que ni en la guerra ni en la política mostró deficiencia alguna de agudeza y juicio, dice en sus cartas, de manera inequívoca y distinta: «Los ministros del rey y los príncipes son, en mi opinión, los mayores bribones que ha habido».

La versatilidad, la indecisión, la falsedad y la ingratitud habían dejado profunda huella en las dos figuras principales de su país: Pitt y Fox; el último convirtió abiertamente la honradez en burla, mientras que el primero la envió decentemente envuelta al mercado. Ahora bien, si los ministros del rey y los príncipes son, como dice el almirante por experiencia, «los mayores bribones que ha habido», debemos ser los mayores tontos que ha habido para soportarlos: deberíamos buscar a otros.

MERINO.—Ni siquiera eso servirá; los nuevos, con el mismo poder y la misma posición, serán iguales que ellos.

LACY.—Me temo que el cambio no debe afectar sólo a los criados, sino también a los amos, y que no debemos dejar la elección a quienes siempre han elegido a «los mayores bribones que ha habido». Nelson fue un hombre que tuvo mucho que ver con los ministros del rey y los príncipes; nadie más que él en su época, una época en que los ministros no estuvieron seguramente más ocupados que en ninguna otra desde la creación del mundo. Fue el mejor comandante de su nación; se le consultó y empleó en toda dificultad y dudosa empresa: tenía que conocerlos bien. ¿Qué significado daremos, entonces, a sus palabras? ¿Diremos que «los mayores granujas que ha habido» deberían gobernar el universo a perpetuidad? ¿Acaso podemos dudar de que deban hacerlo, si sufrimos que los reyes y príncipes los nombren por su mutua recomendación?

MERINO.—Nelson fue un hereje, un blasfemo y un revolucionario.

LACY.—Soy incapaz de hablar de blasfemia y herejía, pero no ha habido un antagonista más firme de los principios revolucionarios, y en esa roca se quebró y hundió su gloria. Cuando sir William Hamilton declaró a los insurgentes napolitanos, que habían depuesto las armas ante las promesas regias, que, al haberse comprometido su gobierno con las potencias aliadas en la erradicación de las doctrinas revolucionarias, no podía respaldar una capitulación que se oponía a las ideas de la *coalición,* ¿qué hizo Nelson? ¡Mancilló la más brillante espada de Europa y dedicó a la más insaciable de las Furias la sangre más pura! A Carolina y a Fernando, los seres más oprobiosos de la raza humana, y los menos inteligentes, se les permitió amotinarse en la muerte de Caracciolo.

La constitución inglesa, señor, se fundaba en doctrinas revolucionarias, y sus reyes lo reconocen. Recordad ahora la nota de su diplomático. ¿Está Inglaterra en Europa? Si lo está, lo que no me atrevo a afirmar, sus gobernantes han declarado su intención de erradicar los fundamentos de sus libertades, y han roto su palabra tantas veces que me inclino a creer que intentarán recuperar su crédito al mantenerlo aquí estrictamente. Pero las más seguras y menos costosas conquistas para Inglaterra serían las del corazón y entendimiento de los hombres. No requieren guarniciones, ni navíos equipados; no se enfrentan a tempestades, no apartan a nadie de su trabajo; podrían extenderse del círculo Ártico al Antártico, dejando a cada británico junto a su hogar, y tanto la tierra como el océano tendrían su gran Pacífico. La fuerza de Inglaterra no reside en armamentos ni invasiones: reside en la omnipresencia de su industria y en las energías vivificadoras de su gran civilización. Hay provincias que no puede captar; hay islas que no puede abarcar; pero no hay isla ni provincia, no hay reino ni continente que no pudiera llevar consigo y afianzar eternamente, diciendo las palabras mágicas: *Sé libre.* Toda tierra donde favorezca los sentimientos de libertad, toda tierra donde impida que sean sofocados, es suya; un verdadero aliado, un tributario voluntario, un amigo inseparable. Los principios mantienen juntos a aquellos a los que el poder sólo podría enajenar.

MERINO.—Entiendo poco de esas nuevas doctrinas, pero la democracia debe contentarse con los principales rasgos de la constitución inglesa. Los grandes líderes no proceden de las viejas familias.

LACY.—Las viejas familias empujan al Parlamento a los jóvenes de enorme talento que se han encontrado en un baile o en la ópera, o en la mesa de juego o el comedor universitario, los cuales, de vez en cuando, de acuerdo con los cargos que han desempeñado, ascienden a la cámara alta y hacen sitio a otros; pero se entiende que, en ambas cámaras, distribuirán honores y posiciones a la orden de sus patrones. Es cierto que las cabezas ostensibles no poseen un linaje antiguo, ni siquiera respetable. Los pares más ricos y poderosos las envían desde sus municipios a la Cámara de los Comunes, tal como envían pura sangres desde sus establos a Newmarket, y gallos desde sus corrales a Doncaster. De manera similar, se trata de orgullo, de lujo, de especulación. Incluso se les ha permitido a los arruinados sentarse allí, hombres que, si triunfan, será una maldición para su país peor que si fracasan.

Reunamos más bien nuestras primeras instituciones, apreciemos cuanto nos proporciona orgullosos recuerdos, estimulemos nuestros miembros por los esfuerzos que debemos hacer, instruyamos a la juventud en nuestra tierra y no consideremos nunca decoroso imitar la cojera de un luchador que se retuerce en su decrepitud.

La Cámara de los Pares en Inglaterra es el dormitorio de la libertad y del genio. Los que han entrado en ella han probado el loto y olvidado su país. Un ministro, para lograr su propósito, puede nombrar doce, veinte o cien pares en un día. Si son ricos, están inactivos; si son pobres, están subordinados. Por lo general, elige al rico, al que siempre le falta algo; pues la riqueza es menos fácil de satisfacer que la pobreza, el lujo que el hambre. Puede dispensar su energía si puede obtener sus votos, y éstos nunca le abandonan hasta que los haya contentado.

MERINO.—¡Imposible! ¡Que un ministro pueda nombrar veinte, ni siquiera diez pares en una convocatoria!

LACY.—Los ingleses, con una feliz metáfora, los llaman *lotes,* pues ven cómo se sacan de una vez, con la rapidez con que salen las hogazas del horno, y moldeados con la misma ductilidad y menor manipulación. Un ministro en ese sistema tiene igual necesidad de activos y pasivos, así como la creación tiene igual necesidad de machos y hembras. No penséis que desacredito o desprecio la Cámara de los Pares. Nunca habrá una tierra que contenga una cámara compuesta de caracteres, en general, más honrados, más distinguidos por su conocimiento, caridad, generosidad, equidad; más perfectos en todos los deberes de hombres y ciudadanos. Que perdure; una nación no debería acostumbrarse a otros cambios ni imágenes que los de la fuerza y la duración; que perdure, pues, como un elevado y ornamental campanario, que no ha de ser derribado o rebajado, hasta que amenace por su decadencia a la congregación reunida a sus pies; pero que nadie sea excomulgado por negarse a copiarlo, ya sea por defectos en su fundación o por una deficiencia en sus materiales. Los diferentes países requieren diferentes gobiernos. ¿Es la rosa la única flor del jardín? ¿Es Héspero la única estrella del cielo? Podemos lastimarnos con nuestras *salvaguardas,* si buscamos otras nuevas.

Don Britomarte Delciego dormía su siesta sobre la hierba en la ciudad ducal de Barbastro; se cubría el rostro con su *sombrero* y dormía profundamente. Un día, por desgracia, un jején se posó en su nariz y le picó. Don Britomarte se despertó y, al recordar que podía envolverse en la manta, cogió un guante y cubrió la parte desprotegida con él. Satisfecho con el invento, se durmió de nuevo, más profundamente que antes.

Ignoro si había algún olor en el guante; lo cierto es que unas ratas salieron del fuerte y perforaron la nueva defensa de Don Britomarte e hicieron una brecha en el ángulo saliente que había sufrido recientemente el ataque de un enemigo menos poderoso; desde ese día se le conoció como *el caballero de la visera de cabritilla.*

MERINO.—Señor, no comprendo los cuentos; nunca he hallado en ellos ingenio o razón.

LACY.—Inglaterra, en los últimos veinte años, ha sufrido una revolución mayor que cualquier otra que haya combatido, una revolución más terrible, más perniciosa. Es la única entre todas las naciones del mundo que ha sufrido con la de Francia; con ella se ha vuelto menos rica, menos libre, menos liberal, menos moral. Hace medio siglo estaba representada principalmente por los caballeros del campo. Pitt convirtió en pares a los más ricos; a los medianos, en pensionistas; a los pobres, en exiliados, y sus bancos se llenaron de «honrados» por el barril de azúcar y el saco de índigo. Cambió los rasgos del espíritu y la materia. Las viejas mansiones se convirtieron en talleres y barracas; los niños que volvían de la escuela en vacaciones se quedaban en sus villas y se preguntaban por qué lo hacían. Le siguieron más robles que a Orfeo, y más piedras, mil a una, saltaron con su voz, de las que nunca saltaron con la de Anfión. Sobrecargados de impuestos, los caballeros de Inglaterra —la clase de carácter más noble que haya existido en la tierra, la mejor informada, la más generosa, la más patriótica— fueron conducidos desde su residencia a la ciudad. Cesó su autoridad; su ejemplo se perdió por completo y, según el calendario de prisiones, dos tercios de los delincuentes procedían del campo, mientras que, hasta esta desastrosa época, cuatro quintas partes eran de las ciudades. Hasta qué punto los de la ciudades debieron aumentar es algo que puede suponerse por el estancamiento de muchos comercios y la conversión de los trabajadores y artesanos en soldados.

Los caballeros del campo, al perder su rango y condición, perdieron la parte alta y más delicada de sus principios. Decayó en ellos de pronto esa robustez y nobleza de carácter que los hombres, como los árboles, adquieren al permanecer separados. Privados de sus primeras ocupaciones y diversiones e impacientes por actuar, consintieron en ser miembros de clubes de juego en las ciudades de moda, incurrieron en nuevos y peores gastos y buscaron ansiosamente, entre las amistades que habían hecho, a las que pudieran procurarles a ellos o a sus familias algún átomo de la dilapidación pública. Casi todos se pusieron al servicio del ministro; los que no lo estaban fueron señalados por su desafecto hacia la constitución o, a lo sumo, como hombres que cortejaban la celebridad del retiro.

Tal era el estado del interés terrateniente. ¿Y qué ocurría con el comercial? Los comerciantes industriales especulaban, en otras palabras: jugaban. Los banqueros fueron acuñadores; no daban una pieza de metal, sino una tira de papel. Los que tenían miles prestaron millones y lo perdieron todo. Las ganancias lentas y seguras quedaron desacreditadas, y nada resultó más corriente, más natural, o se consideró con mayor indiferencia, que ver rodar fortunas con su inmensa acumulación. Corredores de bolsa, aseguradores e intermediarios, personas cuya educación no podía haber sido liberal, se hallaron por vez primera en las asambleas y las mesas de los grandes y fueron tratados con suma distinción. Toda mano por la que circulaba el dinero fue presionada afectuosamente. La aristocracia respaldó lo más vil de la democracia; las mejores cualidades republicanas fueron derribadas. Inglaterra, como la persona cuyos rasgos se deforman tras una apoplejía, ignora el cambio que ha sufrido y su letargo aumenta con su distorsión. No sólo ha perdido su lozanía y espíritu, sino también su forma y paso, su voz y memoria. El más débil de los mortales resultó omnipotente en el Parlamento; y, al serlo, soñó en su embriaguez que podía comprimir el espíritu de la época, y antes de que se disipara el humo, convirtió a la más rica de las naciones en la más desolada. El espíritu de la época sólo puede ser útil si se capta mientras surge, sólo puede manejarse por concesión, controlarse por obediencia. Como el poderoso agente recién descubierto, que empuja vastas masas por el océano o las levanta desde los abismos de la tierra, todo lo lleva a cabo por la atención, nada por la fuerza, y resulta funesto tanto por la coerción como por el abandono. El mejor gobierno es aquel en que el pueblo obedece voluntaria y sabiamente; aquel estado social en que la mayoría puede vivir y educar a sus familias de manera más conveniente, sin tensiones físicas ni restricciones intelectuales; en que la superioridad del cargo depende del mérito y en que el primer magistrado no tiene en perspectiva un interés mayor que el de la ascendencia de las leyes. Las naciones no se arruinan con la guerra; los conventos e iglesias, los palacios y ciudades, no hacen naciones. Los mesenios y los judíos y los araucanos vieron sus casas y templos a ras de suelo; la fuerza del golpe dio a la mente más robusta un nuevo impulso y se elevó por encima de las llamas que consumieron el último fragmento. La ruina de un país no depende del tizón del maíz, ni del peso e ímpetu del granizo; ni de inundaciones ni tormentas, ni de la peste o el hambre; pocos años, tal vez uno, pueden borrar todas las huellas de esa calamidad. Pero el país en que la mayor parte de la joven generación carece irremisiblemente de moralidad, está seguramente perdido, y ha de hundirse y perecer allí donde el gobernante ha dado, con un ejemplo ilimitado y consentido, una lección de mala fe.

MERINO.—Señor, no puedo oír ese lenguaje.

LACY.—¿Y por qué conversáis conmigo? ¿Es culpa mía si tal lenguaje es ofensivo? ¿Por qué debería empollar la intolerancia hipótesis alguna o alarmarse por el revoltoso cloqueo de la incubación

MERINO.—Los reyes ocupan el lugar de Dios entre nosotros.

LACY.—Quisiera que cedieran el puesto a su propietario. Aman a Dios sólo cuando se figuran que ha favorecido sus pasiones y le temen cuando deben comprarle para librarse de él. Si, en efecto, son sus vicerregentes en la tierra, que repriman al malvado y exalten al virtuoso. Allí donde, en el mundo material, hay una pepita de oro, se va al fondo. Las ahechaduras flotan por encima; en el mundo animal, las criaturas mayores y más sagaces se ocultan en los bosques y las cavernas, en pantanos y desiertos, y sabemos de su existencia cuando encontramos sus huesos. ¿Observáis semejanza en parte alguna? Los príncipes que deseen imitar al fundador del universo han de estar dispuestos a obedecerle; si consultan a la religión o a la razón o, como suele ocurrir, a la estabilidad del poder, admitirán las instituciones más útiles para hacer a los hombres honrados y capaces, industriosos y satisfechos. De lo contrario, que estén seguros de que, aunque ellos mismos escapen al castigo merecido, sus hijos y nietos no vivirán nunca sin peligro o temor. Los cálculos sobre la intensidad de la fuerza son a menudo justos; nunca sobre su duración.

MERINO.—¡Si en verdad eso dependiera de los hombres! ¡Un ataque contra la providencia superintendente! Siempre le seguirá el pestilente aliento que ensuciará la majestad de los reyes.

LACY.—*Señor* Merino, mi nombre, por si lo habéis olvidado, es Lacy, animaos y recordadlo. Todo mi discurso ha tendido a mantener incólume la majestad de los reyes, preservando su honor. Cualquier ataque contra la providencia superintendente sería demasiado atolondrado para merecer reproche alguno, demasiado impotente para ser digno de compasión; en realidad ¿qué peligro puede haber para el todopoderoso, si el *cura* Merino predica en su nombre y la Santa Inquisición le protege?

MERINO.—Desprecio la burla, señor, e ignoro con qué derecho, o por qué semejanza, asociáis mi nombre con la Santa Inquisición que el rey nuestro señor, con su sabiduría, aún no ha restablecido, y que los santos aliados, en su mayor parte, han abolido en sus dominios.

LACY.—Esto nunca habría ocurrido si las santas cabezas de los dóciles usurpadores no se hubieran levantado por encima de la corona, demostrando, por medio de doctores y confesores, del Antiguo y Nuevo Testamento, el privilegio que tenían a la hora de azotar, quemar y decapitar a su portador. Los reyes, empavorecidos, chocaron contra el cáliz del veneno por el que muchos miles habían perecido y con el que sus propias manos, tras retractaciones y retorcimientos, quedaron desnudas, inermes y paralizadas.

Europa, Asia, América lanzaron al cielo al unísono un grito de alegría por la subversión. África, situada entre monstruos más dóciles y adicta a supersticiones más leves, se preguntó con qué estallido y aurora de beatitud estaba celebrando en torno a ella la raza humana un jubileo tan noble y entusiasta.

MERINO.—Me despido, general. ¡Que vuestra excelencia viva muchos años!

Respiro de nuevo aire puro. ¡Traidor, ateo! Le denunciaré. Se ha afeitado por última vez: no tendrá un entierro cristiano.

JOSEPH CONRAD

GASPAR RUIZ

Traducción de Fernando Jadraque

GASPAR RUIZ

1

Un combate revolucionario alienta siempre de entre la oscuridad a los más extraños personajes, circunstancia común de tantas vidas humildes encumbradas desde las zonas apacibles de nuestra sociedad.

Ciertos individuos alcanzan la fama por sus vicios y virtudes, o simplemente por sus actos, pero su importancia es efímera y enseguida caen en el olvido. Al término de la lucha armada sólo perviven los nombres de algunos dirigentes, cuyo recuerdo consignará la Historia, y así, aun cuando desaparezcan de la memoria activa de sus paisanos, permanecerán vivos en el silencio de los libros.

El nombre del general Santierra alcanzó la fría inmortalidad del «papel y la tinta».

Nació en el seno de una acomodada familia sudamericana: los libros que tratan aquel periodo histórico le señalan como un libertador destacado del opresivo colonialismo español en América del Sur.

La larga guerra independentista, por un lado, y por otro la contienda interior para asegurarse el poder, se desarrollaron, con el paso de los años y los caprichos cambiantes de la fortuna, marcadas por la crueldad y la fiereza de quien lucha por la vida. Fueron tiempos en los que desapareció cualquier rastro de lástima o compasión política. Y como suele acontecer en las guerras, las masas populares, que nada habían de ganar con la contienda, resultaron a la postre los grandes damnificados, tanto en sus oscuras personas como en sus humildes bienes.

El general Santierra comenzó sus servicios, con el grado de teniente, en el ejército patriota reunido bajo el mando del famoso

San Martín, más tarde conquistador de Lima y libertador del Perú. Acababa de librarse una gran batalla en las riberas del Bío-Bío. Entre los prisioneros de las tropas realistas se hallaba un soldado que dijo llamarse Gaspar Ruiz. Su corpulencia y protuberante cabeza le distinguían entre los demás cautivos. La imagen de aquel hombre era singular.

Meses antes había abandonado las filas republicanas, una vez iniciadas las múltiples escaramuzas que precedieron a la gran batalla; fue capturado, con las armas en la mano, y obligado a alistarse en una brigada realista. Acusado de desertor, no podía esperar otro destino que el de un pelotón de fusilamiento.

Gaspar Ruiz no era, sin embargo, un desertor. Su inteligencia apenas podía discernir entre las ventajas e inconvenientes que conllevaría la traición. ¿Por qué cambiar de bando? Sólo sabía que era un prisionero, sometido a malos tratos y a muchas privaciones. En ningún combate le habían enseñado a comportarse tiernamente con los adversarios. Un día le ordenaron situarse, junto a otros prisioneros rebeldes, en la vanguardia de las tropas del rey. Le pusieron un fusil en las manos, simplemente lo empuñó y marchó. No deseaba morir por negarse a cumplir sus órdenes, mas como tampoco se tenía por héroe, enseguida pensó en tirarlo a la menor ocasión. Por el camino lo fue cargando y descargando, por temor a que la mínima señal de repugnancia fuera motivo para que algún oficial del rey de España le levantara de un tiro la tapa de los sesos, aunque no estuviera autorizado.

Intentó exponer estas elementales consideraciones al sargento de guardia que los custodiaba y a los veinte desertores sentenciados sumarísimamente, como él, a ser pasados por las armas.

Estaban en un patio rectangular del castillo, situado tras las baterías que dominaban el puerto de Valparaíso. El oficial a quien correspondió identificarle se marchó sin prestar atención a sus explicaciones. Su suerte estaba echada: le habían atado con fuerza las manos a la espalda, tenía el cuerpo dolorido por los culatazos de los soldados para que anduviera rápido el penoso camino entre el lugar de su detención y el fuerte. Tal fue la única atención que merecieron los detenidos por parte de su escolta en un viaje de cuatro días a través de la región más árida del país. Cuando cruzaban algún riachuelo, les permitían calmar la sed bebiendo rápidamente, como los perros. De noche, les arrojaban las sobras de la carne sobre el empedrado de su cárcel cual cadáveres al aire libre.

Así se hallaba Gaspar Ruiz, desde el amanecer, tras una noche de horrible caminata, con la garganta abrasada y la lengua reseca, muerto de sed e invadido por una vaga impresión de cólera que no lograba expresar, como si la fuerza de su espíritu no se correspondiera con la de su cuerpo.

Los demás prisioneros mantenían la cabeza baja, mirando obstinadamente al suelo, excepto Gaspar que no cesaba de repetir:

—¿Por qué habría de pasarme a los realistas? ¿Para qué desertar? ¡Dímelo tú, Esteban!

Insistió con el sargento, quien resultó ser paisano suyo, pero también éste, encogiendo los hombros flacos, dejó de escuchar la voz grave que murmuraba a su espalda. Ciertamente le extrañaba que Gaspar Ruiz hubiera desertado, los de su pueblo eran de condición demasiado humilde para apreciar las ventajas de cualquier forma de gobierno. No conocía ningún motivo por el que Gaspar Ruiz querría aceptar en su persona las leyes del reino de España, aunque tampoco se había mostrado nunca como un activista revolucionario.

Su afiliación al partido independentista se había producido de manera natural y razonable. Un grupo de patriotas apareció un amanecer en el rancho de su padre; lancearon a los perros guardianes y, en un parpadeo, abrieron en canal a la mejor vaca entre gritos de *«¡Viva la Libertad!»* [1]. El cabecilla habló de la libertad con ardorosa elocuencia, una vez hubo comido y tras un largo y reparador sueño. A la caída de la tarde, cuando los rebeldes emprendieron camino con los mejores caballos del señor Ruiz, tomados a cambio de sus maltrechas caballerías, Gaspar, influido por las vehementes invitaciones del elocuente revolucionario, se unió al grupo.

Poco después, un destacamento realista que patrullaba el distrito en misión pacificadora quemó el rancho y se apoderó del ganado y los caballos restantes, expropiando así a los pobres viejos de todas sus propiedades y dejándoles como único techo unos arbustos y sólo el gozo del don inestimable de la vida.

---

[1] Las palabras destacadas en cursiva están en español en el original.

2

Gaspar Ruiz, condenado a muerte por desertor, no pensaba en su pueblo natal ni en sus padres, quienes siempre le habían considerado un buen hijo por su temperamento dulce y la fortaleza de sus brazos, virtud esta última que el padre, en su utilidad práctica, más apreciaba, sobre todo unida a la gran mansedumbre del chico. Gaspar Ruiz tenía un espíritu maleable.

Pero entonces no pensaba, se sentía dominado por cierto sentimiento de negra rebeldía ante la perspectiva aborrecible de morir como un traidor. ¡No lo era! Así que insistió con el sargento:

—Sabes que no he desertado, Esteban. Como también sabes que permanecí en retaguardia, al resguardo de los árboles, con otros tres, para contener al enemigo mientras huía el destacamento.

El teniente Santierra, todavía un muchacho, ajeno aún a las sanguinarias exigencias de la guerra, se mantenía cerca con el oído atento a la conversación, fascinado quizá por la escena de aquellos hombres que serían fusilados en pocas horas «como escarmiento», dicho con palabras del *comandante*.

Sin mirar al prisionero, el sargento se dirigió al joven teniente esbozando una sonrisa de superioridad.

—Fueron necesarios más de diez hombres para apresarle, *mi teniente.* Sus compañeros lograron alcanzar el destacamento por la noche. ¿Por qué él no? Estaba sano y a salvo, era el más fuerte del grupo, ¿por qué no hizo lo propio?

—Mi fuerza es inútil contra un jinete y su lazo —protestó con vehemencia Gaspar Ruiz—. El que me apresó me llevó a rastras de su caballo media milla.

El comentario sólo mereció la risa despectiva del sargento. Santierra fue en busca del *comandante.* Al poco llegó el ayudante de puesto, un tipo cruel y consumido en un uniforme harapiento. Los balbuceos de su voz surgían de un rostro chato y amarillento. Comunicó al sargento que los prisioneros no serían fusilados hasta la puesta de sol, y éste quiso saber qué haría con ellos mientras.

El ayudante dirigió una hosca mirada en torno al patio, y señalando la puerta de un pequeño cuarto de guardia, similar a una mazmorra, cuya única fuente de iluminación y aire era una ventanita enrejada, exclamó:

—Meta ahí a esos canallas.

El sargento blandió con rabia su bastón reglamentario y ejecutó la orden con enorme celo. Como Gaspar Ruiz no se moviera con la suficiente celeridad, le arreó dos buenos bastonazos en la cabeza y la espalda. Gaspar se mantuvo quieto un instante bajo la lluvia de golpes, mordiéndose los labios meditabundo, perdido en el laberinto de la perplejidad; y luego, lentamente, siguió a sus compañeros. Tras él cerraron la puerta y el ayudante guardó la llave.

Hacia el mediodía, el calor se hizo insoportable en aquel cuartucho abovedado y bajo. Los prisioneros se agolpaban ante el ventanuco reclamando a sus guardias un sorbo de agua; los soldados no prestaban atención, tendidos con indolencia a la sombra del muro, excepto el centinela que, apoyado contra la puerta, fumaba un cigarrillo y arqueaba de vez en cuando filosóficamente las cejas. Gaspar Ruiz, empleando su fuerza descomunal, logró abrirse paso hasta la ventana. Su enorme tórax precisaba más aire que los demás, y su cara de gigante, apoyada en el alféizar contra los barrotes, parecía la base sobre la que se sustentaban las restantes, apiladas allí para respirar. De las súplicas habían pasado a los gritos desesperados y el horrísono vocerío de aquellos hombres sedientos obligó al joven teniente, que entonces cruzaba el patio, a alzar la voz para hacerse oír y respetar:

—¿Por qué no dan agua a los presos?

El sargento, con aire de pasmo inocente, se excusó alegando que al fin y al cabo los presos iban a morir dentro de poco.

El teniente Santierra contestó con un fuerte taconazo contra el suelo.

—Han sido sentenciados a muerte, no a sufrir torturas —exclamó—. Denles de beber inmediatamente.

Impresionados por aquel arranque de genio, los soldados se pusieron en movimiento y el centinela, empuñando el fusil, se situó en la posición reglamentaria. Del pozo trajeron dos cubos que resultó imposible pasar a través de los barrotes. En el interior, frente a la posibilidad de aplacar su sed, los gritos de los derrotados en el combate por ganar la ventana fueron ciertamente desgarradores. Pero cuando los soldados que habían alzado los cubos comprendieron su error y, desalentados, volvieron a dejarlos en el suelo, los aullidos del desencanto fueron aún más terribles. Los soldados del ejército de la Independencia carecían de cantimploras. Como recurso se buscó un bote de hojalata. Al aproximarlo al ventanuco, se produjo una explosión de alegría y alaridos de rabia y dolor entre la masa informe de cuerpos que rebullían tras los primeros rostros aplastados contra las rejas.

—¡No se le ocurra abrir la puerta, sargento! —exclamó sin pensar el teniente Santierra.

El sargento se encogió de hombros y respondió que no estaba facultado para abrir la puerta... si hubiera tenido la llave. Pero no la tenía. Se la había llevado el ayudante de puesto. Aquellos tipos les hacían trabajar inútilmente, pues de todas formas iban a morir a la caída del sol, y no lograba comprender por qué no habían sido ya fusilados al amanecer, como estaba previsto en principio.

El teniente Santierra se mantuvo con premeditación de espaldas a la ventana. La ejecución se había aplazado por sus insistentes súplicas al *comandante,* quien finalmente consintió en honor al distinguido apellido de su familia y al prominente puesto de su padre en el partido republicano. A Santierra le habían informado que el general en jefe revolucionario visitaría el castillo aquella misma tarde, y confiaba con ingenuidad en que aceptaría su sincera petición de clemencia, al menos para algunos de los condenados.

Poco después, en el río de sus sentimientos, aquella iniciativa le pareció inútil, un gesto estúpido y sancionable. Era evidente que el general jamás aceptaría su petición. No salvaría a los reos y, por el contrario, sería responsable directo de las torturas añadidas a la crueldad de su muerte.

—Corra a pedirle la llave al ayudante —ordenó Santierra.

El sargento negó con la cabeza esbozando una sonrisa tensa, mientras miraba de soslayo a Gaspar Ruiz, inmóvil, silencioso tras los barrotes: su figura destacaba entre el racimo de rostros amarillentos, crispados y despavoridos.

—Su merced el ayudante de *Plaza* —murmuró el sargento— está echándose la *siesta.*

Además, suponiendo que a un sargento como él le estuviera permitido molestar a un superior, estaba seguro que el único resultado sería que el ayudante le arrancaría el alma del cuerpo por despertarle. Y para enfatizar sus palabras juntó las manos en actitud de ruego, inmóvil, clavando la mirada compungida en sus curtidos pies.

La indignación se apoderó de Santierra, pero dudó. El hermoso óvalo de su rostro, terso como el de una muchacha, enrojeció por la vergüenza de su desconcierto. Su temperamento le había causado una mala jugarreta a su espíritu. Le tembló el labio superior, aún lampiño, y no supo distinguir si se sentía al borde de un arranque de cólera o de llanto.

Cincuenta años después, el general Santierra, apenas ya un vestigio de la época revolucionaria, aún recordaba con viveza los sentimientos de aquel joven teniente. Como no podía montar a caballo, pues hasta le resultaba penoso recorrer los límites del jardín, el mayor placer del anciano militar consistía en invitar a su casa a los oficiales de las armadas extranjeras que atracaban en el puerto, con quien antes solía compartir largas cabalgadas.

Sentía predilección por sus camaradas de armas y por los ingleses. Los marinos británicos, no importaba de qué graduación, aceptaban con interés su hospitalidad pues era notorio que había tratado con lord Cochrane y, sirviendo bajo sus órdenes en la flota patriótica, había intervenido en todas las operaciones navales de las guerras de la Independencia.

Aquel anciano superviviente de los ejércitos libertadores hablaba a la perfección varios idiomas, y cuando al hilo de sus recuerdos se le escapaba el sentido de alguna palabra en inglés o francés, solía adoptar un aire de dignidad contenida mesándose con suavidad la barba blanca para continuar, tras la pausa, desentrañando lentamente su pasado.

3

Sí, amigos míos, repetía el general Santierra a sus contertulios, qué podía hacer un mozalbete como yo, con apenas diecisiete años, sin experiencia en las cosas del mundo y con un grado de teniente conseguido gracias al gran patriotismo de mi padre, que en paz descanse. Sufrí una profunda humillación, no tanto por la desobediencia pública de aquel subordinado, quien en todo caso era el responsable de los presos, sino porque fui consciente en un segundo de mi miedo juvenil a presentarme ante el ayudante para pedirle personalmente la llave. Conocía de sobra el lenguaje autoritario y tosco de tal individuo, pues en su calidad de hombre vulgar, sin otros méritos que su salvaje valor, ya había tenido ocasiones para demostrarme su irritado desprecio desde mi ingreso en el batallón que defendía el castillo. ¡Y sólo hacía quince días! De mil amores le habría desafiado a un duelo a espada, harto de la brutalidad socarrona de sus burlas.

No recuerdo haberme sentido nunca tan arredrado en mi vida, ni antes ni después. La afrenta a mi sensibilidad fue tan grande que deseé que el sargento y los estúpidos soldados que miraban la escena cayeran muertos a mis pies, incluso me habría complacido el desenlace rápido del destino reservado a aquellos infelices a quienes, en vano, había intentado aliviar sufrimientos, porque no podía mirarlos sin avergonzarme. Del lóbrego lugar donde permanecían encerrados salían oleadas de calor como ráfagas de viento infernal. Los de la ventana, que habían escuchado nuestra conversación, se burlaban de mí desesperados, y uno de ellos, sin duda al borde de la locura, me instó locuazmente a que ordenara a los soldados disparar contra los presos. Su enajenado discurso me sobrecogió el corazón. Los pies me pesaban como si fuesen de plomo. No había ningún oficial superior a quien dirigirme y ni siquiera tuve la suficiente presencia de ánimo para marcharme de allí.

Anonadado por la sensación de culpabilidad, permanecí de espaldas al ventanuco. Pueden suponer que tal situación duró muy poco. ¿Cuánto? ¿Un minuto? Si lo midiéramos por mi angustia, podríamos decir que transcurrió un largo siglo, el paréntesis de tiempo más extenso de toda mi vida. Pero no, apenas fueron unos segundos. El áspero gemido de aquella escoria humana se extinguió en las gargantas resecas y, de pronto, se alzó una voz profunda, rezongona, tranquila, una voz que me hizo dar media vuelta.

Provenía, señores, de la enorme cabezota de Gaspar Ruiz, nada más podía ver de él. Varios cautivos se le habían subido a la espalda, y él los sujetaba con esfuerzo. Sus ojos parpadeaban sin mirarme. Bajo tales circunstancias, sólo podía mover los labios, así, una vez estuve frente a él, aquel rostro barbudo de proporciones tremendas, agobiado por la presión de otros muchos rostros ansiosos, me preguntó si deseaba de verdad aplacar la sed de los prisioneros.

—¡Sí, sí! —contesté con energía.

Y me acerqué a la ventana. Mi comportamiento era infantil, desconocía el alcance de mis actos, pero en aquellos momentos necesitaba algún consuelo para mitigar el malestar y la soledad que sentía.

—¿Tiene autoridad el *señor teniente* para quitar las ligaduras de mis muñecas? —preguntó la cabeza de Gaspar Ruiz.

Su gesto no demostraba ni angustia ni esperanza, sólo movió los pesados párpados, mirando en dirección al patio, justo detrás de mí...

Al hilo de una pesadilla, balbuceé:

—¿Qué quiere decir? ¿Cómo podría llegar a sus muñecas desde aquí?

—Intentaré hacer lo que pueda —replicó él.

Y entonces aquella formidable cabeza se agitó bajo la montaña de rostros que se esfumó como por arte de magia. Gaspar se había sacudido de encima su carga con un simple movimiento, tal era su fuerza. Luego, sin duda para evitar el aplastamiento, también él desapareció de mi vista unos segundos, en los cuales nadie se asomó a la ventana.

A través de ella pude ver cómo Gaspar, con bruscos giros a derecha e izquierda, cabezazos y empujones, se hacía sitio de la única forma en que le permitían las manos atadas a la espalda. Al cabo, logró retroceder y, entre los barrotes, me tendió sus muñecas de venas reventonas por la presión de las ligaduras; me parecieron enormes, pesadas. Le vi doblar su fornida espalda para facilitarme el trabajo.

—¡Corte ya, *señor teniente,* corte! —su voz se asemejaba al mugido de un toro.

Desenvainé la espada, mi esplendorosa y recién estrenada espada que aún no había usado, y corté las vueltas de la cuerda clavada profundamente en la carne. No sabía por qué lo hacía, ni qué pretendía con aquel acto, como si sólo me impulsara la confianza en aquel hombre. El sargento inició un grito, pero el asombro le heló la voz en la garganta y se quedó mirándome con la boca abierta, sumido en un repentino estado de completa idiotez.

Enfundé la espada. Una atmósfera de atemorizada expectación había sustituido a la habitual indolencia de los soldados. Oí de nuevo el vozarrón de Gaspar Ruiz, pero no entendí sus palabras. Supongo que al verle libre de ataduras, creció entre los presos el prestigio de su fuerza, lo cual me hizo pensar en la importancia que el vulgo ignorante concede a tales demostraciones físicas. Y eso que, ciertamente, aún no se sentía en plenitud, debido al entumecimiento de sus brazos y manos cuyos efectos tardó en superar un largo rato.

El sargento recobró la capacidad de palabra:

—¡Por todos los santos! —gritó—. Necesitaremos un jinete hábil con el lazo para reducirlo de nuevo y situarlo frente al pelotón de ejecución. Y no será fácil encontrar un buen *enlazador* como el que le apresó la primera vez. Su señoría no sabe la locura que ha cometido.

No pude contestar. Yo también me sentía sorprendido por mi inesperada reacción y, en aquellos momentos, sólo sentía una infantil curiosidad por conocer el desenlace de la historia. Ante mi silencio, el sargento continuó lamentándose por las enormes complicaciones que conllevaría reducir a Gaspar Ruiz cuando fuera preciso aplicarle el escarmiento.

—Aunque es posible —añadió el sargento provocativamente— que nos vemos obligados a matarlo a tiros según abrimos la puerta.

Y habría seguido con sus preocupaciones sobre el cumplimiento eficaz de la condena, pero un brusco juramento le cercenó el monólogo en la garganta. Arrancó el fusil de las manos a un soldado y, en guardia, fijó la mirada en la ventana del calabozo.

4

Gaspar Ruiz se había encaramado hasta el pretil: allí estaba sentado, con los pies contra el espesor del muro y las piernas dobladas, contenidas con dificultad en la angosta ventana. Mi primera impresión fue que deseaba aquel hueco para él solo y hasta me pareció que buscaba la mejor postura para acomodarse. En el interior, los demás presos se mantenían a distancia de sus puños ahora libres de ataduras.

—*¡Por Dios!* —murmuró el sargento a mi lado—. Voy a pegarle un tiro en la cabeza y se acabará el problema. De todas formas está sentenciado a muerte.

Le miré encolerizado:

—El general no ha confirmado aún la sentencia —dije, aunque era consciente de la inutilidad de mis palabras. La sentencia no necesitaba confirmación—. Usted sólo está autorizado a disparar contra los presos sin intentar fugarse —agregué con firmeza.

—¡Por la *sangre de Dios!* —exclamó el sargento—. ¿No ve que ya lo está intentando? ¡Mire!...

Entonces, como si Gaspar Ruiz me hubiera hechizado, desvié el cañón del fusil hacia arriba y la bala se perdió sobre los tejados. El sargento tiró el arma al suelo y se quedó parado frente a mí. Pudo mandar a los soldados que disparasen, pero no lo hizo; también creo que si lo hubiera hecho, en aquella ocasión, no le habrían obedecido.

Gaspar continuaba sentado, con los pies contra el grueso muro y las manos peludas asidas a los barrotes de hierro. En apariencia se mantenía tranquilo, sin que desde fuera se le apreciara el menor movimiento. Hasta que de pronto percibimos cómo tensaba la arqueada espalda mientras contraía los brazos. Un gruñido fruncía sus protuberantes labios. Lo siguiente fue darnos cuenta de que, tras el tirón del gigante, la barra de hierro forjado se había doblado ligeramente. De la frente del preso brotaban espesas gotas de sudor y alrededor de sus uñas surgieron unas manchitas de sangre, pero el barrote continuó doblándose. Luego lo soltó. Por unos instantes abandonó su propósito, y se mantuvo con la cabeza inclinada contemplando con aire somnoliento las palmas de sus manazas. En realidad, parecía amodorrado. Mas, de improviso, se puso de espaldas en el alféizar y, apoyando los pies descalzos contra otro barrote, lo dobló también, aunque en dirección opuesta al primero.

Era tal su fuerza que en aquel segundo intento se aliviaron mis tristes impresiones: no le costó apenas esfuerzo lograr su objetivo. Si no hubiera sido por el cambio de postura para valerse de los pies, cuya rapidez nos sorprendió a todos, sólo recordaría su inmovilidad. Pero las dos barras se hallaban completamente separadas.

De haberlo deseado, tal vez Gaspar Ruiz habría podido salir de su encierro a poco que hubiera persistido en su empeño; sin embargo continuó con las piernas colgando hacia el interior del cuartucho y, mirando a los soldados por encima del hombro, se limitó a decirles:

—Vamos, traed agua. Yo les daré de beber a estos.

Le obedecieron. Por un momento temí que desaparecieran de mi vista tanto el hombre como el cubo que le entregaron, arrastrados por la furia impaciente de los presos, y hasta pensé que le atacarían a dentelladas dado que todos mantenían las manos atadas a la espalda. Hubo, sí, una acometida; pero Gaspar, aferrando el cubo por el asa, repelió el asalto con la simple intervención de sus pies. Los prisioneros sedientos retrocedían ante sus puntapiés, gimiendo de dolor, y los soldados se divertían con el sorprendente espectáculo que ofrecía la ventana.

Todos reían a carcajadas, sujetándose incluso las mandíbulas para controlarse, excepto el sargento, siempre huraño y amargado, quien temía que los presos pudieran rebelarse con tanta excitación, lo que habría representado un grave contratiempo. Pero no existía motivo para tal temor, por más que yo continuara de pie frente a la ventana con la espada desenvainada nuevamente. Cuando los prisioneros se tranquilizaron, dominados por la fuerza salvaje de Gaspar Ruiz, se acercaron en fila de a uno y, alargando el cuello para facilitar la tarea, posaron mansamente los labios en el borde del cubo que el gigantón inclinaba hacia ellos, desde sus rodillas, con gesto de extraordinaria compasión, caridad y ternura. Pero esta apariencia bondadosa era, sin duda, sólo un mero efecto del cuidado que ponía en no derramar el agua y de la postura adoptada al permanecer sentado en el alféizar, pues si uno de sus compañeros insistía en no despegar los labios del balde tras haberle dicho Gaspar «¡ya basta!», no había ni el menor rastro de ternura o compasión en la patada que éste recibía y que le enviaba gimoteando y hecho un ovillo al fondo del calabozo, arrastrando en su caída a dos o tres presos más.

Así estuvieron mucho tiempo, bebiendo por turnos una y otra vez como si pretendieran secar el pozo antes de morir, pues los soldados, divertidos espectadores del sistema empleado por Gaspar Ruiz para saciar la sed de los prisioneros, llenaron el cubo cuantas veces se lo pidieron.

La situación se complicó, pueden creerme, cuando el jefe de puesto, concluida ya su *siesta,* apareció en el patio. Además vino con la noticia de que el general, cuya visita anhelaba, no vendría aquella tarde al castillo.

En ese momento, la tertulia del general Santierra manifestó como una sola voz su disgusto porque un hombre tan fuerte y sufrido como Gaspar Ruiz no se hubiera salvado finalmente.

—¡Oh! No se apresuren en sus juicios —aclaró el general—. Pues Gaspar Ruiz se salvó, ¡vaya si lo hizo! Aunque no por mi mediación.

Los presos fueron conducidos ante el pelotón de fusilamiento media hora antes de ponerse el sol. Gaspar Ruiz, pese a los miedos del sargento, no causó el menor problema. No fue necesario buscar a un jinete diestro con el lazo para dominarlo como a un toro bravo en el *campo.* Es más, creo que acompañó a los demás presos con las manos libres, aunque el resto las llevara atadas a la espalda. Yo no pude verlo. No estaba allí, me habían arrestado por inmiscuirme en asuntos ajenos a mi responsabilidad, como era la custodia de los presos. A punto de anochecer, dormitaba tristemente en mi aposento cuando escuché tres descargas de fusilería. Pensé que nunca volvería a ver al buen Gaspar Ruiz: le supuse muerto con sus compañeros de infortunio.

Pasó algún tiempo hasta que volví a tener noticias de él; aunque el sargento afirmaba con tozudez que una vez abatido por las balas, agonizante o ya muerto entre el ensangrentado montón de cuerpos recién ajusticiados, le había atravesado la garganta con su espada para asegurarse, decía, de que libraba al mundo de un peligroso traidor.

—Debo confesarles, señores, que la noticia me afectó profundamente, pues la figura de aquel hombre aparecía en mis pensamientos rodeada de bondad y acabé sintiendo por él cierta admiración. Le había visto emplear su fuerza honradamente y no existía en su comportamiento el menor atisbo de la soberbia que suele acompañar a tan excepcional vigor físico.

5

Gaspar Ruiz, que podía abrir con tan insultante facilidad las gruesas barras de hierro de la celda, fue conducido mansamente con los demás presos al escenario de la sumaria ejecución.

«Cada bala tiene su blanco», dice el proverbio: el interés de los refranes reside sólo en su capacidad para expresar de forma concisa y pintoresca un hecho universal. En la sorpresa reflexiva de nuestra imaginación reside su poder como oráculo. Dicho de otro modo, nos hieren y convencen por los imprevistos.

Lo que nos sorprende es la forma, no la sustancia. Los refranes son arte, si bien arte barato. Por regla general, no son ciertos; a lo sumo, no pasan de la categoría de simples vulgaridades, por ejemplo: «Más vale pájaro en mano que ciento volando», o «Donde las dan las toman». Algunos son, sencillamente, estúpidos y no pocos, inmorales. Uno, surgido del corazón ingenuo del gran pueblo ruso: «El hombre dispara el cañón y Dios mueve la bala», es una atrocidad religiosa, en amargo contraste con el aceptado concepto de la misericordia divina. ¡Qué triste misión del Protector de los pobres, desvalidos e inocentes, conducir la bala, pongo por caso, al pecho de un padre!

Gaspar Ruiz no tenía hijos ni esposa, y jamás había estado enamorado. Casi ignoraba lo que era hablar con una mujer, aparte de su madre y de la negra vieja que les sirvió de criada, cuya piel arrugada tenía el color del carbón y su cuerpecillo el encorvamiento de los años.

Si algunas de las balas de los fusiles disparados a una distancia de quince pasos iban destinadas al corazón de Gaspar, erraron el blanco; una, sin embargo, le llevó un pequeño trozo de oreja, y otra, le hirió en el hombro izquierdo.

Un sol rojo y despejado, ocultándose en un océano purpúreo, contemplaba con altiva fijeza la ingente muralla de las cordilleras, valioso testigo de su glorioso ocaso. Pero es inconcebible que reparase en cómo unos hombres, mezquinas hormigas, se dedicaban a las absurdas e insignificantes tareas de matarse y destruirse por razones que, además de su índole pueril, tampoco comprendían sino de manera imperfecta. Alumbró, no obstante, los dorsos de los soldados del pelotón y los rostros de los condenados. Algunos habían caído de rodillas; otros continuaban en pie, y los menos desviaban la vista de los fusiles que apuntaban. Gaspar Ruiz, erguido y el más voluminoso de todos, movía su enorme cabeza. El sol, al declinar, le rozó, y él ya se contó entre los muertos.

Cayó a la primera descarga, y cayó porque se figuró que le habían matado. Se desplomó en el suelo pesadamente. La violencia del choque le sorprendió.

No estoy muerto, pensó al oír que el piquete cargaba otra vez las armas a la voz de mando. Entonces fue cuando la esperanza de escapar con vida brotó de súbito en él. Permaneció tendido, rígido bajo el peso de dos cuerpos que sobre su espalda formaban una cruz.

Los dos soldados dispararon una tercera descarga contra el hacinamiento convulso de cuerpos; el sol desapareció del horizonte, y al oscurecerse el océano quedaron sumidas en la sombra las costas de la joven República. Sobre la penumbra de las tierras bajas, los nevados picos de la cordillera continuaron aún largo rato iluminados por una luz rosa. Los soldados, antes de regresar al fuerte, se sentaron a fumar. El sargento, espada en mano, se dirigió al montón de muertos. Era un ser humano y, como tal, sólo observaba a los fusilados con la misericordiosa idea de clavar la punta de su arma en el cuerpo que mostrase la más leve señal de vida. Para ahorrarles sufrimientos. Pero ninguno le ofreció la oportunidad de cumplir su caritativo propósito. No se movió ni un músculo de los moribundos, ni siquiera los tan poderosos de Gaspar Ruiz que, empapado por la sangre de sus vecinos y fingiéndose muerto, se esforzó en aparentar aún menos vida que los demás.

El sargento le vio tumbado de bruces, le reconoció por la estatura, y como él era un hombre pequeño, contempló con envidia y desprecio la derrota de tamaña corpulencia. Jamás le agradó el forzudo soldado, así que, estimulado por un vago rencor, asestó una recia cuchillada al cuello de Gaspar, con la turbia idea de que remachaba la destrucción del gigante, si su constitución física hubiera sido capaz de resistir los balazos. Luego se apartó de allí, y lentamente regresó con su gente, dejando los cadáveres al cuidado de los buitres y los cuervos.

Gaspar Ruiz logró contener un grito, pues creyó que le cortaban la cabeza de un tajo. Sólo al anochecer, se sacudió los agobiantes cuerpos y, entumecido, se arrastró por el suelo sobre manos y rodillas.

Después de beber ávidamente, en un arroyo, como una bestia herida, se puso en pie y titubeó, mareado y sin ruta, perdido entre las estrellas de la despejada noche. Pero enseguida distinguió frente a él la silueta oscura de una casucha. Se acercó tambaleante y golpeó la puerta con el puño. No se veía luz alguna. Gaspar Ruiz pensó que sus habitantes habían huido, como muchos del contorno, y ya se disponía a forzar la entrada, cuando escuchó un río de exclamaciones injuriosas que respondían a su llamada. En su estado de fiebre y debilidad, aquellos gritos coléricos se le antojaron el fragmento de una alucinación más, encadenada a la espantosa pesadilla de su inesperada condena a muerte, el tormento de la sed, los culatazos, las descargas a quince pasos y la sangrante herida del cuello.

—¡Abran la puerta! —imploró—. ¡Abran, en nombre de Dios!

La voz enfurecida le contestó desde dentro:

—¡Entre! ¡Entre! Esta casa es suya y toda esta tierra también. Entre sin miedo.

—Por amor de Dios —balbuceó Gaspar Ruiz.

—¿No pertenece el país entero a los patriotas? —chilló la voz al otro lado de la puerta—. Porque usted será un patriota ¿verdad?

Gaspar Ruiz no lo sabía.

—Soy un hombre herido —respondió indolentemente.

En el interior de la casa se hizo el silencio. Gaspar perdió la esperanza de que le admitieran, y se tendió bajo el pórtico, pegado a la puerta. Ya no le preocupaba su suerte futura, toda su atención se centraba en el cuello, donde sentía un agudo dolor. Su indiferencia hacia el porvenir era sincera.

Rayaba el alba cuando despertó de su sopor; la puerta a la que había llamado estaba abierta de par en par, y una muchacha extendía los brazos hacia el umbral. Tumbado de espaldas, Gaspar la miró atentamente. Tenía el rostro pálido y los ojos muy negros; el pelo, de color ébano, le caía sobre las blancas mejillas; sus labios eran carnosos y rojos. Tras ella surgió otra cara enjuta, enmarcada entre largas greñas grises, y un par de manos ansiosamente apretadas bajo una densa barba.

6

Conocía a aquella gente de vista —refirió el general Santierra a sus invitados, ya sentados a la mesa—. Quiero decir, a la gente en cuya casa encontró cobijo Gaspar Ruiz. El padre era un español viejo, hombre rico, arruinado por la Revolución. Sus fincas, su casa de la ciudad, su dinero, cuanto tenía en el mundo, le había sido confiscado por decreto al declararse encarnizado enemigo de nuestra independencia.

De una posición privilegiada e influyente en el Consejo del virrey, pasó a otra aún más insignificante que la de sus propios esclavos, negros emancipados por nuestra gloriosa Revolución. Carecía hasta de los medios para huir del país, como habían hecho otros españoles. Tal vez por eso, vagabundo sin fortuna ni hogar, cargado con el peso de la vida, lo único que le dejó la clemencia del Gobierno Provisional, se había refugiado bajo aquel techo desmoronado. Sobrevivía en un paraje solitario, sin siquiera un perro guardián para proteger aquella casa, en la que, si bien el techo estaba tan agujereado como si hubiera recibido el impacto de algún obús, los postigos de madera, muy gruesos, encajaban perfectamente.

Uno de mis paseos más frecuentes era por la vereda que conducía al miserable rancho. Iba a caballo, del fuerte a la ciudad, casi todas las tardes, para suspirar ante la reja de una dama de la que estaba enamorado...

Era una buena patriota, créanme. *Caballeros,* dúdenlo o no, la pasión política se manifestaba con tanta viveza en aquellos días, que no hubieran podido fascinarme los encantos de una mujer de ideas realistas...

Unos murmullos de jovial incredulidad surgieron alrededor de la mesa e interrumpieron al general Santierra quien, cuando cesaron, se mesó gravemente la barba blanca.

—*Señores* —protestó—; cualquier realista nos parecía un monstruo dadas nuestras exaltadas convicciones. Me apresuro a realizar esta declaración para que no sospechen el más mínimo coqueteo con la hija del viejo realista. Además, como ustedes saben, el amor me conducía a un lugar distinto, lo que no impidió que me fijara en ella algunas veces, siempre de pie en el umbral con la puerta abierta.

Deben saber, caballeros, que el anciano español estaba loco de atar. Las desgracias políticas y su completa decadencia y ruina económica le habían perturbado el juicio, y para demostrar su desprecio a la acción de los patriotas, fingía reírse de su encarcelamiento, de la confiscación de sus tierras, del incendio de sus casas y de la miseria a que quedaron reducidos él y su prole femenina. La costumbre de reír había arraigado tanto en él que empezaba a hacerlo con estrépito apenas veía a cualquier extraño. Así se manifestaba su demencia.

Naturalmente, me desagradaban las burlas del demente, por ese sentido de superioridad que el triunfo de nuestra causa nos inspiraba a nosotros, los americanos. Supongo que en el fondo le aborrecía porque era castellano viejo, natural de España y realista. Éstas no son, cierto, razones para desdeñar a un semejante. Pero habían cambiado las tornas.

Durante siglos, los españoles de nacimiento mostraron su desprecio hacia nosotros, los americanos, descendientes de ellos mismos, simplemente porque éramos lo que llamaban «colonos». Nos humillaron degradándonos a la escala más baja de la sociedad. Comprenderán que los patriotas contestaran con el mismo sentimiento, y siendo yo un joven patriota, hijo de patriota, que despreciaba a los españoles rancios, también a aquél, sus provocaciones me herían profundamente. Otros quizá no habrían podido contenerse.

Siempre emitía un profundo quejido previo a exclamar: «¡Ahí viene un patriota!», mucho antes de que yo pasara frente a su puerta. El tono de sus insensatos ultrajes, mezclados con accesos de ira, resultaba en ocasiones escalofriante y otras muy grave. De su locura nadie dudaba; así que parecía impropio de mi dignidad detener el caballo, y más aún echar una mirada a la casa, como si el ofensivo griterío de aquel viejo tuviese para mí mayor importancia que los ladridos de un perro. Simplemente pasaba a caballo ante él con una expresión de altiva displicencia.

Mi actitud sería, sin duda, muy digna, pero hubiera actuado mejor abriendo mucho los ojos. Un militar en tiempo de guerra nunca debe perder la perspectiva, sobre todo si la guerra es revolucionaria, porque el enemigo no sólo está fuera, sino también dentro de casa. A veces, el ardor de las convicciones apasionadas, convirtiéndose en odio, cercena los vínculos del honor y la humanidad en muchos hombres, y los de la delicadeza y el temor en algunas mujeres.

Estas últimas, en cuanto vencen la timidez y el recato de su sexo, resultan, por la sagacidad de su inteligencia y la violencia de su implacable resentimiento, más peligrosas que muchos gigantes armados.

El general levantó la voz, y con una de sus gruesas manos volvió a mesarse dos veces la blanca barba para producir un efecto de calma venerable.

—*Sí, señores.* Las mujeres están dispuestas a elevarse a cumbres de abnegación inaccesibles para los hombres y a hundirse en los mayores abismos del envilecimiento, para sorpresa de nuestros prejuicios masculinos. Hablo de las mujeres excepcionales, entiéndanme...

Entonces uno de los comensales observó que jamás había encontrado una mujer que no fuera capaz de revelarse excepcional, siempre y cuando hiriesen profundamente sus sentimientos.

—Esa especie de superioridad que para el rencor tienen sobre nosotros —añadió—, las convierte en la mitad más interesante de la Humanidad.

El general, que había soportado la interrupción impasible, asintió cortésmente, con una ligera inclinación de cabeza:

—*Sí, sí.* En bastantes casos... Precisamente... Pueden causar males terribles, a veces de la forma más inesperada. ¡Quién hubiera pensado que una muchacha, hija de un realista arruinado, cuya vida dependía tan sólo del desdén de los adversarios, tenía poder para atraer la muerte y la devastación sobre dos provincias florecientes y ocasionar hondas preocupaciones a los jefes de la revolución en la misma hora de su triunfo!

Se detuvo; una pausa para que el asombro penetrara en la mente de sus invitados.

—¡La muerte y la devastación! —exclamó alguien, estupefacto—. ¡Qué horror!

El anciano general lanzó una mirada hacia quien había hablado y continuó:

—Sí, la guerra y sus calamidades. Pero el procedimiento que empleó para producir tales estragos en nuestra frontera meridional creo que sorprenderá más todavía a quienes la vieron y trataron. Esta particularidad ha dejado en mi ánimo un terrible estupor que la posterior experiencia de mi vida, en el transcurso de cincuenta años, no ha conseguido amortiguar.

Miró en torno suyo, como para convencerse de nuestra atención, y con voz conmovida declaró:

—Saben ustedes que soy republicano e hijo de un libertador. Mi incomparable madre, que en paz descanse, era francesa, hija de un ardiente republicano. De mozo combatí por la libertad; he creído siempre en la igualdad de los hombres y en su fraternidad que, a mi juicio, es aún más cierta. ¡Contemplad la feroz animosidad que desplegamos en nuestras rencillas! ¿Qué hay en el mundo más cruel y fiero que las contiendas políticas?

La ausencia de cinismo permite la propensión a la sonrisa entre la fraternidad humana. En el tono del veterano militar se detectaba la melancolía natural del hombre de corazón profundamente honrado que por deber, convicción y necesidad había desempeñado su papel en escenas de intenso dramatismo.

El general Santierra sabía mucho de luchas fratricidas.

—Pues, a pesar de todo, no dudo de esa fraternidad —insistió—. Todos los hombres son hermanos, repito, y como tales se reconocen a menudo unos a otros. Pero —y aquí el anciano de venerable cabeza patriarcal, blanca como la plata, guiñó con humor uno de sus ojos negros— si los hombres somos todos hermanos, con las mujeres no nos une el mismo parentesco.

Uno de los invitados más jóvenes emitió un murmullo de aprobación. El general prosiguió con premeditada seriedad:

—¡Son tan diferentes! El cuento del rey que compartió su trono con una joven pordiosera nos parece bello y plausible, dada la manera como nosotros consideramos y entendemos el amor; pero que una dama famosa por su altanera belleza, admirada hacía poco en todos los bailes del palacio del virrey, tomara de la mano a un *guaso,* a un zafio labriego, es intolerable, según nuestra opinión de las mujeres y de su modo de amar. Es una locura, nunca debió suceder. Semejante desatino ocurrió, sin embargo; si bien en aquel trance la locura fue de odio y no de amor.

Después de ofrecer esta disculpa con espíritu de caballeresca justicia, el general guardó silencio un instante.

—Yo pasaba a caballo, casi todos los días, por delante de la casa —continuó diciendo Santierra—, bien ajeno a lo que sucedía en su interior, y todavía más a la forma en que estaba aconteciendo; ninguna mente humana lo hubiera concebido. La desesperación de una mujer alcanza los mayores extremos, y Gaspar Ruiz era un ser dócil. Lo demostró como soldado obediente, y su fuerza física podía compararse a una enorme piedra erguida en el suelo dispuesta a ser lanzada, en esta o aquella dirección, por cualquier mano que la recogiera.

Tened por seguro que contó enseguida su historia a la gente entre la cual halló amparo, aunque lo que más necesitaba era una urgente asistencia médica. Su herida no era grave, pero su vida estaba destrozada. El viejo realista, envuelto en su locura jocosa, permitió que las dos mujeres arreglaran un escondite para el desconocido en una choza construida entre los frutales a espaldas del rancho. Aquella guarida, agua abundante y limpia mientras le consumía la fiebre, y unas cuantas palabras compasivas, era todo cuanto podían darle. Supongo que, además, repartieron con él sus escasos alimentos: un puñado de granos tostados de maíz, tal vez un plato de habas o un pedazo de pan con tres o cuatro higos. A tanta miseria habían quedado reducidas aquellas personas antes orgullosas y acaudaladas.

7

El general Santierra tenía razón en sus hipótesis. Así fue la ayuda que Gaspar Ruiz, labrador, hijo de labradores, recibió de la familia realista, cuya hija abrió la puerta de su miserable albergue a tan extremado dolor. Su sombría resolución se sobrepuso a la locura de su padre y al vago desconcierto de su madre.

La joven sólo preguntó al extraño que solicitaba protección:

—¿Quién te hirió?

—Los soldados, *señora* —contestó Gaspar Ruiz con voz desfallecida.

—¿Los patriotas?

—Sí.

—¿Por qué?

—Por desertor —gimió él, apoyándose en el muro, ante la mirada escrutadora de aquellos ojos negros—. Me dejaron por muerto allá arriba.

La muchacha le condujo a una pequeña choza de adobe y cañas, oculta entre las altas hierbas de un espeso huerto. Gaspar se tendió, exhausto, en un montón de paja de maíz que había en un rincón, y suspiró profundamente.

—Nadie vendrá a buscarte aquí —dijo la joven, bajando la vista hacia el herido—. Nadie se acerca a nosotros; también nos dejan por muertos.

Él se agitó inquieto en el inmundo montón de paja, y el dolor del cuello le hizo quejarse de desesperación.

—Algún día el sargento Esteban sabrá que aún vivo —masculló.

Aceptó los cuidados en silencio, soportando muchos días de terribles sufrimientos. Cuando ella aparecía en la choza, el infeliz sentía alivio, y relacionaba a menudo su presencia con sueños febriles de ángeles que visitaban su sepulcro, pues Gaspar Ruiz estaba instruido en los misterios de la religión, y leía y escribía algo gracias a las lecciones del cura de su pueblo. Por ello siempre la esperaba con impaciencia y la veía salir de la sombría cabaña y disolverse en la luz solar con punzante dolor. Además descubrió que, mientras la debilidad le mantenía postrado, si cerraba los ojos, podía evocar el rostro de ella con notable precisión, y esta facultad, recién apreciada, endulzó las largas y solitarias horas de su convalecencia. Más tarde, cuando empezó a recobrar sus fuerzas, se arrastraba de noche hasta la casa para sentarse en los escalones de la puerta del jardín.

En uno de los aposentos de la casa, el padre, loco, paseaba incesantemente, interrumpiéndose de vez en cuando para soltar bruscas carcajadas. En el corredor, sentada en un taburete, la madre suspiraba y gruñía. La hija, vestida con ropas bastas y viejas, el pálido y asustado rostro medio velado por una áspera manta, se hallaba apoyada en la jamba de la puerta. Gaspar Ruiz, con los codos sobre las rodillas y la cabeza apoyada entre las manos, charlaba en voz baja con las dos mujeres.

La miseria que entonces compartían hubiera convertido en una sarcástica burla cualquier referencia a las diferencias sociales. Gaspar lo entendió así, pese a su simpleza. Por su cautiverio entre los realistas podía dar noticias de personas que sus protectores conocían o describir su aspecto, y cuando relató la historia de la batalla donde cayó prisionero por segunda vez, ambas mujeres lamentaron el golpe asestado a su causa y la ruina de sus más secretas esperanzas.

A él todo le importaba un bledo; pero sentía gran devoción por la muchacha, y aquella tarde, con el deseo de atraer su interés, alardeó un poco de su fuerza corporal. No tenía otra cosa de que envanecerse. Por esa cualidad, dijo, sus compañeros le trataban con gran respeto, como si hubiera sido sargento, lo mismo en el cuartel que en el campo de batalla.

—Siempre tuve bajo mi mando a cuantos quería que me siguiesen, *señorita.* Y, sin embargo, no me nombraron oficial, aunque sé leer y escribir.

A su espalda, la taciturna y vieja señora exhalaba de vez en cuando un suspiro de tristeza; el enajenado padre discutía consigo mismo paseando por la sala, y Gaspar Ruiz alzaba la vista a menudo para fijarla en la hija de aquellos extraños seres.

La miraba con curiosidad porque estaba viva, y también con el mismo sentimiento de familiaridad y reverencia con que había contemplado en las iglesias las inanimadas y milagrosas imágenes de los santos a cuya protección se acude en los peligros y las dificultades. ¡Y él se encontraba en el apuro más terrible!

No podía continuar escondido en la huerta por tiempo indefinido. Sin embargo, también sabía que, apenas se hubiera alejado media jornada en cualquier dirección, sería detenido por alguna de las patrullas de caballería que recorrían la comarca y conducido a cualquiera de los campamentos donde se encontraba el ejército patriota destinado a la liberación del Perú. Al fin le reconocerían como a Gaspar Ruiz, el desertor realista, y le fusilarían sin remisión. Por lo visto, no había sitio seguro para el desgraciado Gaspar, y ante esta idea, su alma sencilla se hundió en un pesimismo y un rencor tan negros como la noche.

Le habían alistado a la fuerza. Él jamás pensó en ser soldado. Y fue un buen soldado, por la misma razón que había sido un buen hijo; por su vigor y docilidad. Pero en aquella ocasión no le servían ni uno ni otra. Tras separarle de sus padres, no le permitían seguir en filas ni tampoco ser un soldado fiel. Nadie oiría sus explicaciones. ¡Qué injusticia, Señor, qué injusticia!

Con tono rezongón repitió por vigésima vez la historia de su captura y recaptura. A su término, fijó los ojos en la enigmática muchacha, plantada en el hueco de la puerta:

—*¡Sí, señorita!* —se atrevió a exclamar tras un profundo suspiro—. ¡La injusticia ha convertido mi cuerpo en un pingajo inútil para todos, incluso para mí! Ahora, que me lo quite quien quiera.

Aquella tarde, una vez hubo él exhalado el lamento de su alma dolida, ella condescendió a decirle que, de ser hombre, no estimaría inútil ninguna vida, si eso le otorgaba la posibilidad de vengarse. Parecía hablar consigo misma y se expresaba con lentitud. Gaspar paladeó, como en sueños, una pócima invisible que le produjo un placer peculiar, algo cálido y suave que le calentó el pecho como un trago de vino generoso.

—Tiene razón, señorita —añadió alzando lentamente el rostro hacia ella—. Demostraré a ese maldito Esteban que todavía vivo.

Los gruñidos del loco habían cesado, la quejumbrosa madre se había retirado a uno de los cuartos vacíos y todo permanecía tranquilo dentro y fuera. En el agreste huerto, lleno de cárdenos rincones, brillaba la luna con la claridad del día. Gaspar Ruiz vio que los ojos negros de *doña* Herminia se clavaban e él.

—¡Ah! El sargento... —murmuró la dama con desdén.

—¡Vaya! ¿No me hirió con su espada? —protestó él, sorprendido por el desprecio que, con lívido fulgor, se pintó en las desvaídas facciones de la muchacha.

Ésta le anonadó con la mirada. El ansia de entenderla fue tan fuerte que le estimuló la inteligencia para captar su mensaje más allá de las palabras.

—¿Qué esperaba usted de mí? —exclamó, dominado de repente por la desesperación—. ¿Acaso puedo hacer algo más? ¿Soy quizá un general con un ejército que me obedezca, yo, mísero, pecador, siempre despreciado por usted...?

8

Señores —dijo el general a sus visitantes—; aunque entonces estaba imbuido de pensamientos amorosos, por tanto placenteros, el aspecto de aquella casa siempre me impresionó desagradablemente. Sobre todo, a la luz de la luna; porque, con los postigos cerrados y su solitario abandono, se me figuraba siniestra. Sin embargo, continué pasando por allí para seguir la vereda del barranco que era un buen atajo. El loco aullaba y se reía de mí todas las mañanas, pero al cabo de algún tiempo, quizá cansado de mi indiferencia, dejó de aparecer en el pórtico. No sé cómo le convencieron. Claro que, con Gaspar Ruiz en casa, no sería difícil hacerlo a la fuerza. Lo cierto es que cambió de actitud y ahora su táctica consistía en evitar cuanto contribuyera a excitarme. Al menos, eso supongo.

Fascinado por los ojos más lindos de Chile, reparé en la ausencia del viejo al cabo de una semana, poco más o menos. Transcurrieron algunos días más y comencé a suponer que los realistas se habían marchado. Pero cierta mañana, cuando marchaba con prisa a la ciudad, advertí otra vez una figura en el porche. No era el loco, sino la muchacha. Estaba de pie, apoyada en uno de los postes de madera, y a pesar de su porte erguido, la palidez del rostro y las profundas órbitas de sus ojos negros denotaban tristeza y privaciones. La miré con fijeza y ella sostuvo mi mirada con otra extraña e inquisidora. Luego, al girar yo la cabeza tras pasar frente a la casa, debió reunir las energías necesarias y con una seña me rogó que retrocediera.

Obedecí, *señores,* sin pensar; tan grande era mi asombro. Y llegó al colmo cuando la oí decir que deseaba hablarme. Me acerqué y, sin preámbulos, la muchacha se deshizo en agradecimientos por mi tolerancia con la chifladura de su padre, hasta tal punto que sentí vergüenza de mí mismo. Realmente yo había querido mostrarme desdeñoso, pero no tolerante. Cada palabra que pronunciaba debía quemar sus labios, pero en ningún momento abandonó aquella dignidad cortés y melancólica que me inspiraba respeto contra mi voluntad. Señores, no podemos con las mujeres. Me costaba trabajo creer a mis oídos cuando la joven comenzó a contarme su historia. Hasta que en ella surgió Gaspar Ruiz. La Providencia, a su juicio, parecía haber conservado la vida del mísero soldado, a quien no vacilaba en confiar a mi honor de *caballero* y a mi compasión de alma generosa.

—Este hombre es un miserable —observé con frialdad—. Además ha sido usted cómplice de encubrimiento al ocultar en su casa a un enemigo de nuestra causa.

—Era un pobre cristiano que pidió amparo a nuestra puerta en nombre de Dios, señor —me contestó con sencillez.

Comencé a admirarla.

—¿Dónde está ahora? —pregunté sin abandonar mi aire arrogante.

No contestó. Con extraordinaria astucia, con una suavidad casi diabólica, se las ingenió para recordar mi malogrado intento de salvar la vida de los prisioneros, sin lastimar en nada mi orgullo. Claro está, sabía todo lo sucedido. Gaspar Ruiz —me dijo— confiaba en mí para conseguir un salvoconducto que lo condujera ante el propio general San Martín. Alegaba que tenía que comunicar cosas importantes al jefe supremo del ejército.

Por Dios, señores; reconozco que me tragué la píldora, creyendo que pretendía solamente intervenir en favor de un desdichado. Éste, vapuleado por la justicia, esperaba encontrar en mí —así lo dijo ella— tanta generosidad como la de la familia realista en cuyo seno se había refugiado. ¡Ya! No era preciso decir más, ni emplear argumentos de mayor relieve y nobleza, a un joven como yo. La juzgué grande, pero ¡ay!, sólo era implacable. Por fin me alejé, ardiendo de entusiasmo, sin ver siquiera a Gaspar Ruiz, aunque estaba seguro de su presencia en aquella casa. Más tarde medité tranquilamente y, sopesando las dificultades del encargo, comencé a desconfiar de llevarlo a feliz término. No era fácil presentarse ante el general en jefe con semejante historia, y temí que me reprendiera. Al fin resolví exponer el caso al general de división Robles, amigo de mi familia, y quien luego me nombraría su ayudante de campo. El general me estrechó las manos enseguida, sin ceremonia.

—¡En la casa, dices! ¡Naturalmente que estaba en la casa! —exclamó con vehemencia—. Debiste entrar espada en mano para obligarle a rendirse, en vez de charlar en la puerta con una realista. A esa gente tendríamos que haberla expulsado de allí hace tiempo. ¿Quién sabe cuántos espías se habrán infiltrado, por su obra, en nuestros campamentos? ¡Un salvoconducto para el general en jefe! ¡Ja, ja! ¡Vaya audacia! Esta noche le prenderemos, y nos dirá, sin salvoconducto, todo eso tan importante. ¡Ja, ja, ja!

El general Robles, que en paz descanse, era un hombre bajo, grueso, de ojos redondos y saltones, brusco y jovial. Al observar mi angustia añadió:

—Está bien, *chico*. Te prometo respetarle la vida, si no se resiste. Y no es probable. No queremos desperdiciar un buen soldado, si se le puede ayudar. Te lo aseguro. Además, tengo curiosidad por ese mocetón; y si necesita entenderse con un general, ¡caramba!, con un general tratará el muy *pícaro*. ¡Ja, ja! Iré en persona a detenerle y tú me acompañarás.

Así lo hicimos aquella misma noche. Hacia el crepúsculo quedaron cercados sigilosamente casa y huerto. Luego el general y yo dejamos el baile al que asistíamos en la ciudad, y cabalgamos a galope tendido. Nos detuvimos cerca de la casucha. Un ordenanza sujetó las riendas de los caballos. Con un débil silbido avisamos a nuestros hombres, apostados a lo largo del barranco, y nos encaminamos cautelosamente al solitario edificio. A la luz de la luna, la hermética casa parecía vacía. El general llamó a la puerta. Tras una corta espera, la voz de una mujer preguntó detrás del portón:

—¿Quién es?

Mi jefe me dio un fuerte golpe. Me estremecí.

—Soy yo, el teniente Santierra —balbuceé, como atontado—. Abra la puerta.

La hoja giró lentamente. La muchacha, que sostenía en la mano una vela, al ver a otro hombre conmigo comenzó a retroceder con calma ante nosotros, amparando la luz con su mano. Su rostro, pálido e impasible, adquirió una imagen espectral. Yo seguía de cerca al general Robles. La joven fijaba en mí su mirada, y para tranquilizarla le hice, a hurtadillas de mi jefe, un gesto de impotencia, procurando la mayor expresión de serenidad. Ninguno de los tres pronunciamos una sola palabra.

Nos hallábamos en un cuarto de suelo desnudo y paredes encaladas, donde había una mesa tosca y un par de taburetes por todo mobiliario. Una mujer vieja, de pelo canoso y suelto, se retorció las manos cuando aparecimos. Sonó en la casa vacía una carcajada ruidosa, extraña y siniestra, y la vieja quiso marcharse de nuestro lado.

—¡Que nadie salga de aquí! —me dijo el general Robles.

Corrí a la puerta, sentí el chirrido del cerrojo, y la risa llegó a nuestros oídos amortiguada. Antes de que en la estancia se pronunciara otra palabra, me sorprendió escuchar el ruido de un trueno lejano. Conservaba la impresión nítida de una noche clara y hermosa, sin la menor nubecilla en el cielo, y por otra parte, educado fuera del país, no estaba familiarizado con el más terrible de los fenómenos naturales de mi tierra natal.

Pero en la mirada de Robles reconocí, con gran estupor, un inconfundible espanto. De repente me sentí aturdido. El general se inclinó pesadamente hacia mí; me pareció que la muchacha hacía eses en medio de la habitación; la bujía se le cayó de las manos, apagándose; la vieja pedía misericordia con desgarradores gritos. En la oscuridad del abismo, oí cómo caía al suelo el yeso de las paredes. Por fortuna, la estructura de la casa aún aguantaba. Agarrado al aldabón de la puerta, escuchaba los crujidos de las tejas, que se rompían sobre mi cabeza. Se acercaba el peligro.

—¡Fuera de la casa! ¡A la puerta! ¡Vuela, Santierra, vuela! —exclamó el intrépido general.

Saben ustedes, señores, que en nuestro país ni los más bravos se avergüenzan de temer los estragos de un terremoto con todos los sentidos humanos. Jamás nos habituaremos a ellos, y la experiencia repetida sólo sirve para aumentar la magnitud del irresistible terror. Aquél era para mí el primer terremoto, y por eso conservé la serenidad que los demás habían perdido. Comprendí que el estrépito obedecía al derrumbamiento del porche, con sus postes de madera y su techado. Tal vez la sacudida siguiente destruiría la casa. Se aproximaba de nuevo el fragor de un trueno. El general daba vueltas por el cuarto, buscando la puerta, sin duda, y hacía un ruido como si intentase trepar por las paredes, sin dejar por eso de invocar a los santos más populares del calendario.

—¡Fuera, fuera, Santierra! —gritó.

La voz de la muchacha fue la única que no oí.

—¡General —exclamé—, no puedo abrir la puerta! Estamos encerrados.

No reconocí la voz de Robles en el rugido de rabia y desesperación que lanzó. *Señores*, he tratado en mi país a muchos hombres, especialmente en las provincias más castigadas por los temblores de tierra, que no comen, ni duermen, ni rezan, ni se sientan a jugar a las cartas con las puertas cerradas. El peligro no radica en que falte tiempo, sino en que el movimiento de las paredes impida abrirlas. Eso nos ocurrió a nosotros. Estábamos en una trampa y no era posible que nadie nos socorriera, porque nadie, en mi país, se atreve a entrar en una casa cuando tiembla la tierra. Sólo se atrevió un hombre: Gaspar Ruiz, quien penetró en el edificio, tras abandonar el escondrijo donde se ocultaba, y trepó por los maderos del derruido porche. Ahogando el horrendo gruñido subterráneo de la catástrofe ya inmediata, oí una voz potente que decía: «¡Herminia!», con pulmones de gigante. Un terremoto es un gran nivelador de categorías. Yo acudí a todo mi aplomo para sobreponerme a la pavorosa situación.

—Está aquí —murmuré en tono ahogado.

Me contestó con el mugido de un toro salvaje, y luego me desfalleció el corazón; se me nubló la vista y el sudor de la angustia brotó, copioso, de mi frente.

Gaspar tuvo la sangre fría y la fuerza suficiente para levantar uno de los pesados postes del soportal, y cargándoselo bajo el brazo a modo de pica, lo sujetó con ambas manos y embistió frenético, con la violencia de un acosado macho cabrío, contra la puerta de la casa que, al abrirse, le hizo caer de cabeza violentamente contra nuestros cuerpos. El general y yo nos levantamos presurosos y escapamos juntos, sin mirar en torno nuestro hasta encontrarnos a salvo en el camino. Después, estrechado uno contra otro, presenciamos cómo la casa se convertía bruscamente en un montón de escombros, detrás de un hombre que, tambaleándose, se adelantaba hacia nosotros con una mujer en los brazos, cuyos negros y largos cabellos casi rozaban los pies de su salvador. Éste depositó en el trémulo suelo la hermosa carga con exquisito cuidado, y los rayos de la luna iluminaron los ojos cerrados de la muchacha.

Señores, montamos a caballo con dificultad. Los animales se encabritaban alocadamente, sujetos por los soldados que habían acudido de diferentes lugares. Nadie pensó entonces en apresar a Gaspar Ruiz. En las miradas de los hombres y las bestias brillaba el pánico que todos sentían. El general se aproximó a Gaspar Ruiz, inmóvil como una estatua junto a la muchacha, y se permitió darle un golpe amistoso en un hombro, que él recibió sin apartar la vista del rostro de ella.

—*¡Qué guapa!* —dijo el general a su oído—. Eres el más valiente de los hombres y me has salvado la vida. Soy el general Robles. Preséntate mañana ante mí en el cuartel, si Dios nos permite ver otro día.

Él ni siquiera se estremeció: sordo, insensible, inalterable.

Corrimos a la ciudad, repleta de amigos y parientes nuestros, por cuya suerte temíamos.

Los soldados marchaban veloces al estribo de nuestros caballos. Todo se olvidaba ante la inmensidad del cataclismo que había asolado la comarca entera.

Gaspar Ruiz contemplaba el rostro de la muchacha quien, al levantar los párpados, sacó al héroe de su abstracción. Los dos estaban solos; los gritos de horror y angustia de la gente por la pérdida de su hogar se alzaban desde los llanos hasta la distante e inmensa costa, y a lo lejos semejaban un profundo suspiro de dolor. Herminia se puso en pie lentamente, lanzando miradas de miedo a su alrededor.

—¿Qué sucede? —exclamó en voz alta, encarándose con Gaspar—. ¿Dónde estoy?

El gigante movió la cabeza tristemente, sin decir una palabra.

—¿Quién eres?

Entonces él se arrodilló despacio ante la muchacha y rozó el borde de la negra falda de paño.

—Tu esclavo —contestó Gaspar Ruiz.

Herminia, más tranquila, divisó entre una nube de polvo los escombros de la que había sido su casa.

—¡Ah! —gritó, llevándose la mano a la frente.

—Yo te saqué de allí —añadió Gaspar.

—¿Y ellos? —preguntó la joven sollozando.

Él se puso de pie y, tomándola en brazos, la condujo suavemente junto a las informes ruinas, medio cubiertas ya por un desprendimiento de tierras.

—Ven y escucha.

La serena luna les vio subirse a un montón hacinado de piedras, tablas y tejas, semejante a una tumba. Aplicaron el oído a los intersticios como si quisieran percibir el más débil quejido. Al cabo, Gaspar sentenció:

—Han muerto. Estás sola.

Ella se sentó sobre una viga, ocultando el rostro entre los brazos. Gaspar aguardó, y luego acercó los labios al oído de la afligida Herminia para murmurar:

—Vámonos.

—Nunca; de aquí no me moveré —gritó ella, alzando los brazos sobre su cabeza.

El coloso se inclinó hacia la joven conminándola a cambiar de actitud. Luego la levantó en vilo, reflexionó un instante y echó a andar, mirando fijamente al frente.

—¿Qué haces? —preguntó ella con voz apagada.

—Escapar de mis enemigos —respondió Ruiz, sin mirar a su preciosa carga.

—¿Conmigo? —suspiró apenada la muchacha.

—Siempre contigo —contestó él—. Tú eres mi fuerza.

Y para confirmar sus palabras, la estrechó contra él. Su rostro era serio y caminaba deprisa. Los incendios que asolaban las derruidas aldeas cubrían la llanura de rojizas hogueras, y el eco lejano de los lamentos, unido a los gritos de «¡Misericordia! ¡Misericordia!», conformaban un zumbido desolador para sus oídos. Gaspar siguió su rápida marcha, solemne y ensimismado, como si transportase algo santo, frágil y precioso. Mientras, la tierra temblaba bajo sus pies.

9

Con movimientos mecánicos y aire de abstracción, el anciano general Santierra encendió un cigarro largo y delgado.

—Pasaron muchas horas hasta que pudimos enviar fuerzas al barranco —explicó a sus oyentes—. Una tercera parte de la ciudad estaba en ruinas y el resto muy deteriorado, como sus habitantes, ricos y pobres, reducidos al mismo estado de calamidad. La fingida despreocupación de algunos contrastaba con la desesperación de la mayoría. En la confusión general, las bandas de ladrones, incansables, sin temor a Dios ni a los hombres, constituían un peligro para quienes, tras el derrumbamiento de sus casas, tuvieron la suerte de salvar algunos objetos de valor. Estos desalmados gritaban «¡Misericordia!» más alto que nadie al menor temblor de tierra y se daban golpes de pecho con una mano, mientras con la otra robaban a sus víctimas, sin reparar en medios, incluido el asesinato.

La división del general Robles fue destinada a guardar los barrios destruidos del pillaje de aquellos monstruos inhumanos. Ocupado en mis obligaciones de ayudante, sólo a la mañana siguiente me fue posible atender a mi propia familia. Mi madre y hermanas habían escapado con vida de la recepción donde las había dejado. Recuerdo a sus hermosas muchachas, que en paz descansen, como si las estuviera viendo. Las mujeres de mi familia, pálidas pero activas, con los vestidos de baile sucios y el pelo aún empolvado, se hallaban en el jardín de nuestra devastada casa asistiendo a los vecinos heridos. Mi madre guardaba un alma estoica en un cuerpo frágil y, envuelta en su lujoso chal, descansaba en un banco rústico junto al pilón monumental de una fuente que aquella noche había cesado de correr.

Apenas tuve tiempo de abrazarlas con el detenimiento que exigía mi alegría, porque de inmediato mi jefe me envió al barranco con un pelotón de soldados para recoger al hombretón, como le llamaba, y a la pálida muchacha. Pero no encontramos a ninguno de los dos. Un movimiento de tierras había cubierto las ruinas de la casa y sólo vimos un gran montón de escombros del que sobresalían varios maderos... nada más.

Con esto terminaron las tribulaciones de la pareja de viejos realistas. Su hija había desaparecido.

Que Gaspar Ruiz se la llevó lo comprendí enseguida; pero como el caso no estaba previsto, carecía de instrucciones para perseguirles. Tampoco deseaba hacerlo; cualquier intervención en el asunto, lejos de resultar afortunada, bien podría inspirar desconfianza. ¿Gaspar había huido? Poco me importaba. ¿Qué le acompañaba la muchacha realista? ¡Miel sobre hojuelas! *¡Vayan con Dios!* No nos sobraba tiempo para ocuparnos de un desertor que justa o injustamente debía estar muerto, y de una mujer que mejor no hubiera nacido nunca.

Regresé con mi gente a la capital. Días después, ya restablecido el orden, las principales familias, también la mía, se trasladaron a Santiago. Nosotros teníamos allí una buena casa. Por pura coincidencia, además, la división del general Robles quedó destinada en un cantón próximo a la capital. La orden convenía sobremanera a mis intereses amorosos y domésticos.

Una noche, ya tarde, me llamó mi jefe. Encontré a Robles en su despacho y a sus anchas, en mangas de camisa, bebiendo aguardiente puro en un vaso de agua, como prescripción, según solía decir, contra el insomnio producido por las picaduras de mosquitos. Era un buen soldado, que me enseñó el arte y los secretos de la guerra. Sin duda Dios le habrá perdonado, porque, a pesar de su irascible carácter, siempre le impulsó el patriotismo. Sobre las picaduras, debo añadir que el uso de las mosquiteras le parecía vergonzoso, afeminado e indigno de un militar.

Observé, a la primera ojeada, que en su rostro, ya de por sí colérico, se pintaba el malhumor.

—¡Ah, *señor teniente!* —gritó, al verme cuadrado en la puerta—. ¡Adelante! Ese dichoso mozarrón, el gigante, ha reaparecido.

Me tendió una carta doblada, dirigida al «excelentísimo señor general en jefe de los Ejércitos Republicanos».

—Este sobre —continuó el general Robles alzando la voz— ha sido entregado por un muchacho, en propia mano, a un centinela que embobado, quizá pensando en la novia, no agarró al pillastre de una oreja y le dejó escapar entre el gentío del mercado, y ahora jura y perjura que no lo reconocería aunque le fuera en ello la vida.

Mi jefe me explicó que el soldado había entregado la carta al sargento de guardia y que éste la llevó al generalísimo. Su excelencia, tras dignarse a leerla personalmente, consideró prudente tratar su contenido con el general Robles.

La carta, señores, no la recuerdo textualmente; pero llevaba la firma de Gaspar Ruiz. Un tipo audaz que había sabido formarse un espíritu nuevo en medio de la catástrofe. Aquella nueva personalidad le había dictado los términos de su escrito. El tono sorprendía por su gravedad y nobleza. Creí sinceramente que la misiva era obra suya. Ahora me estremezco ante la dimensión de la mentira. Gaspar Ruiz se lamentaba de la injusticia de que era víctima, e invocaba la fidelidad y el valor de su conducta anterior. Añadía que, salvado de la muerte por la milagrosa intercesión de la Providencia sólo ansiaba recuperar su situación y, sobre todo, prestar servicios útiles, no de soldado raso, mal considerado por jefes y compañeros, sino en puestos donde se probase su lealtad. Tenía medios para demostrarla plenamente. A fin de exponerlos, proponía al general en jefe una entrevista a media noche en el centro de la *Plaza de la Moneda.* La señal sería encender lumbre con yesca y pedernal tres veces: esto no llamaría la atención y tampoco daría lugar a confusiones.

San Martín, el gran Libertador, sentía preferencia por los hombres audaces y valientes, y tenía de natural un corazón compasivo y justo. Le conté cuanto sabía del extraño sujeto y me ordenó que le acompañara a la cita. Se intercambiaron las señas convenidas. A media noche, cuando la ciudad dormía silenciosa sumida en las tinieblas, las dos figuras, embozadas en capas, se juntaron en el centro de la ancha plaza, y yo, a discreta distancia, oí durante más de una hora el rumor de la charla. Luego el general me indicó que me acercara; obedecí, y me enteré de que San Martín, siempre afable y de trato llano, ofrecía a Gaspar Ruiz alojamiento en el Gobierno Militar. El soldado rehusó, aduciendo que no merecía tal distinción hasta que se le probara.

—No debe usted ofrecer cobijo a un desertor, excelencia —añadió, entre risas quedas; y, retrocediendo, se hundió lentamente en la oscuridad.

Entonces el general San Martín comentó:

—A nuestro amigo Ruiz le acompaña alguien. Me ha parecido distinguir fugazmente un bulto a su lado y, si es así, se trata de un testigo inoportuno.

Yo también había vislumbrado otra figura junto a la ya desvanecida silueta de Gaspar Ruiz: un individuo bajo, cubierto con un poncho y un gran sombrero, y me puse a meditar neciamente quién sería esa persona tan relacionada con el soldado. ¡Mas quién, sino la fatal muchacha!

Ignoro dónde consiguió ocultarla, pero luego supe que tenía un tío, dueño de una tiendecita en Santiago. Quizá allí encontró ella techo y sustento. De todas formas, era lo bastante pobre para que la situación exasperara su orgullo avivando su ira y rencor, y si la joven no le acompañó en su hazaña, le indujo a realizarla.

Se trataba nada menos que de la destrucción de un polvorín formado secretamente por las autoridades españolas en una ciudad del Sur llamada Linares. A Gaspar Ruiz se le confió únicamente el mando de una escasa partida; pero demostraron con creces merecer la confianza del ilustre general San Martín. La estación no era propicia, y tuvieron que atravesar ríos desbordados, galopar día y noche, adelantarse a las noticias de sus correrías, para lanzarse directos contra el objetivo, a través de cien millas de territorio enemigo, de modo que al apuntar el alba cayeron sobre él espada en mano, sorprendiendo a la reducida guarnición, que huyó sin la menor resistencia, dejando a casi todos sus oficiales en poder de Gaspar.

La explosión del polvorín puso término al incendio de los almacenes, provocado sin pérdida de tiempo por los audaces republicanos. En menos de seis horas regresaron al punto de partida, a la misma loca velocidad y sin una baja. Aunque el grupo estuviera integrado por los mejores soldados del ejército, tal proeza no se podía realizar sin un jefe aún mejor.

Estábamos comiendo en el cuartel general, cuando el mismo Gaspar Ruiz llegó con la nueva de su triunfo, que significaba un terrible golpe para las tropas realistas. Como prueba presentó la bandera de la guarnición, sacándola de entre su poncho y extendiéndola sobre la mesa. Gaspar se hallaba transfigurado, y había algo de regocijante y amenazador en la expresión de su rostro. Permaneció en pie detrás de la silla del general San Martín, mirándonos a todos con altivez. Llevaba en la cabeza una gorra redonda, azul, con trencilla de plata. Una larga cicatriz blanca rayaba su nuca, tostada por el sol.

Alguien le preguntó qué había ocurrido con los españoles capturados.

Él se encogió de hombros con indiferencia:

—¡Qué pregunta! —exclamó—. En estas operaciones no se toman prisioneros. Los dejé marchar, y aquí están los fiadores de sus espadas.

Y depositó en la mesa, sobre la bandera, un puñado de ellos. Entonces el general Robles dijo, con voz áspera y recia:

—¡Cómo! Es usted quien demuestra ignorar cómo se combate en una guerra de independencia, mi valiente amigo. Créame, debió usted... —y se pasó la mano de canto por el pescuezo.

¡Ah *señores!* Cuán cierto es que ambos contendientes, igualmente heroicos, se prodigaron durante la revolución idéntica ferocidad. Los murmullos que produjo la interrupción del sanguinario Robles no fueron unánimes. Así, el generoso y bravo San Martín alabó tan humana conducta e indicó a Ruiz un sitio a su derecha.

Luego, levantándose con la copa en la mano, propuso un brindis:

—*Caballeros* y compañeros de armas, bebamos a la salud del capitán Gaspar Ruiz.

Una vez vaciadas las copas, agregó:

—Pienso confiarle la vigilancia de la frontera meridional, mientras nosotros libertamos a nuestros hermanos del Perú. Quien ha sido capaz de asestar tan certero golpe en el corazón del enemigo, sabrá proteger las poblaciones pacíficas que quedan a nuestras espaldas en tanto cumplimos nuestra sagrada misión.

Y abrazó silencioso a Gaspar, que estaba a su lado.

Más tarde, al levantarnos de la mesa, me acerqué al oficial más reciente del ejército para felicitarle.

—Capitán Ruiz —le dije—, ¿podría explicar, a quien siempre ha defendido la rectitud de su carácter, qué le sucedió a doña Herminia la noche de la catástrofe?

Ante tal amistosa pregunta, cambió de actitud y me miró con los ojos entornados, agresivo y nervioso.

—*Señor teniente* —contestó con flema, como si callara un secreto—, no me hable de esa señorita, porque prefiero no mencionarla entre ustedes.

Frunció el ceño y echó una ojeada a toda la estancia, llena de humo y de animación. Naturalmente, no insistí. Estas fueron, *señores,* las últimas palabras que le oí pronunciar en mucho tiempo. Al día siguiente nos embarcamos para la atrevida expedición al Perú, y sólo a medias nos enteramos de las fechorías de Gaspar Ruiz en el fragor de las batallas que reñíamos.

Le habían nombrado guardián militar de nuestra provincia más sureña y mandaba una numerosa *partida;* pero su indulgencia con los sometidos disgustó al gobernador civil, que era un hombre serio, inquieto y en extremo suspicaz. El gobernador informó desfavorablemente al Gobierno superior: decía que Gaspar Ruiz se había casado públicamente y con gran pompa con una mujer realista. Pronto surgieron desavenencias entre aquellos hombres tan opuestos; por fin, el gobernador civil comenzó a quejarse de su inactividad, y a tacharle de traidor, cosa no muy extraña —según escribió— en un individuo de sus antecedentes. Gaspar Ruiz advirtió la trama y estalló en él la rabia, estimulada por los pérfidos consejos de su mujer, maestra en este arte, que siempre permanecía a su lado. Ignoro si el gobernador dio orden de prenderle, como alegó después Gaspar Ruiz; pero está comprobado que el gobernador civil se puso al habla con sus oficiales y que Gaspar descubrió la maniobra.

Una tarde, mientras el gobernador se hallaba en su *tertulia,* Gaspar Ruiz, seguido de seis leales, entró a caballo en la ciudad, se presentó frente al Palacio de Gobierno y penetró en el salón, armado y con el sombrero puesto. Cuando el gobernador se adelantó hacia él para exigirle explicaciones, Gaspar agarró al pobre hombre por la cintura y, cual si fuera un niño, lo sacó en vilo de entre sus asombrados contertulios y lo arrojó a la calle contra las gradas del edificio. Un arrebato colérico de Gaspar habría bastado para acabar con la vida de un gigante; pero entonces, y por añadidura, los secuaces de Gaspar descargaron sus pistolas sobre el cuerpo del gobernador, que perdió la vida al pie de la escalera.

10

Después de esta, así la llamó, acción justiciera, Ruiz cruzó el río Blanco, seguido por casi toda la banda y se atrincheró en un cerro. Una compañía de tropas regulares, enviada imprudentemente contra los rebeldes, fue aniquilada hasta el último hombre, y otras expediciones, mejor organizadas, corrieron la misma suerte.

En aquellas sangrientas escaramuzas se vio, por primera vez, a la mujer del cabecilla cabalgando junto a él. Alentado y envanecido por sus triunfos, Ruiz se abstenía de cargar a la cabeza de su *partida* y, como un general que dirigiera su ejército, permanecía a retaguardia, montado a caballo, impartiendo órdenes desde un montículo. Ella solía acompañar a su marido durante los combates, y se la tuvo por hombre bastante tiempo. Mucho se habló entonces del misterioso jefe de cara pálida, a quien atribuían las derrotas de nuestras armas. Montaba como las indias, a horcajadas, y usaba un poncho pardo y un sombrero masculino de alas negras. Luego, en la época de mayor prosperidad, trocó aquel tosco poncho por otro con bordados de oro y ciñó al cinto la espada del pobre don Antonio de Leyva.

Este veterano oficial chileno fue cercado con su pequeña fuerza y, falto de municiones, halló la muerte a manos de los indios araucanos, aliados de Gaspar Ruiz. Al fatal suceso se le recuerda aún con el nombre de «Matanza de la Isla». La espada del desventurado oficial pasó a manos de doña Herminia, a quien se la entregó Peneleo, el caudillo araucano; pues los indios, sorprendidos por su aspecto y la mortal palidez de su rostro, inalterable aunque permaneciera meses a la intemperie, así como por su serena indiferencia en el combate, la consideraban un ser sobrenatural o, por lo menos, como una bruja. Esta superstición aumentó, entre los ignorantes indígenas, el prestigio de Gaspar.

Ella debió paladear plenamente el placer de la venganza el día en que se ciñó la espada de don Antonio de Leyva, de la que jamás se desprendía, salvo cuando vestía ropa de mujer; y no porque se sirviera del arma, sino porque le gustaba sentir cómo le golpeaba el muslo este recuerdo y símbolo constante de la deshonra del ejército republicano. Era insaciable y, por otra parte, ya no cabía detenerse en el camino por donde había empujado a Gaspar Ruiz. Los prisioneros evadidos —muy pocos, por cierto— solían referir cómo con unas cuantas palabras al oído lograba cambiar la expresión de su marido y reavivar su encono vacilante. También contaban que, al término de cada refriega, de cada emboscada, de cada éxito, él corría hacia ella y la miraba fijamente a los ojos. Nunca la abandonaba su fría altivez. Creo, señores, que su abrazo resultaría tan gélido como el de una estatua, aunque Gaspar intentara derretir aquel corazón de hielo con una corriente de sangre cálida. Algunos oficiales de la Marina inglesa que le visitaron por entonces observaron el extraño carácter de su enamoramiento.

Ante el movimiento de sorpresa y curiosidad producido en el auditorio, el general Santierra hizo una breve pausa.

—Sí: oficiales de la Marina inglesa —repitió—. Ruiz los recibió para negociar la libertad de algunos prisioneros de su nacionalidad. En el territorio donde acampaba, desde la costa a la *cordillera,* se abre una bahía en la que antiguamente los buques, después de doblar el cabo de Hornos, solían fondear para proveerse de agua y madera. Allí, atrayendo a la tripulación a tierra firme, se apoderó primero del barco ballenero «Hersalia», y después de dos buques, uno inglés y otro norteamericano. Entonces se dijo que pensaba crear una escuadra propia, pero eso era imposible. Sin embargo, manteniendo en el bergantín a gran parte de la tripulación original, embarcó en él a personas de su confianza para enviarles al gobernador español de la isla de Chiloé con un informe sobre sus hazañas y una petición de auxilio para proseguir la lucha. Poco pudo hacer el gobernador; pero les entregó dos piezas de artillería ligera, una carta muy laudatoria, un nombramiento de coronel de las fuerzas reales y una gran bandera de España, enseña que fue izada con extraordinaria solemnidad en la casa de Gaspar, en pleno corazón del país araucano. Seguramente aquel día la dama española trató al guaso de su marido con menos altiva reserva.

El comandante en jefe de la escuadrilla naval británica acudió al Gobierno de Chile para protestar contra estos actos de piratería, pero Gaspar Ruiz se negó a tratar con nosotros. Por esta razón arribó a la bahía la fragata inglesa, y su capitán, el médico y dos tenientes se internaron en el país con un salvoconducto. Les recibieron bien, y durante tres días fueron huéspedes del airado guerrillero. En su residencia reinaba una especie de estado militar bárbaro, y se hallaba engalanada con el botín tomado de las ciudades fronterizas. Cuando les condujeron al salón principal, vieron a la esposa de Ruiz tendida en un lecho, enferma al parecer, y a Gaspar sentado a sus pies. Tenía el sombrero en el suelo y las manos en el puño de la espada.

En el transcurso de la primera entrevista no quitó las manazas del pomo, salvo una vez para arreglar las sábanas a la enferma con suaves y delicados modales. Los marinos repararon en que, cuando hablaba, él fijaba los ojos en el rostro de su amada con una especie de atención anhelante, como si olvidara el resto del mundo y hasta su misma persona. En el banquete de despedida, al que asistió la española instalada en un sillón, Ruiz protestó con vehemencia contra el trato que había sufrido. Dijo que, desde la marcha del general San Martín, le habían acosado los peores espías y calumniado los funcionarios civiles; se ignoraron sus servicios y le atropellaron en su libertad y su vida por obra del Gobierno de Chile. Se levantó de la mesa, prorrumpió en maldiciones paseando por el aposento como una fiera, y luego se sentó a los pies de su mujer, respirando con fuerza y con los ojos clavados en el suelo. Ella permaneció con los párpados entornados y la cabeza reclinada indolentemente sobre unos almohadones.

—Ahora soy un honrado oficial español —silabeó Gaspar.

El capitán inglés aprovechó la oportunidad para informarle de la caída de Lima y cómo los españoles se retiraban de todo el continente. Gaspar Ruiz alzó la cabeza y, con contenida excitación, declaró que, aunque no quedara un solo español en toda Sudamérica, él seguiría desafiando a Chile hasta derramar la última gota de sangre. Al terminar el exaltado discurso, Herminia levantó una mano, blanca y fina, y con la punta de los dedos acarició levemente la rodilla del guerrillero.

En el resto de la visita, que no se prolongó más de media hora, el frenético jefe de la desesperada *partida* colmó a los oficiales de amabilidades y finezas. Se había mostrado hospitalario con ellos desde el principio, pero entonces no parecía sino que deseaba extremar sus halagos antes de que regresaran a bordo. ¡Qué contraste con su primera violencia y la taciturnidad habitual de su conducta! Como hombre demasiado engreído por alguna dicha inesperada, les prodigó sin recato las atenciones y muestras de su buena voluntad. Abrazó a los marinos casi con lágrimas en los ojos y obsequió a los prisioneros libertados con monedas de oro.

En el último instante y de improviso, manifestó que había decidido devolver a los dueños del buque mercante todos sus efectos personales. Tan repentina generosidad retrasó la marcha de los extranjeros que se vieron obligados a acampar por los alrededores.

Ya anochecido, Gaspar Ruiz se presentó con escolta en el campamento llevando consigo una mula cargada de cubas de vino. «Vengo —exclamó— a beber una copa de despedida con mis amigos ingleses, a quienes no volveré a ver». Se hallaba contento y hablador; refirió la historia de sus propias hazañas, se rió como un chiquillo, y pidiendo prestada una guitarra al mayoral de los muleros, sentado sobre su lujoso poncho extendido ante el resplandor de las ascuas, cantó una tierna canción de amor guaso con profundo sentimiento. Luego dejó caer la cabeza sobre el pecho, apoyó las manos en el suelo, abandonó la guitarra sobre sus rodillas, y un profundo silencio reinó en el campamento tras la canción de amor del implacable guerrillero, autor de la destrucción de tantos hogares y del aniquilamiento de tantos amores.

Antes de que nadie dijera una palabra, se puso en pie y pidió su caballo.

—*Adiós,* amigos míos... ¡Vayan con Dios! Sepan que les aprecio, y digan en Santiago que entre Gaspar Ruiz, coronel del rey de

España, y la gentuza repugnante del Chile republicano, habrá siempre guerra sin cuartel. ¡Guerra! ¡Guerra! ¡Guerra!

Con un alarido frenético repitió su escolta el triple grito, y a continuación se alejaron.

Los dos jóvenes oficiales ingleses quedaron convencidos de que Ruiz estaba loco. ¿Cómo dicen ustedes? «Con las tejas sueltas», *¿eh?* Pero el doctor, un escocés observador, muy perspicaz y aficionado a la filosofía, me dijo que se trataba de un caso curioso de posesión. Le encontré de nuevo muchos años después y todavía se acordaba. A su juicio, aquella mujer no inducía en Gaspar Ruiz la ejecución de aquellos planes sangrientos por persuasión directa, sino por un medio sutil que consistía en despertar y mantener vivo en su alma sencilla el sentido ardiente de un irreparable error. ¡Tal vez sea cierto!, aunque más bien creo que ella infundió la mitad de su espíritu vengativo en el duro barro de aquel hombre como se vierte un narcótico, la locura o el veneno en una copa vacía.

Si él quería guerra, la tuvo con creces cuando nuestras tropas, victoriosas, comenzaron a regresar del Perú. Pronto se iniciaron operaciones sistemáticas contra el causante de tal afrenta al honor y prosperidad de nuestra recién estrenada independencia. El general Robles las dirigió con su rudeza habitual; también por la otra parte se combatió con saña y atroz encarnizamiento. Yo era entonces capitán de Estado Mayor, grado que alcancé en la campaña del Perú.

Gaspar Ruiz se vio enseguida seriamente acorralado. Por un sacerdote fugitivo, a quien raptaron de su parroquia rural y obligaron a galopar ochenta millas entre riscos para intervenir en la ceremonia del bautizo, supimos que Herminia le había dado una hija. Para celebrar el acontecimiento, Ruiz ejecutó dos audaces golpes de mano a retaguardia de nuestra columna y derrotó a los destacamentos encargados de cortarle la retirada. Al general Robles la rabia casi le produjo una apoplejía. Halló otro motivo de insomnio, distinto a las picaduras de mosquitos; pero aquella vez, señores, los vasos de aguardiente puro sirvieron de tan poca cosa como los de agua. Sólo pudo desfogarse conmigo reprendiéndome e insultándome por culpa del hombretón. Tenía razón: impacientes por terminar una campaña sin gloria, los oficiales jóvenes nos volvimos excesivamente atrevidos y dispuestos a correr riesgos innecesarios para el servicio.

No obstante, con lentitud, palmo a palmo, nuestras columnas fueron cercando a Gaspar Ruiz, aunque éste había conseguido sublevar a los indios araucanos contra nosotros. Al cabo de un año, o poco más, el Gobierno supo por sus espías que Ruiz acababa de pactar una alianza con Carreras, el dictador de la denominada República de Mendoza, instaurada al otro lado de los Andes. No sé si Gaspar Ruiz obró así por una profunda intención política o sólo por proporcionar a su esposa e hija un retiro seguro, mientras él continuaba sin remordimientos su guerra de emboscadas y matanzas. La alianza, sin embargo, fue un hecho. El jefe guerrillero, derrotado en su intento de detener nuestro avance, se retiró con su peculiar rapidez y, preparándose para otro asalto tan temerario como peligroso, envió a su familia a La Pequeña, la sierra abrupta que marcaba la frontera con Mendoza.

11

Carreras, bajo el disfraz del liberalismo, era un bribón de la peor calaña, y el desgraciado Estado de Mendoza constituía el santuario de los ladrones, salteadores y asesinos que formaban el partido del dictador. Éste, con su apariencia de persona noble, carecía de honor, compasión y conciencia, y únicamente aspiraba a ser un tirano, por lo cual se comprenderá que, aunque se valió de Gaspar Ruiz para sus aviesos propósitos, pronto calculó que le convenía más entrar en tratos con el Gobierno chileno. Yo, señores, me avergüenzo de confesar que propuso a nuestros gobernantes entregarles, en ciertas condiciones, a los familiares del hombre que confió en su palabra, y que el ofrecimiento fue aceptado.

La villanía se cumplió; la esposa de Ruiz, en viaje de Mendoza a Sierra Pequeña, fue entregada por los secuaces de Carreras al comandante de un fuerte chileno del llano, al pie de la *cordillera* principal. Esta transacción pudo costarme cara, pues cuando Ruiz recibió la noticia yo era su prisionero. Los indios me habían capturado en un reconocimiento, tras matar a lanzadas a los escasos soldados que me acompañaban. Me libré de la misma suerte porque Gaspar me reconoció a tiempo, pero no las tenía todas conmigo. Sin embargo, el gigante se portó como un caballero pues, según dijo, yo siempre había creído en su inocencia y le había auxiliado cuando era víctima de la injusticia.

—Ahora comprobarás —añadió sin más comentarios— cómo cumplo mi palabra: quedas libre.

Pese a todo, no me sentí precisamente tranquilo, ni mucho menos, cuando esa misma noche reclamó mi presencia. Le encontré paseando como bestia enjaulada y gritando: ¡Traición! ¡Traición!

Al verme se acercó con los puños cerrados.

—Puedo cortarte el cuello.

—¿Te devolvería eso a tu mujer? —le contesté con toda la calma que logré reunir.

—¿Y la niña? —vociferó como un demente.

Luego se desplomó sobre un sillón, riendo siniestramente.

—¡Pero no temas! Puedes irte cuando quieras.

Le aseguré que su esposa no corría peligro, aunque me reservé decirle que jamás la volvería a ver. Quería luchar hasta la muerte, y ambos sabíamos que sólo así terminaría la guerra.

Me lanzó una extraña mirada y añadió tartamudeando:

—¡No puedo aceptar que vivan en poder de esa gente!

Yo seguí interpretando mi papel de ratón delante de un gato. Ante mi actitud, él se levantó impetuoso:

—¿Qué hago aquí? —exclamó. Y abriendo la puerta dio orden de ensillar—. ¡Vamos! El fuerte de Sierra Pequeña es de madera. ¡Nada podrá detenerme! La sacaré de sus garras aunque la escondan en el corazón de la montaña —y con terrible esfuerzo agregó—: La llevé en mis brazos cuando la tierra temblaba. ¡Y la niña sí es mía! ¡La niña, por lo menos, es mía!

Aquellas frases me sonaron extrañas, pero la ocasión no parecía oportuna para demostrar asombro.

—Vendrás conmigo —dijo violentamente—. Quiero parlamentar, y a cualquier otro mensajero de Ruiz, el forajido, le cortarían la cabeza sin remisión.

Estaba en lo cierto. Entre él y el resto de la humanidad no había enlace, según las costumbres de cualquier combate planteado de forma honrada y generosa. En menos de media hora estuvimos a caballo y galopamos alocadamente toda la noche. Sólo contaba con veinte hombres; pero no quiso demorar más la salida y se limitó a mandar emisarios a Peneleo, el jefe de los indios, establecidos entonces en las colinas, para que acudiera a reunirse con él en el lago Ojo de Agua, a cuyas orillas se erigía el fuerte fronterizo de Sierra Pequeña.

Cruzamos las tierras bajas con aquella ligereza que hizo famosas las correrías de Ruiz, y de los valles inferiores ascendimos a las escarpadas cimas. La expedición no careció de peligros. Un sendero de cornisa, practicado en un muro de basalto casi perpendicular, serpenteaba alrededor de una estribación rocosa, y, siguiéndolo, salimos de las negruras de una honda sima a la planicie de la Sierra Pequeña: una llanura de fina hierba verde y arbustos de menudas flores, aunque por encima de nuestras cabezas abundaban las manchas de nieve en las vastas paredes rocosas. El lago era, en efecto, tan redondo como un ojo muy abierto. La guarnición del fuerte apacentaba un rebaño cuando nos presentamos. Las grandes puertas de madera oscilaron, y el recinto, de ennegrecidas estacas puntiagudas que apenas cubrían las techumbres de las chozas del interior, pareció tan vacío como un buque fantasma. Pero cuando se les conminó a rendirse, por un hombre a quien Gaspar mandó que avanzara sin temor, los del fuerte contestaron con una descarga que derribó al heraldo y a su caballo sobre el jinete. Oí cómo Gaspar rechinaba los dientes junto a mí.

—No importa —dijo—. Ahora ve tú.

Pese a mi andrajoso y raído uniforme, los del fuerte me reconocieron, permitiendo que me acercase hasta casi el pie de la empalizada. Sólo me detuve cuando, desde una tronera, surgió una voz llena de regocijo y sorpresa que me impidió pronunciar una sola frase. Pertenecía al mayor Pajol, antiguo amigo mío quien, como mis otros camaradas, me daba por muerto.

—Mete espuelas a tu caballo, chico —gritó—, y te abriremos la puerta.

Yo solté las bridas de la mano y moví la cabeza.

—He dado mi palabra.

—¿A él? —arguyó con infinito disgusto.

—Me ha perdonado la vida.

—Sea como fuere, Santierra, ¿vienes a decir que nos rindamos a ese *rastrero?*

—No —exclamé—. Pero reclama la libertad de su esposa e hija y puede cortaros el agua.

—En tal caso, ellas serán las primeras en sufrirlo. Díselo. Además, basta de tonterías; haremos una salida y te rescataremos.

—Pero no vivo —contesté con firmeza.

—*¡Imbécil!*

—Por Dios —añadí con ardor—. No abráis la puerta.

Y señalé a los indios de Peneleo que cubrían las orillas del lago. Nunca había visto tantos salvajes juntos. Sus lanzas me parecían tan numerosas como las hierbas, y sus roncos clamores recordaban el murmullo sordo del mar.

Mi amigo Pajol juraba y me maldecía.

—Bueno, pues que el diablo cargue contigo —replicó molesto.

Pero en cuanto di media vuelta se arrepintió y le oí gritar a todo pulmón:

—Tirad a las patas de su caballo, para que no se vaya ese loco.

Contaba con tiradores diestros. Sonaron dos disparos, y en el preciso momento de picar espuelas, mi montura se tambaleó y cayó como fulminada por el rayo. Me desembaracé de los estribos y rodé por tierra, al lado de la desplomada bestia, pero no intenté levantarme.

Las masas de indios comenzaron a marchar contra el fuerte, en escuadrones, cabalgando lentamente y blandiendo sus largos *chuzos*. Luego se apearon fuera del alcance de los fusiles, y dejando sus capotes de piel, se lanzaron desnudos al ataque, pisando con furia y voceando rítmicamente. Tres sucesivas ráfagas de fuego no pudieron detener el veloz empuje de los asaltantes. Los araucanos embestían tiesos como palos con sus anchos cuchillos; pero la empalizada no estaba sujeta con tiras de cuero, según la costumbre, sino con fuertes garfios de hierro que no pudieron cortar. Desalentados por el fracaso de su método habitual para forzar una entrada, los idólatras, que habían resistido con incomparable brío el fuego de la fusilería, cedieron y se pusieron en fuga bajo las descargas de los sitiados.

Al huir me dejaron atrás. Entonces me levanté y fui a reunirme con Gaspar Ruiz en un altozano. La fusilería de su grupo había cubierto a los atacantes; mas a una señal del jefe guerrillero, una corneta tocó: «¡Alto el fuego!». Ambos contemplamos en silencio la irremediable derrota de los salvajes.

—Tendremos que sitiarles —masculló. Y le sorprendí retorciéndose las manos desesperado. Pues el bloqueo completo resultaba una ilusión. Sin necesidad de que le transmitiera el mensaje de mi amigo, él ya sabía que nunca ordenaría privar de agua a los asediados, cuyos víveres eran abundantes. Y si les hubiera faltado, no habría vacilado en facilitárselos por encima de la empalizada; pero, al contrario, éramos los del llano quienes sentíamos las primeras molestias del hambre.

Peneleo, el jefe indio, acuclillado junto a la lumbre, envuelto en su amplio capote de piel de guanaco, afirmaba, en mal español, gruñendo como un animal montés hambriento que, si lograban abrir una brecha, por pequeña que fuera, su gente penetraría y salvaría a la *señora,* pero que de otra manera resultaría imposible. Era un salvaje atlético, de enorme cabeza cuadrada y melenuda como una colmena de paja.

Gaspar Ruiz, sentado en completa inmovilidad, no separaba la vista del fuerte, como si en vez de noche fuese un día claro. Más tarde nos enteramos del descalabro de uno de sus lugartenientes en el valle de Maipú. Otros observadores anunciaron que una columna de infantería venía por los lejanos desfiladeros en socorro del fuerte. Marchaba con lentitud, y conocíamos sus penosos progresos en los valles. Me sorprendió que Ruiz no ordenara atacar a tan amenazadora fuerza en alguna hondonada propicia para un golpe de mano en los que son maestros los guerrilleros. ¡Ay! Su acometividad genial había dejado paso a la más negra desesperación.

Para mí era indudable que no podía apartarse de la vista del fuerte, y les aseguro, señores, que casi me apenaba el espectáculo de aquel pobre hombre, fuerte sobre toda ponderación, sentado en una loma, insensible al sol, la lluvia, el frío y el viento, abrazándose las rodillas con ambas manos, la cara apoyada en ellas, mirando, mirando, mirando...

La fortaleza le tenía fascinado, a pesar de la tranquilidad y el sosiego que en ella reinaban. La guarnición parecía muerta, y ni siquiera contestaba al fuego intermitente dirigido a sus troneras. Una noche, al pasar a su lado, me dirigió de improviso la palabra, sin cambiar de actitud.

—He mandado traer un cañón —me dijo—. Así tendré tiempo para rescatar a Herminia y a la niña y retirarme antes de que Robles se encarame hasta aquí.

En efecto, había pedido un cañón a los rebeldes de la llanura. Tardó en venir, pero, al fin llegó. Era un pesado cañón de campaña que, desmontado y sujeto con correas a dos largos palos, había sido transportado por angostas veredas entre dos mulas. Aún suena en mis oídos el vibrante grito de júbilo de Gaspar cuando, al rayar el alba, vio a la escolta de la pieza aparecer en el valle. Pero, *señores,* no tengo palabras para describir su sorpresa, su furia, su espantosa desesperación, cuando supo que el animal cargado con la cureña se había despeñado la última noche. En qué barranqueras, sólo Dios lo sabía. Prorrumpió en amenazas de muerte contra la escolta. Aquel día me aparté de su camino, escondido tras un matorral, pensando en lo que tendría en proyecto. Retirarse era un recurso, pero él no podía planteárselo siquiera. Vi cómo Jorge, su artillero, un veterano soldado español, construía una especie de armazón con sillas de montar apiladas. El cañón, ya cargado, fue dispuesto encima, mas al disparar, el artificio se derrumbó y el obús pasó a muchos metros sobre la empalizada.

No intentaron nada más. También se había perdido una de las mulas que transportaba municiones y sólo disponían de seis disparos, los suficientes para echar abajo la puerta si el cañón se hubiera montado adecuadamente. Pero faltaban tiempo y medios para construir una cureña: yo esperaba que en cualquier momento se escucharan las cornetas de Robles resonando por los barrancos.

Peneleo, que deambulaba de aquí para allá envuelto en sus pieles, se sentó un instante cerca de mí con su cantinela de siempre:

—¡Haced una *entrada!* Si abren un agujero, *bueno.* Si no lo abren, nos *vamos.*

Al anochecer observé con sorpresa que los indios se preparaban para otro asalto y se situaban en filas al amparo de los montes. En la llanura, frente a la puerta del fuerte, distinguí otro grupo que se movía sigilosamente entre la oscuridad. Descendí de la loma. La luz de la luna, en el aire limpio de las alturas, brillaba como la del día, pero las densas sombras me ofuscaban la vista y no pude entrever los manejos del grupo. Hasta mí llegó la voz de Jorge, el artillero, diciendo con tono de duda:

—Ya está cargado, señor.

Entonces, otra voz en el pelotón pronunció con firmeza la siguiente frase:

—Traed la *reata.*

Pertenecía a Gaspar Ruiz.

Hubo un profundo silencio, turbado apenas por los secos disparos de la cercana guarnición que también había reparado en el grupo. Mas la distancia era demasiado grande; y bajo la lluvia de balas muertas que barrían el suelo, pude ver en medio de la misteriosa reunión, ensanchándose, apretándose y uniéndose de distintas maneras, a un par de erguidas y atareadas figuras. Me aproximé a ellas con cautela, dudando de si aquello era una visión mágica o un sueño insensato.

Una voz extrañamente ahogada preguntó:

—¿Están tensas las amarras?

—*¡Sí, señor!* —respondieron a coro los aludidos con fanático entusiasmo.

Tras lo cual la voz sofocada declaró:

—Mejor. Me gustaría poder respirar.

Y sus palabras quedaron rubricadas con el murmullo propio de las turbas inquietas.

—Ayúdenle, *hombres.* Pronto. ¡Debajo del otro brazo!

Luego la voz, amortiguada, añadió:

—*¡Bueno!* Alejaos de mí, muchachos.

Me acerqué, deslizándome entre el apretado círculo, y volví a oír la voz angustiada:

—Jorge, olvida de que soy un hombre. Olvídame por completo y atiende sólo a tu cometido.

—No tema, señor. Para mí, usted es sólo la cureña del cañón y no malgastaré ni un disparo.

Escuché los chasquidos del botafuego y olí el salitre de la mecha. De pronto vislumbré ante mí un bulto indescriptible; una persona a cuatro patas, como una bestia con cabeza de hombre, agachada debajo de un objeto tubular que se apoyaba en su nuca, y el fulgor de una masa redonda de bronce izada sobre la espalda de un hércules.

Frente al silencioso semicírculo, Gaspar mantuvo su postura con Jorge tras él y a su lado un corneta, inmóvil, dispuesto a transmitir las órdenes correspondientes.

Jorge, inclinado, murmuraba con el botafuego en la mano.

—Una pulgada a la izquierda, señor. No tanto. Así. Ahora, si usted consiguiera equilibrarse un poco, doblando algo los codos...

Saltó hacia un lado, aplicó el botafuego y un penacho de llamas brotó de la boca del cañón atado a la espalda del jefe guerrillero. Tras unos segundos de confusión, Gaspar Ruiz se rehizo.

—¿Buen tiro? —preguntó.

—Directo al blanco, señor.

—Carga otra vez.

Se hallaba delante de mí, con el pecho oprimido por la mole refulgente y broncínea, y nunca, hasta Gaspar Ruiz, la Historia registró una hazaña como la de aquel hombre enamorado y fuerte. Con los brazos extendidos, parecía un penitente postrado en un desierto bañado por el resplandor de la luna.

De nuevo le vi sostenerse sobre manos y rodillas y a la gente apartarse. Jorge, el veterano artillero, se encorvó para mirar a lo largo de la pieza.

—¡A la derecha, una pizca! ¡Sólo una pizca! *Por Dios, señor,* deje de temblar. ¿Dónde está su fuerza?

Al viejo artillero le flaqueaba el ánimo de emoción. Se echó a un lado y, rápido como una centella, aplicó la chispa a la luz del arma.

—¡Magnífico! —exclamó estremecido.

Gaspar Ruiz permaneció en silencio largo rato pegado al suelo.

—¡Me canso! —murmuró, al fin—. ¿Falta algún disparo?

—¡Hurra! ¡Sí señor! —exclamó jorge, inclinándose hacia su jefe.

—Entonces, ¡carga! ¡Corneta!

—Aquí estoy, señor, a sus órdenes.

—Pues toca cuando mande, y con tanto brío que te oiga todo Chile, de punta a punta —continuó Gaspar con energía—. Y vosotros quitadme esta maldita *reata* en cuanto hayamos disparado para lanzarnos al asalto final. Ahora levantadme, y tú, Jorge, apunta rápido y con tino.

El estrépito de la fusilería enemiga apagó casi por completo la voz del gigante. Llamas y humos envolvían la empalizada.

—Procure aguantar el retroceso, *mi amo* —dijo el viejo artillero temblando—. Clave los dedos en el suelo. ¡Así! ¡Ahora!

Un grito enardecido escapó de su garganta tras el disparo. El corneta tocó con toda la fuerza de sus pulmones y esperó; pero el postrado hombretón no dictó la orden convenida, entonces puse una rodilla en tierra, junto a él, y le oí murmurar:

—Se me ha roto algo.

Levantó la cabeza ligeramente y volvió hacia mí la mirada con expresión de infinito sufrimiento.

—La puerta pende sólo de una astilla —aulló Jorge.

Ruiz intentó hablar, pero la voz se extinguió en su garganta, y yo ayudé a retirar el cañón que aplastaba sus destrozadas costillas. Estaba exánime.

Naturalmente, cerré sus labios y la señal de ataque que los indios esperaban no fue dada. En cambio, oí la trompetería de las tropas de socorro, sonido del que mis oídos se hallaban sedientos y que retumbó en los de nuestros sorprendidos enemigos como la fatídica llamada del Juicio Final.

Un tornado, señores, un verdadero huracán de hombres despavoridos, de caballos alocados, de jinetes indios pasó sobre mi cuerpo tumbado en tierra al lado de Gaspar Ruiz, que aún permanecía yerto boca abajo con los brazos extendidos en forma de cruz. Peneleo, lanzado al galope en un intento de salvar la existencia, me hirió con su largo *chuzo* al huir, supongo que para sellar nuestra antigua amistad. No me explico cómo escapé con vida. Además, me arrodillé demasiado pronto y algunos soldados del 17.º Regimiento, el de Taltal, llevados por su afán de perseguir a los fugitivos, casi me traspasaron a bayonetazos. Cierto que su estupor no tuvo límites cuando unos oficiales que acudieron a galope los dispersaron con golpes planos de sable.

Era el Estado Mayor del general Robles, quien necesitaba a toda costa hacer prisioneros y también mostró su momentánea contrariedad.

—¡Hola! ¿Eres tú? —exclamó.

Pero desmontó enseguida para abrazarme, porque quería mucho a mi familia. Le señalé el cuerpo tendido a nuestros pies y musité sólo dos palabras:

—Gaspar Ruiz.

Él alzó los brazos asombrado.

—¡Ah! Tu amigote. Siempre en líos con este tipo. ¡No importa! Nos libró de la muerte cuando temblaba la tierra y hasta los más valientes tenían miedo. Por mi parte confieso que me asusté. Él no. ¡Qué *guapo!* ¡Dónde está el héroe que le ha vencido? ¡Ja, ja, ja! ¿Quién le ha matado, *chico?*

—Su propia fuerza mi general —contesté.

12

Pero Gaspar Ruiz respiraba todavía. Mandé que lo trasladaran al abrigo de unos arbustos sobre la loma donde se ensimismaba mirando fijamente al fuerte cuando la muerte invisible ya se cernía sobre su cabeza.

Nuestras tropas acamparon alrededor del fuerte. Al romper el día, no me sorprendió saber que estaba designado para mandar la escolta de un prisionero que sería enviado a Santiago sin pérdida de tiempo. Enseguida comprendí que era la mujer de Gaspar Ruiz.

—Te he elegido porque conozco tus simpatías —me manifestó el general Robles—. Aunque esa mujer debía ser fusilada por todo el daño que ha causado a la República.

Y como yo no reprimí un gesto de vehemente protesta, añadió:

—Ahora que Gaspar agoniza, no vale la pena preocuparse por ella. Nadie sabe qué castigo aplicarle y, sin embargo, el Gobierno la reclama.

Robles se encogió de hombros.

—Tal vez —prosiguió— porque sabe dónde se oculta buena parte del botín.

Al alba la vi acercarse a la loma, entre dos soldados, con su hija en los brazos. Me adelanté a su encuentro.

—¿Vive aún? —preguntó confundiéndome con su rostro pálido e impasible, que tantas veces contempló él con adoración.

Yo bajé la mirada al suelo y la guié en silencio. Gaspar tenía los ojos abiertos; respiraba con dificultad y murmuraba su nombre con enorme esfuerzo:

—¡Herminia!

La española se arrodilló junto a su cabeza, y la niña, inconsciente de la situación, se puso a observarlo todo con ojos vivarachos, rompiendo a hablar de repente con voz alegre y fina. Con un dedito señaló el rosado tinte de la aurora que realzaba el perfil de las montañas. Y mientras duró el parloteo infantil, incomprensible y dulce, el hombre moribundo y la mujer arrodillada, permanecieron mudos, cambiando miradas de tristeza al escuchar el sutilísimo murmullo. Luego el gorjeo cesó. La niña reclinó la cabeza en el seno materno y se quedó dormida.

—Lo hice por ti —dijo el gigante—. Perdóname —le flaqueó la voz; no obstante, percibí un balbuceo y escuché la siguiente frase cargada de tristeza—: No tuve la fuerza suficiente.

Ella le miró con extraordinaria intensidad. Gaspar esbozó una sonrisa y en tono humilde repitió:

—Perdóname. Te dejo...

Su mujer se inclinó sobre él. Aguantando las lágrimas y con acento firme le dijo:

—En el mundo entero sólo te he querido a ti, Gaspar.

El moribundo movió la cabeza y su semblante se animó.

—¡Por fin! —suspiró. Y como si no lo creyera, preguntó—: ¿Es verdad eso?... ¿Es verdad?

—Tan verdad como que en este mundo no hay justicia ni compasión —le respondió apasionadamente.

Ella se inclinó hacia el rostro de Gaspar, quien quiso incorporarse pero cayó de espaldas. Cuando su amada le besó los labios, ya había muerto. Sus pupilas vidriosas quedaron fijas en el cielo, por donde flotaban, muy altas, rosadas nubecillas. Yo reparé en los párpados de la niña, que dormía apretada contra el pecho de su madre.

La viuda de Gaspar Ruiz, el hombre de hierro, me permitió apartarla de allí sin derramar una lágrima.

Para el viaje preparamos unas jamugas, mediante una silla de montar convencional a la que añadimos una tabla donde apoyar los pies. El primer día cabalgó callada, sin apartar apenas la vista de la pequeñuela que llevaba en el regazo. Cuando acampamos observé que durante la noche paseaba en torno de la tienda, meciendo en sus brazos a la criatura y mirándola a la luz de la luna.

Después, al poco de iniciar la segunda etapa, me preguntó si llegaríamos pronto a un pueblo. Le contesté que al mediodía.

—¿Habrá en él mujeres? —interrogó.

Respondí que se trataba de una villa importante. Hay, pues, en ella hombres y mujeres, *señora* —le dije—, cuyos corazones celebrarán la noticia de que la guerra ha terminado.

—Sí, todo ha terminado —repitió.

Y acto seguido me preguntó:

—*Señor* oficial, ¿qué hará conmigo el gobierno de Chile?

—No lo sé, señora —repuse—; pero, sin duda, la tratarán bien, porque los republicanos no nos vengamos en las mujeres.

Me lanzó una mirada al oír la palabra «republicanos» que imaginé repleta de profundo odio. Pero poco después, cuando retrocedíamos para que las bestias de carga tomasen una estrecha vereda al borde de un precipicio, volvió a mirarme con idéntica expresión de angustia en el demudado rostro, y de nuevo me inspiró una infinita compasión.

—¡*Señor* oficial! —dijo—. Me siento débil. Tiemblo. Sufro un miedo insensato.

Realmente, sus labios temblaban, pese a lo cual procuró sonreír al pisar el estrecho sendero, que no era el más peligroso de la montaña.

—Temo dejar caer a la niña. Gaspar le salvó a usted la vida, ¿no es cierto? ¡Tómela, por Dios!

Cogí a la pequeñuela que su madre me alargaba con los brazos extendidos.

—Cierre los ojos, *señora* y confíe en su mula —le aconsejé.

Así lo hizo, y por la palidez y profundidad de sus facciones me pareció un cadáver. En una revuelta de la senda, donde un gran despeñadero de pórfido rojizo ocultaba la visión de las praderas, abrió los ojos. Yo avanzaba tras ella, sujetando a la niña con el brazo derecho.

—La pequeña va bien —grité para animarla.

—¿Sí? —contestó débilmente, y luego, con inmenso espanto, vi cómo se ponía de pie sobre la tabla de la jamuga, clavaba la vista en el cielo y se arrojaba, con ímpetu, al abismo.

No acierto a describir mi horror. Sentí la atracción del vacío, un pavor irresistible a la sima que parecía tirar de mí. Se me fue la cabeza, pero estreché a la niña y me mantuve a caballo con la inmovilidad de una estatua. Estaba helado y mudo. Mi montura estiró las orejas y lanzó un corto relincho. Pero no perdí la serenidad, aunque el ruido de las piedras en lo profundo del precipicio, cayendo sobre la torrencial corriente, casi me enloquecía.

En un momento salvamos el difícil recodo y nos hallamos en un camino ancho y herboso.

Entonces grité. Mi gente corrió alarmada junto a mí. Sólo recuerdo que me limité a exclamar:

—¡Me ha entregado su hija! ¡Me ha entregado su hija!

Los soldados creyeron que había perdido la razón.

En este punto, el general Santierra se levantó de la mesa.

—Eso fue todo, señores —concluyó, mientras dirigía una amable sonrisa a sus invitados que también se levantaban.

—¿Y la niña, general? —preguntó alguien.

—¡Ah, la niña, la niña!

Como única respuesta, se aproximó a una de las ventanas abiertas sobre el frondoso jardín, su refugio en los años de vejez y el más famoso del país. Nos detuvo con un ademán; llamó:

—¡Herminia! ¡Herminia!

Y esperó. Entonces nos permitió asomarnos a las ventanas. De un macizo de árboles surgió una mujer. Oímos el roce de sus almidonadas enaguas y observamos el amplio vuelo de su falda negra, de seda y corte anticuado. Nos miró, y al ver que todos los ojos estaban fijos en ella, se detuvo, hizo un mohín de disgusto, sonrió al general, que reía socarronamente, señalándole con un dedo, y echándose la mantilla para recatar, en parte, su altivo perfil, se alejó de nuestras miradas andando con majestuoso porte.

—Ya han visto, *señores,* al ángel guardián de mi ancianidad, la mujer a quien deben la encantadora hospitalidad de mi casa. Y he aquí el motivo por el cual, aunque con frecuencia prendió en mi pecho la llama del amor, he permanecido soltero. Quizá por esto las chispas del sagrado fuego no se han apagado aún aquí.

Recalcó la frase golpeándose el robusto pecho.

—¡Todavía vive, todavía vive! —exclamó con énfasis tragicómico—. Nunca me casaré. ¿Para qué, si esa mujer es mi hija adoptiva, la heredera del general Santierra?

Uno de los comensales, joven oficial de Marina, la describió después como «una mujerona, gorda, baja, entrada en los cuarenta». Luego reparamos la mayoría en que tenía el pelo cano y unos ojos negros muy hermosos.

—Ella —añadió el general— ¡tampoco ha querido casarse con nadie! ¡Una verdadera pena! Es bondadosa, paciente y vive por completo consagrada a este pobre viejo. ¡Angelical criatura! Pero no les aconsejaría que solicitaran su mano, porque quien le concediese la suya correría el riesgo de que le estrujara los huesos. Con eso no admite bromas, pues es verdadera hija de su padre, el gigante que pereció víctima de su propia fuerza, de su vigor, de su sencillez y... de su amor.

ARTHUR CONAN DOYLE

DE CÓMO EL BRIGADIER GERARD SALVÓ UN EJÉRCITO

Traducción de Gabriela Bustelo

DE CÓMO EL BRIGADIER GERARD SALVÓ UN EJÉRCITO

Ya les he contado, amigos míos, cómo tuvimos a los ingleses presos durante seis meses, desde octubre de 1810 hasta marzo de 1811, en su propio campamento de Torres Vedras. Fue entonces cuando practiqué la caza del zorro en su compañía y les demostré que entre sus hombres más aguerridos no había un solo jinete mejor que un húsar de Conflans. Cuando regresé al galope al campamento francés, con el sable aún empapado en sangre de la criatura, la avanzadilla que había contemplado mi hazaña alzó su voz fervorosa en mi honor, mientras los cazadores ingleses aún gritaban a mis espaldas, de modo que obtuve el aplauso de ambos ejércitos. Los ojos se me llenaron de lágrimas al saber que me había ganado la admiración de tantos hombres valientes. He de decir que los ingleses estos son enemigos generosos. Esa misma noche recibí un paquete, acompañado de una bandera blanca, dirigido «Al oficial de los húsares que mató al zorro». Dentro del envoltorio estaba el zorro de marras cortado en dos piezas, tal como yo lo había dejado. Había también una nota breve pero cordial, al estilo inglés, explicándome que, habiendo matado al zorro, me correspondía comérmelo. Tampoco tenían por qué saber que los franceses no acostumbramos a comer zorros, pero parecían deseosos de que quien hubiera descollado en la montería le hincara el diente a la caza. Raro es el francés que se deja exceder en cortesía, por lo que les devolví el zorro a aquellos bravos cazadores, rogándoles que lo aceptaran como guarnición de su próximo *déjeuner de la chasse*. Así se hace la guerra entre adversarios caballerosos.

Tras mi cabalgata había trazado un buen plano del campamento inglés, que mostré a Massena esa misma noche.

Con ello esperaba incitarle a atacar, pero los mariscales estaban enzarzados en su propia batalla, como esos sabuesos hambrientos que se gruñen y muerden entre sí. Ney odiaba a Massena, Massena odiaba a Junot y Soult los odiaba a todos, motivo por el cual nunca se hacía nada. Entretanto la comida cada vez escaseaba más y nuestra hermosa caballería se había echado a perder por falta de pienso. Precisamente al acabarse el invierno habíamos asolado las tierras que nos rodeaban y no teníamos nada que comer, pese a enviar numerosos destacamentos en busca de alimento. Hasta a los más valientes nos parecía obvio que había llegado el momento de la retirada. Incluso yo me vi obligado a admitirlo.

Sin embargo, retirarse no era tan sencillo. Al debilitamiento y cansancio de nuestras tropas por falta de suministros se sumaba el envalentonamiento del enemigo por nuestra prolongada inactividad. A Wellington no le teníamos ningún miedo, pues sabíamos que era valiente y cauto, pero carecía de iniciativa. Además, los páramos donde nos hallábamos eran tan yermos que entorpecerían su persecución. Sin embargo, a nuestros flancos y retaguardia se había sumado un buen número de milicianos, campesinos armados y guerrilleros, todos procedentes de Portugal. Estas gentes se habían mantenido a una distancia prudente durante todo el invierno, pero cuando nuestra caballería se echó a perder empezaron a apiñarse como moscas en torno a nuestros frentes; y si un hombre caía en sus manos, su vida no valía un chavo. Podría nombrar a una docena de oficiales, a quienes conocí, muertos en aquel entonces; y suerte tuvieron los que se llevaron una bala anónima en la cabeza o el corazón. Algunas de aquellas muertes fueron tan atroces que se prohibió terminantemente informar de ello a sus familias. Tal era la frecuencia de aquellas tragedias, y tanto impresionaron a nuestros hombres, que nos era harto difícil inducirles a abandonar el campamento. Había un sinvergüenza en concreto, un jefe de guerrilla llamado Manuelo [1] y conocido con el sobrenombre de «El Sonrisas», cuyas hazañas dejaban a nuestros hombres

[1] Versión que emplea el autor del nombre español 'Manuel'. *(N. de la T.)*

espeluznados. Alto, gordezuelo y de carácter jovial, se escondía con su temible banda en los montes cercanos a nuestro flanco izquierdo. Las crueldades y atrocidades que cometió este sujeto llenarían un libro entero, pero tenía un poder incuestionable, pues organizaba a sus bandoleros de tal modo que resultaba casi imposible llegar hasta él. Esto lo conseguía con una disciplina feroz, impuesta mediante crueles castigos, método que hizo temible a su banda, aunque con resultados inesperados, como os demostraré en este relato. Si no hubiera azotado a su propio lugarteniente… Pero ya os hablaré de ello en su debido momento.

Por difícil que fuese la retirada, era absolutamente evidente que no teníamos otra elección, por lo que Massena inició un presuroso traslado de aperos y soldados desde Torres Novas, donde tenía el cuartel general, a Coimbra, donde tenía el primer puesto de su eje de comunicaciones. Pero esto no lo podía hacer a escondidas, y el enjambre de guerrilleros iba estrechando el cerco en torno a nuestros flancos. En un remoto rincón al sur del Tajo teníamos la división de Clausel, reforzada con una brigada de la caballería de Montbrun, y era perentorio hacerles saber que estábamos a punto de batirnos en retirada, pues de no ser así quedarían abandonados en pleno corazón del país enemigo. Recuerdo haberme planteado cómo se las iba a ingeniar Massena para llevar esto a cabo, pues un mensajero corriente no lograría abrirse paso y cualquier tropa pequeña sería indudablemente destruida. Pero había que hacer llegar a esos hombres una orden de retirada, o Francia se vería mermada en catorce mil hombres. Poco sospechaba yo que sería un servidor, el coronel Gerard, quien tendría el honor de ejecutar semejante hazaña, el broche de oro de la vida de cualquier hombre y una de las muchas proezas que han dado tamaña notoriedad a la mía propia.

En aquel entonces me hallaba a las órdenes de Massena, que contaba además con otros dos ayudantes de campo dotados también de gran valor e inteligencia. Uno se llamaba Cortex y el otro Duplessis. Ambos eran mayores que yo, aunque menores en todo lo demás. Cortex era un hombre enjuto y moreno, muy veloz y dispuesto. Era un buen soldado, pero le hundía su vanidad. A su modo de ver, el mejor soldado del ejército era él. Duplessis, un gascón como yo, era todo un caballero, como suelen serlo los gascones. Los tres nos habíamos repartido las horas del día en turnos y era Cortex quien estaba de guardia en la mañana que me concierne. Tras verle a la hora de desayunar, ni él ni su caballo volvieron a comparecer. Massena pasó el día tan malhumorado como de costumbre, dedicando una gran parte del tiempo a observar por el telescopio las tropas inglesas y los barcos del Tajo. No mencionó la misión que había encomendado a nuestro camarada, ni nosotros nos atrevimos a sacar el asunto a colación.

Esa noche, sobre las doce, estaba yo a las puertas del cuartel general del mariscal cuando le vi salir y pasar media hora de pie sin moverse, mirando hacia el este con los brazos cruzados sobre el pecho, atisbando la oscuridad. Tan envarado y absorto estaba el hombre que su silueta embozada y coronada por un sombrero de tres picos parecía una estatua. No tengo la menor idea de qué podría estar indagando, pero tras soltar un cortante improperio, giró sobre sus talones y volvió a entrar en el cuartel dando un sonoro portazo.

Al día siguiente el segundo ayudante de campo, Duplessis, se reunió con Massena por la mañana, tras lo cual nadie volvió a saber de él ni de su caballo. Esa noche estaba yo sentado en la antesala tranquilamente cuando vi pasar al mariscal y al acercarme a la ventana comprobé que se hallaba en pie y mirando hacia el este, exactamente igual que la vez anterior. Así se pasó media hora de reloj, una sombra negra entre las tinieblas. Cuando entró de nuevo sonó un portazo y oí el tintineo de sus espuelas y el traqueteo de la vaina de su sable conforme avanzaba por el pasillo. Estando de buenas era un viejo asilvestrado, pero furioso era tan temible que uno casi prefería encararse al mismísimo emperador. Esa noche le oí decir varias palabrotas y patear el suelo precisamente encima mi cabeza, pero no me mandó llamar y le conocía lo suficiente como para no presentarme de improviso.

La mañana siguiente me tocó el turno a mí, el único ayudante de campo que le quedaba. Yo era su ayudante preferido. Tenía debilidad por los soldados listos. Juro que esos ojos oscuros estaban llorosos cuando me mandó llamar aquella mañana.

—¡Gerard! —exclamó—. Ven aquí.

Con amable ademán me tomó del brazo, llevándome hacia una ventana abierta que miraba al este. A nuestros pies se hallaban los cuarteles de infantería y detrás los de caballería, con sus animales atados a interminables filas de estacas. Desde allí se veían las avanzadillas francesas y tras ellas un trecho de campo salpicado de viñedos. Al fondo se alzaba la sierra, cuya cumbre descollaba claramente. A los pies de las montañas se extendía una amplia franja de bosque donde se dibujaba nítidamente un blanco camino solitario, serpenteando aquí y allá hasta desaparecer por una vaguada.

—Eso de allí —dijo Massena, señalando las montañas— es la sierra de Merodal. ¿Ves algo en la parte alta?

Le contesté que no.

—¿Y ahora? —me preguntó, dándome sus prismáticos.

Con ayuda de los gemelos vi un pequeño altozano o montículo en la cima.

—Eso que ves —dijo el mariscal— es un hato de leña que pusimos como señal cuando la zona estaba en nuestras manos. Pese a que el terreno ya no es nuestro, la señal permanece intacta. Gerard, esta noche hay que prender fuego a esa leña. Por Francia, por el emperador y por el ejército. Dos de tus camaradas ya lo han intentado, pero ninguno de ellos ha podido llegar a la cumbre. Hoy te toca a ti y rezaré para que tengas mejor suerte.

Como un soldado no debe cuestionar las órdenes que recibe, estaba yo a punto de salir apresuradamente cuando el mariscal me puso la mano sobre el hombro para retenerme.

—Te lo voy a contar todo, para que sepas cuán grande es la causa por la que te juegas la vida —me dijo—. A ochenta kilómetros al sur de aquí, al otro lado del Tajo, tenemos las tropas del general Clausel. Está acuartelado junto a un monte llamado el pico de la Osa. En la cima de ese monte hay otro hato de leña, junto al que ha destacado un piquete. Hemos acordado que al llegar la medianoche, cuando él vea nuestra hoguera encendida prenderá la suya a modo de respuesta, reuniéndose de inmediato con el grueso del ejército. Si no emprende la marcha de inmediato debo partir sin él. Llevo dos días queriendo hacerle llegar este mensaje. De no recibirlo hoy, sus soldados quedarán rezagados y morirán.

Ah, amigos míos, ¡qué orgullo sentí al escuchar cuán elevada tarea me había asignado la diosa Fortuna! Si lograba salvar la vida añadiría otra espléndida hoja a mi corona de laurel. Y en caso de hallar la muerte, sería un broche de oro para tan espléndida carrera. Nada dije, pero no dudo que toda la nobleza de mi pensamiento se traslucía en mi semblante, pues Massena me estrechó la mano con fuerza.

—Ahí tienes el monte con la señal —me dijo—. Lo único que te separa de ella es una banda de guerrilleros. Esta misión no la puedo encomendar a una gran tropa, pero una pequeña sería avistada y destruida. Por eso te la encomiendo a ti solo. Haz lo que consideres adecuado, con tal de que esta noche a las doce vea brillar una hoguera sobre ese monte.

—De no ser así —dije yo— le ruego, mariscal Massena, que mande vender mis pertenencias y enviar el dinero a mi madre.

Llevándome la mano al gorro negro de piel que me cubría la cabeza, giré sobre mis talones y salí con el pecho henchido de orgullo ante la gran proeza que me aguardaba.

Pasé un rato sentado en mi habitación, pensando en cómo debía afrontar el asunto en cuestión. El hecho de que Cortex y Duplessis, dos oficiales entregados y capaces, no hubieran logrado llegar a la cumbre de la sierra del Merodal, demostraba que la zona estaba tomada por los guerrilleros. Calculé la distancia sobre un mapa. Para llegar a la sierra había que recorrer dieciséis kilómetros de campo abierto. Luego había una franja de bosque, en la falda de la montaña, de unos cinco o seis kilómetros de ancho. Y por último estaba la cumbre en sí, de poca altura, pero desprovista de un lugar donde poder ocultarse. Ésas eran las tres etapas de mi viaje.

Pensé que si lograba ponerme al abrigo del bosque todo sería sencillo, pues podría esconderme entre las sombras y ascender el monte amparado en la negrura de la noche. De ocho a doce tenía cuatro horas de oscuridad para poder subir el cerro. Pero ésa era sólo la primera etapa, que debía de planificar a conciencia.

El campo abierto me ofrecía la tentación del sendero blanco y recordé que mis dos camaradas habían llevado consigo su caballo. Ésa había sido su perdición, evidentemente, pues si algo les resultaba sencillo a los guerrilleros era tener el camino vigilado y asaltar a todo el que pasara por él. No me sería difícil ir campo a través y en aquel entonces tenía un buen cabalgar, pues no sólo contaba con Violette y Rataplán, dos de las mejores monturas del ejército, sino también con el espléndido caballo de caza que le había quitado a sir Cotton. Sin embargo, tras mucho pensarlo decidí ir a pie, pues estaría en mejor situación para aprovechar cualquier oportunidad que se me pudiera ofrecer. En cuanto a la vestimenta, disimulé el uniforme de húsar bajo una larga capa y en la cabeza me puse una gorra gris de caza. A la pregunta de por qué no me vestí de campesino respondo que un hombre de honor no tiene deseo alguno de morir como un espía. Una cosa es morir asesinado y otra morir en justicia bajo la ley de la guerra. No querría correr el riesgo de sufrir semejante final.

A última hora de la tarde salí a hurtadillas del campamento y atravesé nuestras filas. Bajo la capa llevaba unos prismáticos y una pequeña pistola, además de la espada. En el bolsillo llevaba una provisión de yesca, pedernal y eslabón.

Recorrí tres o cuatro kilómetros al abrigo de los viñedos, con tal prontitud que se me aligeró el ánimo y pensé que un hombre con algo de seso bastaba para llevar aquel asunto a buen término. Por supuesto que debió ser fácil avistar a Cortex y Duplessis al galope por la carretera, pero un inteligente Gerard oculto entre las viñas era algo muy distinto. Basta decir que recorrí los primeros ocho kilómetros sin toparme con obstáculo alguno. A esa altura hay una pequeña taberna junto a la que divisé varios carros y un puñado de personas, las primeras gentes con que me cruzaba. A semejante distancia de mis tropas sabía que todo hombre era un enemigo, así que me mantuve a recaudo mientras avanzaba sigilosamente hasta un punto desde el que poder ver cuanto allí sucedía. Entonces descubrí que aquellas gentes eran campesinos ocupados en cargar barriles de vino vacíos en dos carretas. Al no conjeturar modo alguno en que pudieran ayudarme ni estorbarme, seguí mi camino.

Pero pronto comprendí que mi tarea no era tan simple como pudiera parecer. Conforme el terreno se iba elevando, los viñedos se convirtieron en una gran llanura salpicada de lomas. Agazapado en una zanja las examiné con los prismáticos y al instante comprobé que en cada una de ellas había un vigía y que esas gentes tenían apostados piquetes y avanzadillas exactamente iguales a los nuestros. Había oído hablar de la férrea disciplina de ese rufián al que llamaban «El Sonrisas» y aquello era una demostración incuestionable. Entre una y otra loma había un cordón de centinelas y, aunque pude acercarme a los flancos, seguí hallándome de frente al enemigo. Decidir qué hacer era un dilema. El terreno era tan ralo que una rata no lograría cruzarlo sin que la vieran. Por supuesto que sería sencillo colarme de noche, como había hecho con los ingleses en Torres Vedras, pero aún estaba lejos de la sierra y, de hacerlo así, no llegaría a tiempo para encender la hoguera a medianoche. Tumbado en mi zanja hice un millar de planes, a cual más peligroso que el anterior. Y entonces, repentinamente, tuve una de esas iluminaciones propias del valiente que se niega a entregarse a la desesperación.

Recordemos que he mencionado dos carretas que unos campesinos estaban cargando de barriles junto a una fonda. Pues bien, dado que las cabezas de los bueyes estaban vueltas hacia el este, era evidente que las carretas iban en la dirección que me convenía. Si lograse ocultarme en una de ellas, ¿qué modo mejor y más sencillo de pasar inadvertido entre las tropas de guerrilleros? Tan simple y eficaz era mi plan que no pude evitar dar un grito de júbilo en el momento en que se me ocurrió, antes de echar a correr hacia la fonda. Una vez allí me acurruqué tras unos arbustos para poder ver lo que pasaba en el camino.

Los tres campesinos, ataviados con una montera, seguían cargando barriles; y ya habían terminado con una carreta y la parte baja de la otra. Junto a la taberna aún quedaban varios barriles vacíos, esperando que se los llevaran. La suerte estaba de mi parte (siempre he dicho que Fortuna es una dama incapaz de resistirse a los encantos de un húsar joven y gallardo). Seguía atento a la escena cuando los tres muchachos entraron en la fonda, pues hacía calor y el esfuerzo les había dado sed. Veloz como el rayo salí de mi escondrijo, subí a la carreta y me escondí sigilosamente en uno de los barriles vacíos. Tenía fondo, pero no tapadera; y se hallaba tumbado con la parte abierta hacia dentro. Allí me agazapé cual perro en su caseta, con las rodillas pegadas a la barbilla, pues los barriles no eran muy grandes y soy un hombre corpulento. Yacía de esta guisa cuando volvieron a salir los tres campesinos y al poco tiempo oí sobre mi cabeza un estrépito por el que supuse que me habían puesto otro barril encima. De tal modo los apilaban en la carreta que llegué a dudar si llegaría a salir de allí. Pero ¿acaso se piensa en cruzar el Vístula mientras se navega por el Rhin? No tenía ninguna duda: si la suerte y el ingenio me habían llevado hasta allí, también me sacarían de aquélla.

En cuanto cargaron la carreta se pusieron en camino y yo, metido en mi barril, me iba riendo solo, de pensar que me estaban llevando precisamente donde quería ir. Pero íbamos despacio, con los dos hombres caminando junto a la carreta. Esto lo sé porque sus voces sonaban muy cercanas. Parecían unos muchachos muy alegres, pues a cada paso soltaban una risotada. Sin embargo, no logré entender el chiste del que se reían. Aunque hablo su idioma bastante bien, no oí nada cómico en los retazos de conversación que me llegaban.

Calculé que a la velocidad que iba aquel par de bueyes, haríamos unos tres kilómetros la hora. Por lo tanto, cuando tuve claro que habían pasado dos horas y media —horas que pasé apretujado, casi ahogado y medio intoxicado por los vapores de los posos del vino, amigos míos—, entonces supe que habíamos dejado atrás los peligros del llano y que estábamos en las proximidades del bosque y la montaña. Había llegado el momento de plantearme el modo que iba a emplear para salir del barril. Tenía varias posibilidades y estaba comparándolas cuando el asunto quedó decidido de una manera tan simple como improbable.

La carreta se detuvo de pronto con un brusco tirón y oí una serie de voces hoscas que hablaban atropelladamente.

—¿Dónde, dónde? —gritaba una.

—En nuestra carreta —respondía otra.

—¿Quién es? — decía una tercera.

—Un oficial francés; he visto su gorra y sus botas.

Y todos aullaron de la risa.

—Estaba mirando por la ventana de la *posada*[2] cuando le vi meterse en el barril de un salto, como un torero con un toro sevillano pisándole los talones.

---

[2] En español en el original. *(N. de la T.)*

—¿Qué barril, dices?

—Éste —dijo el muchacho.

Efectivamente, golpeó con el puño la plancha de madera que tenía junto a la cabeza.

¡Menuda situación, amigos míos, para un hombre de mi categoría! Aún me sonrojo, al cabo de cuarenta años, cada vez que me acuerdo de ello. Verme en aquella situación, trincado como un pavo y teniendo que aguantar las toscas carcajadas de aquellos patanes, sabiendo que mi misión había acabado de un modo ignominioso, incluso ridículo... Habría bendecido al hombre capaz de dispararme una bala a través de aquel barril, librándome de mi miseria.

Oí el estruendo que hacían los barriles conforme los iban bajando de la carreta y entonces vi asomarse un par de rostros barbudos con sendas escopetas. Agarrándome de las mangas del abrigo, me sacaron a la luz del día. ¡Qué aspecto tan extraño el mío, parpadeando boquiabierto bajo el sol cegador! Tenía el cuerpo encorvado como un tullido, pues no lograba estirar los brazos y piernas, y medio abrigo rojo como el de un soldado inglés, por haber pasado tanto tiempo echado entre posos de vino. Pero los perros aquellos se reían sin parar, y cuando quise expresar mediante el porte y los gestos el desprecio que les tenía, sus carcajadas se hicieron aún mayores. Incluso en esas difíciles circunstancias me porté como el hombre que soy y, al pasear la mirada lentamente a mi alrededor, vi que ninguno de los risueños parecía dispuesto a encararse a mí.

Esa ojeada me bastó para decirme exactamente en qué situación me hallaba. Los campesinos me habían traicionado, dejándome en manos de una banda de guerrilleros. Había ocho de ellos, criaturas peludas de aspecto salvaje con pañuelos de algodón bajo el sombrero y chaquetas de incontables botones con bandas de colores atadas a la cintura. Cada uno de ellos tenía una escopeta y una o dos pistolas en el fajín. El jefe, un enorme rufián barbudo, me encañonó mientras los demás me registraban los bolsillos, quitándome el gabán, el arma, los prismáticos, la espada y, lo peor de todo, la yesca, el eslabón y el pedernal. En todo caso estaba perdido, pues no tenía modo de prender la hoguera, suponiendo que llegara hasta la leña.

Eran ocho, amigos míos, y tres campesinos… ¡y yo desarmado! ¿Pero acaso se desesperó Etienne Gerard? ¿Acaso perdió el temple? En fin, ya me conocéis; pero ellos no me conocían aún, esos perros bandidos. Jamás había hecho un esfuerzo tan enorme y sorprendente como en aquel preciso instante, cuando todo parecía perdido. Pero os supondría un arduo esfuerzo dar con la estratagema gracias a la que me libré de ellos. Escuchad y os lo diré.

Tras sacarme de la carreta me registraron y ahí me quedé, combado y deforme, en pie ante ellos. Pero se me estaba pasando el agarrotamiento y mi mente ya buscaba activamente una manera de escapar. Los bandidos tenían su cuartel en un estrecho desfiladero. A un lado se alzaba la pronunciada ladera de una montaña. Al otro había una pendiente de muchos metros de longitud que acababa en un frondoso valle. Los bribones aquellos, como comprenderéis, eran toscos montañeros capaces de subir o bajar montañas mucho más aprisa que yo. Iban calzados con *abarcas* [3], unos zapatos de cuero atados como sandalias que les permitían caminar a sus anchas. Un hombre menos resuelto se habría desesperado. Pero al instante supe ver y emplear la rara ventura que la diosa Fortuna había puesto en mi camino. Uno de los barriles estaba al borde mismo de la pendiente. Me fui acercando lentamente a él y, con la agilidad de un tigre y los pies por delante, me metí de un salto, dando un respingo para echarlo a rodar montaña abajo.

¿Acaso podré llegar a olvidar aquel horrible viaje y los botes y brincos que di al caer por esa tremenda cuesta? Iba con los codos y las rodillas pegados a la madera del barril, procurando hacer de mi cuerpo un fardo macizo para protegerlo, pero la cabeza me asomaba por un extremo y fue un milagro que no me destrozara los sesos. Había cuestas largas y suaves, pero también escarpes pronunciados en los que el barril dejaba de rodar y parecía brincar al vacío cual cabra de monte, bajando con tal traqueteo y estruendo que me crujían todos los huesos del cuerpo. ¡Cómo me silbaba el viento en los oídos! ¡Y cómo me giraba y giraba la cabeza hasta acabar mareado, aturdido y casi inconsciente! Entonces, al oír un frufrú y un sonoro roce y crujido de ramas, supe que había llegado

[3] En español en el original. *(N. de la T.)*

a los arbustos que tan lejanos me parecieron desde arriba. Seguí abriéndome camino cuesta abajo y al pasar un trecho de maleza mi barril chocó con un sauce y se hizo pedazos. Salí a gatas entre aquel montón de duelas y aros, con cada centímetro del cuerpo dolorido, pero el corazón alegre y el ánimo resuelto, pues sabía lo grande que era mi hazaña y ya me parecía ver la hoguera ardiendo sobre la cumbre.

Me entró entonces una horrible náusea, por las enormes sacudidas que había sufrido, y recordé la primera vez que fui al mar, cuando experimenté por vez primera esos movimientos oceánicos que los ingleses tan bien han sabido aprovechar. Tuve que sentarme durante unos instantes con la cabeza entre las manos, junto a los restos de mi barril. Pero no había tiempo para descansar. Ya se oían en lo alto unos gritos, que significaban que mis perseguidores venían monte abajo. Me adentré en la parte más densa de la maleza y corrí sin parar hasta quedarme absolutamente agotado. Entonces me tumbé, sin aliento, y escuché con toda mi atención, pero no percibí sonido alguno. Había logrado despistar a mis enemigos.

Cuando recuperé el resuello seguí adelante, caminando aprisa y vadeando varios arroyos con el agua por las rodillas, porque se me ocurrió que podían estar siguiéndome con perros. Al llegar a un claro miré a mi alrededor y descubrí que, pese a mis aventuras, apenas me había desviado de mi camino. Junto a mí se alzaba el monte de Merodal, cuya tersa cumbre asomaba nítida entre los encinos chaparros que poblaban sus laderas. Esos arbolillos eran la prolongación de los que me cobijaban a mí, por lo que creí no tener nada que temer hasta alcanzar el otro lado del bosque. Pero también sabía que cualquier desconocido me alzaría la mano, que iba desarmado y que había muchas gentes a mi alrededor. No vi a nadie, aunque varias veces escuché unos silbidos agudos e incluso algún disparo a lo lejos.

Era trabajoso abrirse camino entre los arbustos, de modo que me alegré al llegar a los árboles más grandes y hallar un sendero que los atravesaba. Huelga decir que no cometí la torpeza de caminar sobre él, sino que me mantuve cerca para poder seguirlo. Había recorrido cierta distancia y creía estar llegando al límite del bosque cuando escuché un extraño gemido. Al principio me pareció el aullido de un animal, pero luego distinguí varias palabras, de las que sólo entendí la exclamación francesa *¡Mon Dieu!* Con gran cautela avancé hacia el lugar de donde procedía el sonido y esto es lo que vi.

Sobre un lecho de hojas secas yacía un hombre ataviado con el mismo uniforme gris que llevaba yo. Parecía estar terriblemente malherido, pues se cubría el pecho con un paño que su sangre había teñido de color granate. Un charco oscuro rodeaba su lecho y yacía entre una nube de moscas de cuyo rumor zumbón me habían distraído los lamentos. Permanecí agazapado durante unos instantes, temiendo alguna trampa, pero la compasión y la lealtad vencieron mis resquemores y corrí a arrodillarme a su lado. Cuando el hombre volvió su macilento rostro hacia mí descubrí que era Duplessis, el hombre que me había precedido. En cuanto vi sus pómulos demacrados y sus ojos relucientes supe que estaba al borde de la muerte.

—¡Gerard! —susurró—. ¡Gerard!

Procuré expresarle mi compasión, pues no podía hacer otra cosa, pero él empleó su último hálito en cumplir con su deber, como el caballero valiente que era.

—¡La señal, Gerard! ¿Podrás prenderla?

—¿Tienes pedernal y eslabón?

—Aquí está.

—Entonces la prenderé esta noche.

—Muero feliz al oírte decirlo. Me han pegado un tiro, Gerard. Pero dile al mariscal que hice cuanto pude.

—¿Y Cortex?

—Tuvo peor suerte. Cayó en sus manos y padeció una muerte atroz. Si te ves atrapado y no tienes escapatoria, Gerard, que la última bala de tu pistola vaya a parar a tu corazón. No mueras como Cortex.

Noté que le faltaba el resuello y me agaché para escuchar sus palabras.

—¿Puedes decirme algo que me ayude en mi tarea? —le pregunté.

—Sí, sí. De Pombal. Él te ayudará. Confía en De Pombal.

Con estas palabras, inclinó la cabeza y murió.

—Confía en De Pombal —murmuré—. Parece un buen consejo.

Y cuál no sería mi asombro al ver un hombre en pie a mi lado. Cómo estaría de enfrascado en las palabras de mi camarada, y cuán atento a sus consejos, que el hombre aquel se había acercado sin que me diera cuenta. Poniéndome en pie de un brinco, le miré a la cara. Era un individuo alto y moreno, de pelo negro, ojos negros y una barba negra sobre un rostro serio y enjuto. Tenía una botella de vino en la mano y llevaba al hombro uno de los *trabucos*[4] o bocardas típicos de estos bandoleros. Al ver que no se quitaba el arma de la espalda, comprendí que era el hombre a quien me había encomendado mi querido amigo fallecido.

—¡Ay de mí! ¡Se nos fue! —dijo, inclinándose sobre Duplessis—. Al recibir un disparo se refugió en el bosque, pero por suerte vi dónde había caído y procuré aliviarle en sus últimas horas. El lecho de hojas lo hice yo y este vino lo traía para saciarle la sed.

—Señor, en nombre de Francia, le doy las gracias. Sólo soy un coronel de la caballería ligera, pero me llamo Etienne Gerard, nombre de cierto prestigio en el ejército francés. ¿Puedo saber quién…?

—Sí, señor. Soy Aloysius de Pombal, hermano menor del famoso noble de igual apellido. Hoy en día soy el lugarteniente de la banda cuyo jefe responde al nombre de Manuelo, «El Sonrisas».

Juro que me llevé la mano al lugar que debía ocupar mi pistola, pero el hombre sonrió al verme.

—Soy su lugarteniente, pero también su más feroz enemigo —me dijo mientras se quitaba la zamarra y se alzaba la camisa—. ¡Mire! —exclamó, mostrándome una espalda cubierta de cicatrices y cardenales amoratados—. Esto es lo que me ha hecho «El Sonrisas», a mí, que llevo en las venas la sangre más noble de Portugal. En cuanto a lo que le voy a hacer yo a «El Sonrisas», eso aún está por ver.

---

[4] En español en el original. *(N. de la T.)*

Tal era la furia que vi en aquella mirada torva y aquella sonrisa blanca que no pude dudar de sus palabras, corroboradas por los coágulos y las llagas de su espalda.

—Diez hombres ya me han jurado fidelidad —me aseguró—. En unos días espero unirme a su ejército, cuando remate la faena que me retiene aquí. Entre tanto... —dijo, mudando repentinamente el rostro mientras me apuntaba veloz con el mosquete—: ¡Arriba las manos, perro francés —gritó—. ¡Arriba las manos o te vuelo la cabeza!

¡Comprendo vuestra incredulidad y asombro, amigos míos! Imaginad pues, mi mirada incrédula y mi gesto atónito ante el brusco final de nuestra conversación. Tenía ante mí la negra boca de un trabuco y, tras él, unos furiosos ojos negros. ¿Qué podía hacer? No me quedó otra. Levanté las manos. En ese instante el bosque se llenó del estruendo de unas voces que parecían gritar un nombre y el repiqueteo de unos pies corriendo. Cuando una turba de personajes siniestros se abrió paso entre la maleza supe que me habían hecho prisionero una vez más y me sentí el hombre más desdichado del mundo. Fue una suerte no llevar mi pistola en el cinto, pues me habría pegado un tiro en la sien. De haber tenido un arma no estaría hoy sentado en este café, recordando historias de los viejos tiempos.

A las órdenes del villano De Pombal, una horda de manos mugrientas y peludas me metió a empellones por el camino del bosque. Cuatro de los bandidos llevaban en volandas el cadáver del pobre Duplessis. Caía la noche cuando la espesura se abrió a los pies de la sierra. Los rufianes me arrastraron monte arriba hasta llegar al campamento de los guerrilleros, en una hondonada junto a la cima. Allí estaba la señal que tantos disgustos me había dado, una almenara cuadrada, justo sobre nuestras cabezas. Debajo vi dos o tres cabañas que debieron ser de unos cabreros, sin duda, antes de que estos bribones se apropiaran de ellas. Me arrojaron atado e indefenso al suelo de una de estas chozas, tirando a mi lado el cadáver de mi pobre compañero.

Estando allí tumbado tenía una sola idea en la cabeza: cómo hacer pasar las horas hasta poder llegar al hato de leña en lo alto del monte; y en ésas me hallaba cuando se abrió la puerta de la cárcel y entró un hombre. De haber tenido las manos libres me habría lanzado a su cuello, pues era el mismísimo De Pombal. Un par de bandidos venían pisándole los talones, pero los mandó marchar, cerrando la puerta a sus espaldas.

—¡So traidor! —le dije.

—¡Cállese! —exclamó—. Baje la voz, pues pueden oírnos y me juego la vida. He de decirle, coronel Gerard, que quiero ayudarle, cosa que ya intenté con su compañero fallecido. Cuando estábamos hablando junto al cadáver vi que nos tenían rodeados y no tuve otro remedio que hacerle prisionero. De haber dudado, me habrían hecho lo mismo que a usted. Le capturé al instante, para no perder la confianza de la banda. A poco que lo piense se dará cuenta de que no me quedó otra. Ahora no sé si podré salvarle, pero al menos lo intentaré.

Esto arrojaba una nueva luz sobre el asunto. Le dije que como no sabía hasta que punto decía la verdad, le juzgaría de acuerdo con sus actos.

—Nada me haría más feliz —respondió—. ¡Escuche el consejo que le voy a dar! El jefe quiere verle. Sea razonable o le emparedará entre dos maderos para serrarle por la mitad. No le lleve la contraria. Dígale cuanto quiera saber. Es su única posibilidad. Si logra ganar tiempo, tal vez sirva de algo. No podemos hablar más. Tenemos que irnos o despertaremos sus sospechas.

Me ayudó a levantarme y, abriendo la puerta, me sacó a rastras de allí; después, con ayuda de los rufianes que aguardaban fuera, me llevó a empellones hasta donde estaba el jefe de los guerrilleros, rodeado de sus malencarados seguidores.

Qué hombre tan extraordinario era Manuelo, «El Sonrisas». Gordo y de aspecto bonachón, con su gran cabeza calva y su rostro afeitado de tez sonrosada, parecía un auténtico padre de familia. Al contemplar su franca sonrisa me costó creer que me hallaba, efectivamente, ante el infame rufián cuyo nombre aterraba al ejército inglés tanto como al nuestro. Es bien sabido que Trent, un oficial inglés, le mandaría ahorcar por sus fechorías. Pero en ese momento estaba sentado sobre una roca, sonriéndome como si acabara de encontrarse con un viejo amigo. Pude ver, sin embargo, que uno de sus hombres estaba apoyado en un serrucho de larga hoja, cosa que bastó para curarme de mis falsas ilusiones.

—Buenas noches, coronel Gerard —me dijo—. Las tropas del general Massena nos han honrado sobradamente: un día viene el mayor Cortex, el coronel Duplessis aparece al día siguiente y hoy le toca al coronel Gerard. Quizá el propio mariscal piense honrarnos con su presencia. Tengo entendido que a Duplessis lo ha visto usted ya. A Cortex lo hallará clavado a un árbol ahí abajo. Ahora sólo nos falta decidir cómo podemos despacharle a usted.

El discurso no era precisamente alentador, pero su rostro gordezuelo estaba envuelto en sonrisas y al hablar ceceaba con una afectación verdaderamente encantadora. De pronto, sin embargo, se inclinó hacia delante y atisbé en sus ojos un fiero chisporroteo.

—Coronel Gerard, no puedo salvarle la vida, pues va contra nuestras costumbres —dijo—. Pero su muerte puede ser llevadera o terrible. ¿Cuál prefiere?

—¿Qué me pide a cambio?

—Si se aviene a una muerte llevadera, le pido que responda sinceramente a mis preguntas.

De pronto se me ocurrió una idea.

—Si lo que quiere es matarme, no puede importarle cómo sea mi muerte —le dije—. Si respondo a sus preguntas, ¿me dejará elegir la manera en que he de morir?

—Así sea —contestó—. Pero debe ser antes de la medianoche de hoy.

—¡Júrelo! —exclamé.

—La palabra de un caballero portugués es suficiente —dijo.

—No diré una palabra hasta que lo haya jurado.

Rojo de furia, desvió la mirada hacia el serrucho. Sin embargo, supo por el tono de mi voz que hablaba en serio y a un hombre como yo no se le puede someter a la fuerza. Entonces sacó una cruz de la *zamarra*[5] (una pelliza de cordero negro).

—Lo juro —dijo.

¡Ah, qué alegría sentí al oír aquellas palabras! ¡Menudo final, menudo final para el primer espada de Francia! Poco me faltó para soltar una carcajada de placer.

[5] En español en el original. *(N. de la T.)*

—¡Y ahora, sus preguntas! —le dije.

—¿Me jura responderlas con sinceridad?

—Sí, por el honor de un caballero y un soldado.

Como veréis, había jurado algo terrible, pero ¿qué era aquello comparado con lo que podía ganar mostrándome conforme?

—Este acuerdo me parece verdaderamente justo e interesante —dijo, sacándose un cuaderno del bolsillo—. ¿Le importaría volver la mirada hacia el campamento francés?

Mirando en la dirección que me indicaba, bajé la cabeza hacia el campamento que se extendía en el valle a nuestros pies. Pese a los veinticuatro kilómetros de distancia, el aire era tan limpio que se distinguía cada detalle con perfecta claridad. Miré los oscuros rectángulos de nuestras tiendas de campaña y barracones, las ordenadas filas de la caballería y las manchas oscuras que eran las diez baterías de artillería. ¡Qué pena me daba pensar en mi magnífico regimiento esperándome ahí abajo! ¡Y saber que jamás volverían a ver a su coronel! Un solo escuadrón me habría bastado para eliminar a esos vándalos de la faz de la tierra. La emoción me venció y se me saltaron las lágrimas al mirar hacia la parte del campamento donde sabía que había ochocientos hombres que se habrían dejado matar por su coronel. Pero mi tristeza se esfumó al ver tras las tiendas las volutas de humo del cuartel general de Torres Novas. Allí era donde estaba Massena, y, Dios mediante, esa noche cumpliría con mi misión aunque me fuera la vida en ello. Un estremecimiento de orgullo y alegría me recorrió el pecho. Habría querido tener una voz fuerte como un trueno para poder gritarles: «Miradme, soy yo, Etienne Gerard, quien morirá para salvar el ejército de Clausel». A decir verdad, era triste pensar que tal hazaña pudiera llevarse a cabo y que nadie estuviera allí para contarla.

—Bien —dijo el jefe de los bandidos—. Ve el campamento y también ve la carretera que lleva a Coimbra. Está atestada de carros y ambulancias. ¿Significa esto que Massena está a punto de retirarse?

Se veían avanzar las filas oscuras de vagones, con el ocasional destello metálico de la escolta. Promesas aparte, no había indiscreción alguna en admitir lo que ya era obvio.

—Emprende la retirada —dije.

—¿Por Coimbra?

—Eso creo.

—¿Y las tropas de Clausel?

Me encogí de hombros.

—Todos los caminos hacia el sur están bloqueados. Nuestros mensajes no les llegan. Si Massena se retira, las tropas de Clausel están perdidas.

—Deben arriesgarse —dije.

—¿Cuántos hombres tiene?

—Unos catorce mil, diría yo.

—¿Y caballería?

—Una brigada de la división de Montbrun.

—¿Cuántos regimientos?

—El 4.º de infantería ligera, el 9.º de húsares y un regimiento de cuirassiers.

—Así es —dijo, mirando su cuaderno de notas—. Parece que dice la verdad, pero Dios le ayude si miente.

Entonces empezó a repasar, una por una, todas las divisiones del ejército, inquiriendo sobre la composición de cada brigada. ¿Preciso decir que antes me habría dejado cortar la lengua que contarle tales cosas, de no haber tenido una meta de mayor importancia? Habría consentido en decirle todo aquello si pudiera con ello salvar el ejército de Clausel.

Al fin cerró su cuaderno, guardándolo en su bolsillo de nuevo.

—Le agradezco que me haya dado esta información, que le llegará a lord Wellington mañana —dijo—. Puesto que ha cumplido su parte del trato, me toca a mí cumplir la mía. ¿Cómo desea morir? Como soldado, sin duda, preferirá morir de un tiro, pero los hay que prefieren morir arrojándose por el precipicio del Merodal. Muchos lo han elegido, aunque, por desgracia, no hemos podido pedirles su opinión. También tenemos la sierra, que no parece ser tan popular. Podríamos ahorcarle, sin duda, pero es un engorro tener que bajar al bosque. Sin embargo, una promesa es una promesa, y como parece usted un buen hombre, no tendremos reparos en concederle su deseo.

—Me ha dicho que he de morir antes de la medianoche —contesté—. Por tanto, elijo el minuto inmediatamente anterior a esa hora.

—Muy bien —dijo él—. Es algo infantil aferrarse a la vida de tal modo, pero le concederemos ese deseo.

—En cuanto al método, quiero una muerte que el mundo entero pueda ver. Les pido que me pongan sobre ese hato de leña y me quemen vivo, como los santos y los mártires morían en la hoguera. No es una muerte corriente, pero hasta un emperador la envidiaría.

La idea pareció divertirle enormemente.

—¿Por qué no? —me dijo—. Si Massena le ha enviado para espiarnos, entenderá lo que significa una hoguera en el monte.

—Exactamente —dije yo—. Ése es el motivo que me mueve a pedírselo. Así sabrá, y será del dominio público, que he muerto como un soldado.

—No pongo objeción alguna —dijo el bandido con su abominable sonrisa—. Le mandaré a su cabaña un guiso de carne de cabra y una frasca de vino. Se está poniendo el sol y son casi las ocho. Prepárese para morir dentro de cuatro horas.

Sabiendo que me iba, el mundo se me antojaba hermosísimo. Miré la neblina dorada que tenía a mis pies, donde los últimos rayos de sol relucían sobre las azuladas aguas del Tajo, iluminando las velas blancas de los navíos ingleses. Era tan verdaderamente bello que daba una gran tristeza abandonarlo, pero existen cosas mucho más hermosas. El honor, el deber, la lealtad, el amor y, ante todo, poder dar la vida por los demás; todo ello tiene una belleza que no se percibe a simple vista. Con el pecho desbordado de admiración ante mi noble conducta, me pregunté si alguien llegaría a saber que me había sacrificado en la hoguera para salvar el ejército de Clausel. Con esa esperanza, recé por ello. ¡Qué gran consuelo le supondría a mi madre, qué gran ejemplo para el ejército y qué gran orgullo para mis húsares! Cuando De Pombal vino al fin a mi choza con la comida y el vino, lo primero que le pedí fue que escribiese un informe sobre mi muerte para enviarlo al campamento francés. No me dio ni una palabra de respuesta, pero cené con más apetito al saber que mi hazaña no pasaría del todo inadvertida.

Habrían pasado unas dos horas cuando la puerta se abrió de nuevo y el jefe asomó la cabeza. La choza estaba a oscuras, pero la antorcha del rufián que le acompañaba le iluminó los ojos y los dientes de un modo siniestro.

—¿Listo? —me preguntó.

—Aún no ha llegado el momento.

—¿Sigue empeñado en eso del último minuto?

—Una promesa es una promesa.

—Muy bien. Así sea. Tenemos pendiente un escarmiento entre los nuestros, pues uno de mis muchachos se ha portado mal. Nuestras severas normas no conceden favoritismos, como podría decirle De Pombal, aquí presente. Encárgate de atarlo y subirlo sobre el hato de leña, De Pombal, que yo vendré para verlo morir.

El aludido entró con el hombre de la antorcha, mientras se oían los pasos del jefe alejándose. De Pombal cerró la puerta.

—Coronel Gerard, debe fiarse de este hombre, pues es uno de los míos. Nos jugamos el cuello, pero tal vez logremos salvarle. Como el riesgo que corro es grande, quiero que me haga una promesa firme. Si le salvamos, ¿nos asegura que seremos bien recibidos en el campamento francés y que el pasado quedará olvidado?

—Respondo de ello.

—Y yo confío en su palabra de honor. Ahora, rápido, rápido, ¡no tenemos ni un instante que perder! Si ese monstruo nos descubre, los tres sufriremos la peor muerte.

Al ver lo que estaba haciendo, me quedé atónito. Estaba enrollando una larga soga en torno al cuerpo de mi compañero muerto, tapándole la boca con un pañuelo que casi le ocultaba el rostro.

—¡Túmbese ahí! —exclamó, haciéndome ocupar el lugar del hombre muerto—. Afuera me esperan cuatro de mis hombres, que pondrán este cuerpo sobre el hato de leña.

Abriendo la puerta, dio una orden. Al instante entraron varios rufianes y se llevaron el cuerpo de Duplessis. En cuanto a mí, me quedé tumbado en el suelo, en un confuso estado entre la esperanza y el asombro.

Cinco minutos después regresaron De Pombal y sus hombres.

—A todos los efectos, es usted quien se halla tumbado sobre la leña —me dijo—. Desafío a quien me diga que no lo es, pues tan bien lo hemos atado y amordazado que no lograría hablar ni moverse. Ahora sólo nos queda sacar de aquí el supuesto cadáver de Duplessis y arrojarlo por el precipicio de Merodal.

Dicho esto, dos de ellos me agarraron por los hombros y otros dos por los talones, sacándome de la choza como un fardo inerte. Al salir al aire libre, poco me faltó para dar un grito de asombro. La luna se había alzado sobre el hato de leña, iluminando con su luz plateada la silueta del cuerpo que yacía encima. Los demás bandidos debían estar en su campamento o reunidos en torno a la señal, pues ninguno de ellos se acercó ni indagó sobre nuestra pequeña comitiva. Al frente del grupo, De Pombal les guiaba hacia el precipicio. Una vez allí ya no nos podían ver, de modo que pude ponerme en pie. De Pombal señaló hacia un camino estrecho y enrevesado.

—Por ahí podrá bajar —dijo, añadiendo en tono sorprendido—: *¡Dios mío!*[6] ¿Qué es eso?

Un escalofriante aullido salió del bosque a nuestros pies. Vi que De Pombal temblaba como un caballo asustado.

—Es ese demonio de hombre —susurró—. Está haciéndole a otro lo que me hizo a mí. ¡Pero démonos prisa, pues Dios nos ayude si llega a ponernos las manos encima!

Uno por uno bajamos a trompicones por el camino de cabras. Al llegar al fondo del precipicio nos adentramos en la maleza una vez más. De pronto, un fulgor amarillo iluminó el cielo y las oscuras sombras de los árboles que nos rodeaban parecieron salir disparadas hacia delante. Habían prendido el hato de leña a nuestras espaldas. Pese a estar lejos se veía el cuerpo inerte envuelto en llamas y las siluetas oscuras de los guerrilleros bailando y aullando como caníbales en torno a la pira. ¡Ja! ¡Qué placer sentí al levantar un puño amenazador en dirección a esos malditos perros y jurar que ya llegaría el momento de vernos las caras!

De Pombal sabía dónde estaban destacadas las avanzadillas y conocía todos los caminos que atravesaban el bosque. Pero para no toparnos con los rufianes tuvimos que ir por el monte, haciendo muchos kilómetros de fatigoso camino. ¡Feliz habría hecho yo esas leguas de más habiendo podido ver lo que tanto anhelaba!

---

[6] En español en el original. *(N. de la T.)*

Serían las dos de la madrugada cuando nos detuvimos en la desnuda ladera de una loma donde el camino hacía una curva. Al volver la cabeza vimos el resplandor rojizo de las ascuas de la hoguera, como si unos fuegos volcánicos estallaran en lo alto del Merodal. Y fue entonces cuando advertí otra cosa, algo que me hizo gritar de alegría y tirarme al suelo alborozado. A lo lejos, en el horizonte meridional, brillaba y parpadeaba un enorme destello amarillo que no era una casa, ni tampoco una estrella, sino la señal de respuesta desde el pico de la Osa, anunciando que el ejército de Clausel había recibido el mensaje que Etienne Gerard debía hacerles llegar.

RELATOS DESDE HISPANOAMÉRICA

MANUEL MUJICA LAINEZ

LOS RECONQUISTADORES (1806)
LA CASA CERRADA (1807)
EL AMIGO (1808)
PRISIÓN DE SANGRE (1810)

LOS RECONQUISTADORES (1806)

El olor del churrasco crucificado en el asador consolaba y aguijaba simultáneamente el hambre de Bertrand Suliac. Por la abertura de la choza se veían, más allá de los talas y del ombú rocoso, más allá de las densas cortinas de lluvia, las iluminadas ventanas de la quinta. Sus marcos aprisionaban fugazmente, como dentro del varillaje de una galería de cuadros históricos, las figuras de los militares: el capitán de navío Santiago de Liniers, de rojo y azul flordelisado de oro; el coronel Agustín de Pinedo, con la chupa encarnada de los dragones de Buenos Aires; el capitán Juan Gutiérrez de la Concha. A veces asomaba entre ellos, con ademanes desmedidos, François-de-Paule Hippolyte Mordeille, el corsario francés.

Habían llegado a San Isidro dos días antes, calados hasta los tuétanos, famélicos, rendidos de fatiga, pues la travesía iniciada en la Colonia había sido azarosa por la oscuridad y el temporal del sudeste que aventó las naves. Desde la margen del río del Tigre, los soldados arrastraron con la lengua fuera los viejos cañones, por el camino de la costa. Dijérase que el barro tenía manos que tiraban de los ejes. Los chubascos, al transformarse en tormenta, les obligaron a detenerse en los Montes Grandes. Liniers y los oficiales se alojaron en la casa que había pertenecido a los Montalvos y que ahora, después de una sinuosa testamentaría papelera, había sido adquirida por don Fernando Islas de Garay, descendiente del fundador de Buenos Aires. Los mil trescientos hombres que componían la tropa se diseminaron en los contornos. Los vecinos hospitalarios les recibieron generosamente. No ignoraban que sus huéspedes marchaban a la reconquista de la ciudad, prisionera del inglés.

En los ranchos y en las casonas esparcidas alrededor de la capilla levantada por el capitán Domingo de Acassuso, se improvisaban vivaques tumultuosos. Las brasas chisporroteaban bajo las enramadas y en los soportales modestos. Artilleros, miñones, blandengues, dragones y algunos paisanos que se habían sumado a las fuerzas en la carretera de Las Conchas, devoraban cuanto se les ofrecía. Entre ellos llamaban la atención por su facha los setenta y tres marineros del corsario Mordeille. Eran gárrulos y pintorescos. Discutían en lenguas extrañas, barajando el francés con los dialectos de Normandía y de Provenza y mechando el todo con vocablos recogidos al azar en sus andanzas por el Caribe y por los golfos del continente negro. Uno tenía una cotorra perchada en la muñeca. Otro ostentaba un parche sobre el ojo izquierdo, de acuerdo con la mejor tradición de la bucanería. Los más mostraban en sus brazos arremangados el tatuaje de anclas y mujeres desnudas. Se interpelaban a voces roncas y su desplante contrastaba con el recelo amoscado de los criollos y con el despacioso desdén de los españoles, quienes, aun los más harapientos, se daban aires de hidalgos.

Sosegada la picazón de las entrañas con una pierna de cordero bien rociada de vino de Cuyo, Bertrand Suliac se desperezó sin saber qué partido tomar. Había llovido desde su llegada y el agua del cielo no pararía de caer en todo el día y acaso el siguiente. A pesar de que aún era temprano, el encapotamiento ponía doquier tintas nocturnas y tenebrosas. En la sala de la residencia, los esclavos habían encendido las velas en las grandes arañas de cristal. Protegiéndose del aguacero con un poncho, el muchacho se arrimó a una de las ventanas y atisbó el interior. Los jefes rodeaban una mesa cubierta por un plano. Las bujías hacían brillar la nieve de sus pelucas. Cuando Liniers se volvió, la cruz de Malta arrojó chispas, como un cairel, en su solapa bicolor. Un anciano caballero, el dueño de casa, se inclinaba, obsequioso. Entre tantos señores —y al fondo estaba, junto a los jóvenes marinos, don Cándido de Lasala, sobrino de un santo—, Mordeille desconcertaba con su desaliño. Liniers le hablaba de vez en cuando en su idioma, para sosegarle. Trajeron los mates los niños de la casa.

Bertrand bostezó y se alejó hacia las cuadras de la servidumbre. Aquí y allá, los fogones pintarrajeaban los uniformes untados de sombra. De pie detrás de los soldados, los gauderios de crencha lacia (que algunos llamaban ya «los gauchos») escuchaban sin intervenir en la conversación. En un corro, uno cantaba acompañándose con una guitarra. La melancolía de los versos que comprendía apenas fastidió a Suliac. Se sujetó el pañuelo verde que le ceñía la cabeza y le titilaron los aros de oro. Entró en la noche.

Pensaba en su Bretaña remota, tan distinta de esta tierra por la cual pronto tendría que luchar y acaso dar su sangre.

A la zaga de Mordeille había sucumbido siendo casi un niño a la tentación novelesca de la piratería, y anduvo en navíos de toda traza con nombres absurdos pintados en la popa. Había desembarcado dos días antes de la fragata *Dromedario* con patente de corso del rey de España, para comenzar una aventura más, quizá la más curiosa de su existencia. No se trataba ya de pelear cuerpo a cuerpo, en los puentes confusos, bajo las arboladuras destrozadas, en pos de un tesoro o de rehenes que pagarían un bello rescate, sino de acudir en defensa de una ciudad capturada por el invasor. Los himnos de la Revolución Francesa, que desde su infancia le habían estremecido, resonaban ahora, misteriosamente, entre los sauces mojados de la barranca del Río de la Plata. El odio a los opresores alentaba en él como otra respiración. El corsario llevado y traído por las olas no podía sufrirles.

Por eso canturriaba alegremente mientras ambulaba por los caminillos de la quinta, saltando sobre los charcos. Un corredor de alero, cercano de la ranchería de los esclavos, le brindó su abrigo. De un brinco más se plantó bajo sus tejas. Los ojos empapados no le dejaron distinguir nada al principio. Se quitó el poncho, que el agua tornara pesado y rígido como una armadura. A la luz de un brasero, advirtió que en la extremidad de la galería había otra persona. Se aproximó cautelosamente entrecerrando los párpados.

Era una mujer joven y le daba la espalda. Indiferente al trajín que turbaba la monotonía del quintón, seguía entregada a su trabajo. En un alto mortero de madera estaba machacando el maíz destinado a la mazamorra. Bertrand valoró su cadera redonda y arqueada y sus piernas robustas bajo la saya recogida. Había atado el pelo negro en un rodete hecho a la diabla.

El muchacho silbó suavemente y ella giró sobre los talones, temerosa. En la soledad del alero, al escaso resplandor amarillo, se contemplaron un instante. Veía él una mujer morena de ojos pardos y labios de gula. El cuerpo se le marcaba en la desgarrada sencillez del vestido. Ella observaba al mozo cuyos ojos clarísimos de celta se destacaban en un rostro curtido por los soles oceánicos. Una cicatriz culebreó sobre la mejilla derecha del marinero cuando tornó la cara. Sus aros recibieron la estocada de la luz.

Suliac inició el palique en su media lengua que la hizo sonreír. Sonrió él también y albearon las dos dentaduras. La moza no había conocido jamás a un hombre como ése, ni siquiera había imaginado que existiera. Los pocos que había tratado eran autoritarios y taciturnos. Cuando hablaban dejaban las manos inmóviles sobre el facón o caídas a lo largo de los flancos. Siempre quedaban entre ellos, mateando o riñendo o embriagándose con un vino que les manchaba la boca. Se saciaban con las mujeres como si fueran bestias. En cambio el forastero parecía pendiente de su voluntad. Le decía unas cosas oscuras que la hechizaban tanto como su faz dorada que apenas velaba el vello sutil. Y todo el tiempo sonreía, retorciendo un mechón color bronce sobre la frente.

En breve el marinero le tomó una mano, obligándola dulcemente a abandonar el palo con el cual majaba el maíz. Quería saber, por adornar la charla pobre, si tenía algún cortejante. Parpadeó la mujer y ruborizándose replicó que era casada. Bertrand no comprendió e insistió en su pregunta. Ella respondió de nuevo, y, ante el gesto de sorpresa del muchacho, le señaló a lo lejos, para indicarle que el marido estaba ausente. El bretón entendió por fin, hizo un guiño picaresco y optó por reír acariciándole los dedos ásperos. Ella añadió:

—Tiene de venir mañana, pa juntarse con los que van a Buenos Aires.

Bertrand no necesitó que se lo repitiera. Sus manos ascendían ahora con sabia presión por los brazos tostados, hacia los pechos duros.

Repiqueteaba la lluvia. En la penumbra trastornada de relámpagos no se oía ya la voz de la soldadesca. Entre el sauzal pasó a escape el coronel Agustín de Pinedo con dos edecanes. Iba a reunir la tropa.

Bertrand Suliac tumbó ahí mismo a la morenita deslumbrada, ahí mismo, sobre unas bolsas vacías. Los golpes de viento, al torcer las túnicas de agua, les salpicaban a veces, y la criolla reía como una niña. Un pájaro tiritante revoloteó como ciego y se refugió en las vigas de palma. El perfume de las hojas y de la tierra creaba una armonía singular con el croar de las ranas infinitas y el balbucir del brasero que entibiaba el aire. El bretón tuvo la sensación fantástica de que ambos bogaban a la deriva en un barco que la tempestad no lograba conmover. Un mar verde, embrujado, les circundaba. Y no había en su extensión rumorosa más navegantes que ellos dos y el pájaro que temblaba allá arriba; ni más brújula que esa boca semiabierta, roja.

Al amanecer entraron en una pequeña habitación vecina. Ella le cebó un mate y el francés se quemó la punta de la lengua al sorberlo. La muchacha se acostó en un cuero de toro tendido sobre el suelo de tierra apisonada. Su cuerpo moreno resaltaba como enjoyado en la miseria del ambiente. Bertrand le refería ahora cuentos de su vida vagabunda. Le describía las selvas de Angola, donde crece el baobab y las jirafas se frotan el cuello contra los cocoteros; le pintaba los encantados archipiélagos del Mar de los Sargazos, donde los piratas antiguos enterraron las barras de metal de las catedrales y de las fortalezas antillanas. La criollita bebía sus palabras, a las que el titubeo del idioma agregaba un sabor de fruto exótico.

En la galería se oyó un ruido quedo, como el que podría hacer una espuela al rozar sigilosamente una baldosa. Suliac se levantó de un salto y se anudó la faja. Abrió la puerta y espío a ambos lados. Luego, con la punta de los dedos, envió un beso a la mujer que se había incorporado apoyándose en un codo y que, asustada, tapaba su carne con una piel de oveja. No había nadie en el corredor. El muchacho recogió el poncho y, ágil como un galgo, escapó a través del jardín hacia el campamento de las gentes de Mordeille. Volaba casi sobre los macizos que florecían en setiembre.

Contra los cálculos de los capitanes, había cesado de llover. En todo San Isidro, las tropas se aprestaban a marchar sobre Buenos

Aires. Los restos de las fuerzas deshechas en el caserío de Perdriel se les añadieron, trayendo noticias contradictorias. A poco los cañones rodaban sobre la carretera. A pie y cabalgando, los soldados los seguían.

Bertrand Suliac buscó entre la pueblada reunida para despedirles a su compañera nocturna. La avistó bajo el ombú. Un paisano alto y flexible le rodeaba la cintura con el brazo. No hablaban. El hombre tenía algo de árabe y algo de indio, quizá por lo curvo de la nariz fina y el tinte de la piel. Cuando montó a caballo, el corsario notó que calzaba botas de cuero de potro, con los dedos asomados, y que ceñía a los calcañares enormes espuelas de plata.

El 12 de agosto de 1806, las tropas se dividieron en tres columnas y avanzaron hacia el centro de la ciudad, por las calles de la Merced, de la Catedral y del Correo. Habíase fijado la hora del ataque pero la precipitaron los marineros de Mordeille y los voluntarios catalanes de Bofarull. Grupos de campesinos se mezclaron con ellos. Los facones pugnaban por salírseles de los cintos y blandían los trabucos naranjeros. Se deslizaron hasta las cercanías de la Plaza Mayor y abrieron el fuego rabiosamente. Detrás, ante lo ineludible, el grueso del contingente se adelantó hacia la fortaleza.

Bertrand Suliac bailaba de gozo. El olor a pólvora le enardecía. Dejando la calle, subió a una azotea y comenzó a tirar sobre los ingleses que retrocedían hacia las murallas virreinales. Otros franceses le acompañaban y gritaban como él, jurando y haciendo ademanes descompuestos cada vez que las casacas rojas caían en el ancho descampado.

Por la calle del Santo Cristo iban las milicias de la Colonia y los dragones de Buenos Aires. Liniers lo hacía por la de la Merced. El pueblo, frenético, ayudaba a empujar las piezas de artillería. Pronto se vio que los británicos no podrían sostenerse, pues uno a uno abandonaban sus baluartes, replegándose sobre la Recova.

Suliac ganó el Hueco de las Ánimas, aquel que los fantasmas visitaban de noche. Cuando se dobló para cargar el arma, advirtió a su vera al hombre de nariz aguileña que era probablemente el marido de su amante de San Isidro. El corazón le latió con fuerza. Ni los tenientes más aguerridos del famoso Regimiento 71, ni los del destacamento de Santa Helena, le infundían pavor; había dado pruebas de su bizarría en los mares más revueltos del globo; pero este paisano silencioso le sobrecogía de miedo. Le miró con el rabillo del ojo, mientras colocaba el cartucho, y trató de serenarse. ¿Quién podía asegurarle que el otro le hubiera visto en la habitación de la morena? Lo más posible es que ni siquiera hubiera regresado a la choza cuando Bertrand estaba todavía en ella. Para aquietarse, se esforzó por analizar en el recuerdo el rumor levísimo que se parecía —eso es, se parecía, sólo se parecía— al roce de una espuela sobre un mosaico y que había escuchado esa madrugada. No. No podía ser una espuela. Quizá una rata había pasado sobre las baldosas y había movido algo. Sí; eso sería todo.

Entretanto, el gauderio no paraba mientes en él. Flemático, descargaba su carabina.

Bertrand se irguió y le sonrió a medias. Musitó una frase entre dientes, cualquier cosa sobre el desarrollo del combate, y el hombre le respondió con simplicidad. Suliac respiró de alivio. Le impulsó de repente la urgencia de conquistar la buena voluntad de su peligroso aliado, de alcanzar la absoluta certeza de que por ese lado no tenía nada que temer. Púsose a hablar con volubilidad y el otro le siguió la charla con monosílabos corteses. Alentado, el marinero le palmeó la espalda.

La división inglesa se había encerrado en los bastiones. Su defensa no duraría mucho. El pueblo colmaba la plaza. Los corsarios de Mordeille arrimaron escalas a los baluartes y treparon por ellas como equilibristas. Bertrand Suliac, ebrio de alegría, revivía otras escenas: aquellas que le habían visto rebotar, el cuchillo entre los dientes, hasta la altura de los velámenes restallantes, en las luchas del mar. Se apresuraba entre los primeros hacia los parapetos donde flameaba ya el trapo blanco de la rendición.

La bandera española ascendía en la transparencia del cielo, limpio ahora de nubes. Había terminado la empresa heroica. Frente a uno de los arcos del Cabildo, Liniers, como un caballero de gesta, todo luces y bordados, abrazaba al brigadier Beresford y le devolvía la espada coruscante.

El muchacho bretón, que había permanecido en el pasadizo de ronda, abarcó de una ojeada la plaza en la que deliraba la multitud. Los clamores de triunfo brotaban doquier. El Cabildo, la Catedral, la Recoleta, espejeaban como si los hubieran lustrado para dar más gloria al espectáculo. Bertrand, en la bruma de las páginas, comprendió entonces cuánto amaba la libertad, cuán hondamente llevaba metida en la sangre su pasión generosa.

Allá abajo, entre un grupo de blandengues y catalanes, el hombre aguileño le hizo señas con una mano. Mientras bajaba los peldaños de dos en dos, el marinero se dijo que, para ser completamente feliz ese mediodía de victoria, debía agasajar a aquel a quien, sin proponérselo, había burlado. El destino lo había querido así... ¡Mala suerte! Pero hoy se olvidaban las ofensas, hoy renacían a una vida mejor, más pura, más hermosa. Ya habría tiempo de convidarle con cuatro, con seis, con diez copas, en la fonda de Los Tres Reyes; ya habría tiempo de ser su amigo.

El estruendo de la muchedumbre no paraba. En breve los ingleses entregarían sus pertrechos y sus estandartes.

Bertrand se acercó al paisano, cantando a plenos pulmones la canción de los voluntarios marselleses que agita como un huracán las enseñas republicanas. Brillaban sus ojos infantiles; el pelo de bronce, alocado, añadía a su belleza; su entusiasmo se comunicaba como un incendio. En torno aplaudían los lobos del pirata Mordeille alzando los brazos tatuados de azul con mujeres desnudas. El muchacho repetía:

Allons, enfants de la Patrie,
le jour de gloire...

El paisano levantó la carabina y de un golpe seco de la culata le hundió el cráneo.

LA CASA CERRADA (1807)

El texto de esta confesión ha sido bastante modernizado por nosotros, suprimiendo párrafos inútiles, condensando algunos y añadiendo aquí y allá un retoque. Ignoramos el nombre de su autor.

«... Quizá lo más lógico, para la comprensión plena de lo que escribo, fuera que yo le hablara ante todo, reverendo padre, acerca de la casa que de niños llamábamos "la casa cerrada" y que se levanta todavía junto a la que fue del doctor Miguel Salcedo, entre el convento de Santo Domingo y el hospital de los Betlemitas. Frente a ella viví desde mi infancia, en esa misma calle, entonces denominada de Santo Domingo y que luego mudó el nombre para ostentar uno glorioso: Defensa.

¡Cuánto nos intrigó a mis hermanos y a mí la casa cerrada! Y no sólo a nosotros. Recuerdo haber oído una conversación, siendo muy muchacho, que mi madre mantuvo en el estrado con algunas señoras, y en la cual aludieron misteriosamente a ella. También las inquietaba, también las asustaba y atraía, con sus postigos siempre clausurados detrás de las rejas hostiles, con su puerta que apenas se entreabría de madrugada para dejar salir a sus moradores, cuando acudían a la misa del alba en los franciscanos y, poco más tarde, a la mulata que iba de compras. No necesito decirle quiénes habitaban allí. Con seguridad, si hace memoria, lo recordará usted. Harto lo sabíamos nosotros: eran una viuda todavía joven, de familia acomodada, y sus dos hijas. Nada justificaba su reclusión. Las mozas crecieron al mismo tiempo que nosotros, pero jamás cambiaron ni con mis hermanos ni conmigo ni con nadie, que yo sepa, una palabra. Se rebozaban como monjas para concurrir al oficio temprano. Luego conocí el motivo de su enclaustramiento. Por él he sufrido mi vida entera; a causa de él le escribo hoy con mano temblorosa, cuando la muerte se aproxima. Debí hacerlo antes y lo intenté en varias oportunidades, pero me faltó audacia.

En una ocasión —ellas tendrían alrededor de quince años— pude ver el rostro de mis jóvenes vecinas. La curiosidad nos inflamaba tanto, que mi hermano mayor y yo resolvimos correr la aventura de deslizarnos hasta la casa frontera por las azoteas que la cercaban. ¡Todavía me palpita el corazón al recordarlo! Aprovechamos la complicidad de un amigo que junto a ellas vivía y, silenciosos como gatos, conseguimos asomarnos con terrible riesgo a su patio interior. Allí estaban las dos muchachas sentadas en el brocal del aljibe, peinándose. Eran muy hermosas, reverendo padre, con una hermosura blanquísima, de ademanes lentos; casi irreal. Las mirábamos desde la altura, escondidos por un enorme jazminero, y se dijera que el perfume penetrante ascendía de sus cabelleras negras, lustrosas, tendidas al sol. Desde entonces no puedo oler un jazmín sin que en mi memoria renazca su forma blanca y negra. Fue la única vez que las vi, hasta lo otro, lo que le narraré más adelante, aquello que sucedió en 1807, exactamente el 5 de julio de 1807.

La circunstancia de haber nacido en Orense, aunque mis padres me trajeron a Buenos Aires cuando empezaba a caminar, hizo que después de la primera invasión inglesa me incorporara al Tercio de Galicia. Intervine con esas fuerzas en acontecimientos que ahora, tantos años después, su osadía torna mitológicos.

El 5 de julio de 1807 —habría transcurrido un lustro desde que entreví fugazmente a mis vecinas en su patio— fue para mi vida, como lo fue para Buenos Aires, un día decisivo.

A las órdenes del capitán Jacobo Adrián Varela tocome defender la Plaza de Toros, en el Retiro. Me hallé entre los cincuenta o sesenta granaderos que a bayonetazos abrieron un camino entre las balas, para organizar la retirada desde esa posición que cayó luego en poder del brigadier Auchmuty. Nuestra marcha a través de la ciudad alcanzó un heroísmo que señalaron los documentos oficiales. Jamás la olvidaré. Jamás olvidaré el fango que cubría las calles, pues había llovido la noche anterior, y nuestro avance ciego entre las quintas abandonadas donde ladraban los perros, mientras retumbaban doquier los cañones y la fusilería. Mi jefe perdió las botas en el lodo; yo dejé un cuchillo, la faja... Nadie hubiera reconocido nuestro uniforme blanco y azul. Nadie hubiera reconocido a nadie, cuando corríamos por las calles entre las lucecitas moribundas, guiados por el clamor de los heridos y por la voz entrecortada de Varela que nos alentaba a seguir.

Llegamos así, negros de cieno y de sangre, hasta mi barrio. Allí nos enteramos de que sir Denis Pack, herido por los patricios, se había refugiado en Santo Domingo con sus hombres. Otros refuerzos se le sumaron, encabezados por el general Craufurd. La confusión era atroz. Los carros de municiones, volcados, interceptaban la marcha. Los brazos de los heridos aparecían entre los sables y los fusiles tirados al azar. Aquí y allá, los trajes de los britanos coagulaban sus manchas rojas. Desde la torre del convento, transformada en fortaleza, los ingleses sembraban el estrago. Había soldados en todos los techos y también vecinos y muchas mujeres que arrojaban piedras y agua hirviendo sobre los invasores.

Varela entró a escape con la mitad de su tropa en la casa del doctor Salcedo. A poco le vimos surgir entre los balaústres de la azotea, encendido, vociferante, y abrir el fuego contra el campanario de los dominicos. Nos ordenó a gritos, a quienes todavía quedábamos en la calle, que hiciéramos lo mismo desde la casa lindera. Esa casa, reverendo padre, era la casa cerrada.

Estaba cerrada como siempre. En la azotea distinguí a la dueña y sus dos hijas. Iban y venían, enloquecidas, con tachos humeantes. Uno de los oficiales se acercó a la puerta y trató de abrirla pero no pudo. Entonces nos comandó a otros dos granaderos y a mí —a mí, precisamente a mí— que destrozáramos la cerradura. Fue una impresión extraña, independiente de cuanto sucedía alrededor, algo que no tenía nada que ver con la guerra espantosa y que me incomunicaba con ella. ¿Cómo explicárselo? Fue como si en ese instante comenzara mi guerra, mi propia guerra personal, en el huracán de la otra, la grande, que por doquier me envolvía pero de la cual me separaba una zona indefinible.

Nos precipitamos hacia el interior, cruzamos como un torbellino los dos patios y ascendimos al techo por una frágil escalerilla. Las mujeres nos recibieron sin decir palabra. En verdad, no teníamos tiempo para ocuparnos de su actitud. Lo único que nos movía era matar, matar rabiosamente. Y lo hicimos.

El capitán Varela apareció entre nosotros. Se dirigió a mí y a quienes me rodeaban.

—Vayan abajo —nos dijo bruscamente— y secunden el tiroteo desde las ventanas.

De inmediato le obedecimos, mas cuando nos aprestábamos a lanzarnos por los peldaños, se nos cruzó la señora. Advertí entonces, en un relámpago, que ella también debía haber sido muy hermosa, acaso tan hermosa como sus hijas.

Nos suplicó:

—No, abajo no...

De un empellón la hicieron a un lado. Y ya estábamos en las salas y en las alcobas, ya arrastrábamos los muebles, ya entreabríamos los postigos con los caños de los fusiles.

—¡La otra habitación! —me ordenó un oficial—. ¡La última! ¡Encárguese usted!

Penetré allí automáticamente. Todo se hacía automáticamente ese día en que nos ensordecían las descargas y nos sofocaba la pólvora.

Era un aposento pequeño. Estaba a oscuras. Calculé la posición de la ventana por la fina hendidura que en torno del postigo dibujaba un hilo de luz. Me adelanté a tientas y de un culatazo separé las hojas. No pensé más que en continuar matando, pero entretanto la atmósfera de la casa pesaba sobre mi nuca como algo viviente, sólido. Cuando me detuve para cargar el arma, observé que a mi lado estaba la señora. La acompañaban sus dos hijas. Me miraban con ojos dementes. Hice un movimiento para aproximarme y sosegarlas, y las tres retrocedieron hacia el fondo del cuarto que yacía en penumbra. Detrás de ellas se levantó algo que no puedo definir sino como un gruñido, un angustiado gruñido de animal.

Por segunda vez desde que había violado la clausura, me sobrecogió la sensación rarísima de que estaba viviendo un episodio aparte de los que sacudían a la ciudad. Fue —claro que por un momento— como si la lucha de las calles y de las azoteas no tuviera significado en sí misma, como si sólo sirviera de encuadramiento remoto a otro drama, íntimo, agudo, sutil, del cual éramos los únicos protagonistas.

Recordé que antes, a lo largo de los años, había escuchado ese mismo grito ronco. Se alzaba en mitad de la noche y me estremecía, en mi cuarto cercano, con su inflexión inhumana, agorera.

Di un paso hacia las mujeres.

—No —pronunció la señora—, por favor, no...

Detrás, en la sombra, vi al ser horrible. ¿Necesito describírselo, reverendo padre? Se trataba, indudablemente, de un hombre. De hombre tenía la cabeza barbuda, pero su cuerpo diminuto era el de un niño, con excepción de las manos grandes, cubiertas de vello, obscenas. Clavó en mí los ojos malignos, y por ellos reconocí su parentesco con las muchachas. Era su hermano. Ese monstruo era su hermano.

El tableteo de las balas ahogó mi exclamación. De un salto me acurruqué en mi puesto de combate. Mientras apuntaba, el corazón me latía loco. A veinte pasos cayó un inglés con los brazos extendidos, un inglés muy rubio, casi tan dorado el pelo como las charreteras.

En la habitación, la madre se echó a llorar. Gruñó el monstruo. Yo seguía tirando. Ya lo comprendía todo. Ya poseía el secreto de la casa cerrada, de la prisión de esas mujeres jóvenes y bellas, a quienes el feroz orgullo materno obligaba a encarcelarse para que nadie supiera lo que yo sabía.

El oficial bramó a través de la puerta:

—¡A la calle, a la calle, a Santo Domingo!

Me ajusté el cinturón. Mis compañeros me llamaban. Me volví para seguirles. Nada había cambiado en el fondo del aposento. La madre, sentada en el lecho, gemía tapándose los oídos. Detrás asomaba la cabeza diabólica, oscilante, babeante. Las dos hijas se abrazaban con miedo. Me miraron y adiviné en su crispación anhelosa un ruego desesperado. Fue como si súbitamente una oleada del fresco perfume de los jazmines me envolviera en pleno mes de julio. Todavía me quedaba una bala en el fusil. Reverendo padre, cualquier hombre hubiera hecho lo que hice. Un tiro seco, un solo tiro seco... ¡A tantos otros había muerto ese mismo día desde la retirada de la Plaza de Toros: oficiales fuertes y esbeltos, soldados que apenas salían de la adolescencia, a tantos, a tantos! Cayó la cabeza espantosa, como en un juego, como si fuera una cabeza de cartón y de lana...

Hasta hoy me persigue el alarido de la madre, hasta hoy, como me persiguió el 5 de julio de 1807 en mi fuga por la calle de Santo Domingo, negra y roja de cadáveres, lejos de la casa cuyas puertas había arrancado...».

EL AMIGO (1808)

Gerardo baja trabajosamente la empinada escalera. Cuando mira hacia el patio, le acomete un vértigo terrible y la tentación de arrojarse de cabeza, de rebotar, de terminar de una vez. Pero un instinto más recio le manda cerrar los ojos. Cesa entonces la danza de los peldaños y de las paredes; se aquieta la locura del candil que tiembla en el primer tramo y, paso a paso, ciego, rozando el muro, el estudiante prosigue el descenso infinito. En la noche de sus párpados, los ruidos de la plaza cobran multiplicado vigor. A los monstruos que conjurara al suprimir la visión y que se agazapaban al pie de la escalera o le acechaban entre los tiestos, suceden otros, más sutiles, que le soplan al oído frases incoherentes y que están a su lado y bajan con él, tanteando los peldaños roídos. El hambre le ahueca el cuerpo. Pero hoy no podría permanecer en el cuartujo de los Altos de Escalada, aguardando que algún vecino se apiade y le haga la caridad de un mendrugo. La habitación de Gerardo, tan cercana de la plaza, retumba como un tambor.

Una ráfaga de viento sube los escalones a galope, y el muchacho se dobla. Las pinceladas del candil bajo el cual se ha detenido muestran la lividez de sus pómulos y de sus ojeras. Despliégase su gabán de paño musgo, muy desgarrado, muy remendado, y sobre él revolotea la beca encarnada, esa faja que es lo único que le queda de su ropa estudiantil, pues el resto —la hopa negra, el escudo de plata con las armas reales y el bonete de tres picos— ha sido vendido ya, hace tiempo.

Cuatro borrachos trepan entre los gemidos del ventarrón. Uno canta con grotescos ademanes:

Estando la hija Silvana
sentadita en una silla,
oyen tocar la guitarra:
«Silvanita, hija mía».

Y los otros corean el viejo romance incestuoso:

La mandó emparedar
siete años y un día...

Ríen hasta las convulsiones, mientras ascienden. En el rellano, Gerardo les espera, apretándose contra la pared.

—¡Es el estudiante! —gritan los cuatro, y el pobrecito titubea, sacudido por las palmadas, y se cubre el rostro con las manos para eludir el tufo de vino que le echan encima y le da náuseas.

—¡El estudiante espantapájaros! —silabea pastosamente uno, un gallego—. ¡El dominus del Real Colegio Convictorio Carolino! ¡Dominus vobiscum, y qué cara de pascuas trae y qué bien se apronta a jurar al rey!

—¡Hoy hay que beber! —exclama hipando el más ebrio—. ¡Y aquí va una moneda para que la bebas a la salud de su majestad!

La pieza de plata brinca en el aire y recoge, fugaz, la claridad de la lamparilla. Se escucha su choque metálico, alegre, contra las baldosas que la hierba perfila allá abajo, abajo, en el patio remoto.

Gerardo queda solo. Tarda un buen espacio en recobrarse. Entretanto, de la Plaza Mayor viene el estampido de los cohetes. Mañana, domingo 21 de agosto de 1808, los deconcertados súbditos de Buenos Aires jurarán lealtad a un monarca que les traiciona. Esta noche, adelantándose, el virrey Liniers ha dispuesto que los festejos comiencen con luminarias y músicas.

Lentamente, el mozo consigue llegar al patio. Hay en él inusitado trajín. La humilde población del edificio de los Altos de Escalada —que llaman «la cuartería»— es muy numerosa. Pero hoy parece haber aumentado, y que por cada vieja astrosa, por cada bolichero, por cada negro, de los que antes habitaban allí, seis o siete asoman las cabezas doquier. La presencia de Gerardo, con su ropaje absurdo, es saludada con nuevas bromas. Él tiene una sola preocupación: hallar la moneda que en alguna parte se disimula, entre las macetas de secos geranios, entre los fardos de pienso, entre las sillas tumbadas al azar, entre los desperdicios. Los demás le atropellan, le acosan, cuando prolonga su búsqueda andando con pies y manos, como un perro. La ronda cruel contribuye a su confusión, hasta que encuentra el disco de plata y sale tambaleándose a la demencia de la Plaza Mayor.

Allí, los ruidos crecientes y los olores golpean su cabeza vacía.

Hay luces en todas partes: en el arco central y en las azoteas de la flamante Recova, coronadas de pilares y rejas; en las galerías del Cabildo, donde su chisporroteo alterna con el llamear de las grímpolas y las banderas; en las casas particulares, cuyas ventanas dejan ver las arañas resplandecientes. Globos amarillos y rojos penden de las cornisas. Algún tapiz cuelga de un balcón. Y en los corredores enladrillados negrea el pueblo sobre la escoria, entre los vendedores de pescado, de gallinas, de carne, de mulita, de legumbres; entre las esclavas que van y vienen, gruesas, ondulantes, el cachimbo en la boca, la cesta de pasteles haciendo equilibrio sobre la mota áspera; entre los pilletes pringados que pregonan la maravilla de sus bandolas, pequeñas cajas colocadas sobre pies en tijera, donde se acumula toda suerte de baratijas y donde los rosarios se mezclan con los naipes, con los espejos, con las estampas del santoral, con los peines y peinetas, con las naranjas; entre las docenas de canes sin amo que husmean con delicia la podre. La muchedumbre bulle y se afana bajo los arcos y en el descampado que corta una inmóvil carreta. Dijérase que un hormiguero gigantesco ha reventado en mitad de la plaza y que de él escapó la infinidad de seres oscuros que andan a los tropezones, sin cuidarse de ser dignos de un marco de tanto señorío, de tanta nobleza como el que ofrecen las gráciles pilastras dóricas. A veces un empelucado caballero cruza el círculo de las mazamorreras y de las vendedoras de cigarros, aventando moscas, o si no, es una dama con el pañolito a la altura de la nariz. Y el bullicio se detiene un segundo cuando las bombas estallan del lado de Santo Domingo y de San Francisco, y cuando los fuegos artificiales dibujan el arco iris de sus ruedas y sus estrellas, para luego transformarse en un ¡ah! de admiración infantil que resuena como otra bomba colosal.

Gerardo es arrastrado por la corriente humana. Aprieta la moneda con tal rabia que la siente como una mordedura clavada entre sus falanges.

¿Adónde irá? ¿Al café de mr. Ramón, en el barrio de la Merced? ¿A los de la Vereda Ancha, que hace poco conocieron los bermejos uniformes de los oficiales ingleses? Le empujan, le empujan... Y de repente advierte que, como en otras ocasiones, está hablando solo.

Es una costumbre que no logra dominar. Ya le sucedía cuando vivía en el colegio. Ahora, desde que clausuraron el instituto, ocho meses atrás, Gerardo sucumbe cada vez más a esa tentación. No podría estar sin hablar con alguien, y súbitamente se sorprende monologando, como un loco. Quizás sea el hambre la que así le vence. El hambre y la soledad. Su madre murió cuando el muchacho cumplía el horario severo que de cinco de la mañana a nueve de la noche se distribuía en el machaqueo de Santo Tomás y San Agustín. Al quedar huérfano se enteró también de que debería enfrentarse con la miseria. En el Convictorio le conservaron de lástima, hasta que las cátedras fueron suprimidas definitivamente en 1807. Y Gerardo se encastilló más y más dentro de sí mismo. Sin embargo, su carácter complejo es de los que exigen la dulzura de los demás. Para haberse endurecido así, ¡cuánto sufrió! Acumuláronse los desengaños: primero fueron los compañeros de San Carlos quienes, al descubrir su pobreza y que allí le tenían como a un mendigo a quien se socorre, le hicieron a un lado. Nunca había sabido conquistarles: su timidez pudo más que su necesidad de cariño, y también su miedo de ser defraudado, su enfermiza sensibilidad que se adelantaba a los imaginarios rozamientos, a la grosera incomprensión que probablemente suscitaría su sed de ternura, tan íntima, tan verdadera, tan difícil de valorar en su medida exacta. Luego, abandonado, incapaz de defenderse, incapaz de soportar un rechazo o una disfrazada compasión, cercado por el hambre y por el aislamiento, se hundió paso a paso en la miseria. En los Altos de Escalada adeuda la renta hace tres meses. Y cuando su tortura más requiere un amigo, se ve forzado a ocultarse, a huir de todos, a ambular exclusivamente de noche por una ciudad hostil y desierta, con la esperanza de que un pulpero se conduela de él y, sin que se las pida, le arroje unas sobras, y con el terror de que algún conocido tope con él en ese instante.

Se muerde los labios para ahogar las palabras. Está frente a la fonda de Los Tres Reyes, en la antigua calle del Santo Cristo, la que separa la plaza del Fuerte. Haciendo un esfuerzo, logra desenredarse del grupo que, cantando y bailando, alterna los ¡vivas! a Fernando VII con los estribillos que aluden al amor del virrey por una francesa venida de las islas inflamadas:

> ¿Qué es aquello que reluce
> por la calle 'e la Mercé?

Y entra, con la moneda en la abierta mano.

El público colma el local, alrededor del mostrador de reja. Una criolla apicarada se esquiva entre los parroquianos, con jarros y fuentes, repartiendo guiñadas, provocando pellizcos. Después de un rato, Gerardo descubre una mesilla y se deja caer, agotado. Antes que lo ordene, le sirven una empanada y un vaso de vino carlón. Ahora para él todo se reduce a beber y a devorar. Lo demás apenas representa una neblina en la que emergen rostros y brazos y en la que el murmullo de las conversaciones crece como un ronroneo que va subiendo de tono hasta rivalizar con la vocinglería de la plaza.

Poco a poco la angustia se trueca en una serenidad que no experimenta hace mucho tiempo. Alza los ojos del plato y nota que, como siempre, está solo, que como siempre es el único que está solo, en medio de seres impasibles o enemigos, en cuyo mundo no podrá penetrar. A ese mundo, tan lejano, tan inalcanzable lo caldea una cordialidad de la cual nadie más que él no participa. Y se siente como un menesteroso a las puertas de un palacio, atisbando a través de los cristales fríos los grandes fuegos.

La bruma empieza a despejarse. En ella, los uniformes de patricios, montañeses, arribeños, vizcaínos y artilleros de la Unión, ponen sus toques multicolores. Los hombres ríen y discuten. A cada vuelta, el nombre execrado de Napoleón aparece en las disputas. Los soldados suavizan la voz al referirse a su enviado reciente, el marqués de Sassenay, y a la acogida que Liniers le tributara. ¿Será el virrey más francés que español?

Los ojos de Gerardo vagan, indiferentes, sobre los grupos, y se detienen en el mostrador. Hay junto a él un mozuelo más o menos de su misma edad. Está solo. Sus miradas se cruzan, y Gerardo ve tal claridad en las pupilas del otro que entrecierra los párpados, encandilado. Es un muchacho rubio, dorado, tan dorado como él moreno. No lleva sombrero y la luz cabrillea en su pelo amarillo. Desde aquella distancia, el desconocido alza el vaso en su dirección. Receloso, Gerardo espía a su espalda. Pero no: el brindis le está dedicado. Y también la sonrisa de esa boca ancha. Levanta su vaso, respondiendo. Y, asombrado, observa que el otro viene hacia él. Camina con fácil desenvoltura, deslizándose entre las mesas erizadas de codos y de mandíbulas. Pronto está a su lado y se sienta en la silla frontera.

Entonces empieza para el estudiante la noche increíble, la noche que no olvidará nunca. Ante la simpatía del recién llegado, siente como si en su interior se resquebrajara una costra de hielo duro. Y se echa a hablar y a escuchar, a hablar y a escuchar, vorazmente. Pide otra botella de vino y otra. Y hablan y hablan. Hablan como únicamente pueden hablar dos solitarios hambrientos de comunicación. El atroz agarrotamiento que siempre trabó su entrega, no existe hoy para Gerardo. Al contrario. Todo es simple, lógico, armonioso, como si dos instrumentos se pusieran a tocar de acuerdo, según un ritmo justo, desentendidos del resto de la orquesta desafinada. Ellos sólo escuchan esas dos violas ceñidas, que se confunden y responden como si fueran una. Lo demás no importa.

Más tarde, cuando quiera recordar lo que Antonio le dijo esa noche, en la fonda de Los Tres Reyes, no conseguirá repetirlo. En cambio no se le escapará de la memoria ni un gesto suyo: ni la manera como gira el rostro; ni el perfil de su nariz arqueada; ni el relampagueo deslumbrante del mechón que le cae sobre la frente; ni el modo despacioso con que recoge los brazos y los cruza y enarca las manos finas en los codos; ni los ojos en que su doble imagen se refleja, diminuta; ni la voz baja y rica, tan semejante a su propia voz, a su propia voz de antes...

Se lanzan a andar por las calles. Van hasta el Real Consulado, en cuyo balcón central, bajo dosel, la estampa imperturbable del

Bordón preside las fiestas. Van al barrio del sur y merodean entre las casas aristocráticas. El aire de agosto guerrea con los postigos, pero más allá de las cortinas de damasco arde la púrpura de los braseros. Y Gerardo ya no es el pordiosero transido ante los portales. Su amigo le pone una mano en el hombro y esa leve presión le hace vacilar y le obliga a entornar los ojos para gozar la emocionada plenitud del momento.

De madrugada, sepáranse frente a la cuartería donde mora Gerardo.

—Mañana nos veremos —se despide el otro—. Nos veremos todos los días. Te aguardaré en Santo Domingo, durante la misa cantada. Yo vivo detrás de los betlemitas.

Gerardo sube los peldaños saltándolos de dos en dos. La cabeza le zumba, como si la tuviera llena de abejorros. Es feliz, feliz. Tarda una hora en dormirse, tanto le martillea el corazón.

Al día siguiente, el canto de los pájaros le parece más nítido. Se esmera, frente al roto espejo, alisando las crenchas rebeldes, y dispara de su habitación. Una guirnalda de palomas entra y sale en la blanca torre del Cabildo, como una alegoría de vieja pintura. Más allá, el pueblo se apeñusca en el atrio del templo dominico. Aquí viene el obispo, bendiciendo, y el estudiante hinca la rodilla a su paso. Es menester agradecer a Dios tanta dicha. No hay que olvidarse de Dios. Aquí viene Liniers, el reconquistador, el héroe, de azul y rojo, hermoso como una miniatura cortesana, al cinto el espadín y la cruz sobre el pecho.

Gerardo se empina buscando a Antonio. En alguna parte se erguirá la chispa amarilla de su pelo. Pero no está en el atrio, y dentro de la iglesia es difícil encontrarle, entre tanta gente que cabecea bajo los altares encendidos como fogatas.

Ahora desfila el séquito oficial. ¡Ay!, ¿dónde se oculta Antonio?, ¿detrás de cuál de esas mantillas delicadas?, ¿detrás de cuál de esas casacas ceremoniosas?

El muchacho corre hacia la Plaza Mayor, donde se realizará el acto de la jura. ¿Dónde está?, ¿dónde está? No le importan las punzadas del hambre nueva. Por eso no hay que inquietarse. Ya la aplacarán luego juntos. Juntos, siempre juntos... Y no habrá más hambre ni más tristeza.

Pero no está a la sombra del tablado inmenso que decora el blasón real ni está en la vasta zona que ocupan las tropas urbanas distribuidas en rigurosa formación. Si estuviera le reconocería de inmediato, porque su pelo brilla como un casco de metal.

Ya se desarrolla el ritual solemne. El alférez avanza a caballo, seguido por el estandarte, los reyes de armas, los maceros, los lacayos de librea. En la tribuna, Santiago de Liniers extiende el brazo en el ademán del juramento. Debería tener por fondo las fuentes de mármol de Versalles, los chorros de agua transparente volcados sobre el bronce de los tritones y las ninfas, en vez de este enano caserío. Su elegancia, su aliño de antiguo paje del gran maestre de la Orden, lo exige. Todo resulta pequeño junto a la holgura de su jerarquía.

Ondea el pendón, vibran los clarines, repican las campanas, llueven las monedas sonoras. Aplaude entusiasmado el público de paisanos y tenderos.

¿Dónde está, dónde está Antonio? ¿Habrá enfermado? Ante la idea, Gerardo palidece. Y sigue andando, hundidos en el barro los zapatos deformes, aleteante su boca encarnada, aleteante el gabán en torno de su flacura. El virrey regresó al Fuerte; los cabildantes se reunieron en la casa capitular; Olaguer Reynals, el alférez, ofrece un convite con música y refrescos, en su residencia... Y Gerardo vaga de una calle a la otra, de uno al otro zaguán...

Cerca del hospital de los religiosos betlemitas, inquiere por Antonio a los vecinos.

—¿Antonio? ¿Un Antonio rubio?

Pero nadie sabe nada de ningún Antonio y nadie está dispuesto a hurgarse la cabeza para contentar a un zaparrastroso, porque hay mucho que ver y mucho que hacer... Hay que ir al Cabildo, donde el estandarte flamea, y el tablado de la plaza, donde el soberano, desde su retrato pintado por Camponesqui, comprueba con desdeñoso rictus que todavía es omnipotente allende el mar; y hay que alistarse para mañana, para el tedéum catedralicio y la corrida de toros.

—¿Antonio? ¿Un Antonio rubio?

Gerardo llama a las cancelas; se asoma a las rejas voladizas que protegen los estrados desiertos; se arriesga en los patios y en las huertas abandonadas.

Y el hambre torna a enseñorearse de él y a retorcerle, cuando la oscuridad arropa los fuegos encendidos y la Plaza Mayor crepita como una ascua.

—¡Antonio! ¡Antonio! ¡Antonio! ¡Antonio!

Hoy y mañana, hoy y mañana, hoy y mañana, en la desesperación de la soledad, buscando, buscando. Porque si alguno se acercara y le dijera que la noche del sábado, la noche que precedió a la jura de Fernando VII, la pasó hablando solo y riendo solo, le mataría con esas manos huesudas, crispadas, que arañan la cal de las paredes de Buenos Aires.

Hoy y mañana, por quintas y conventos, por campos y calles, por los fondines, por el río, buscando a su amigo, buscando...

PRISIÓN DE SANGRE (1810)

Fragmento de las memorias manuscritas de Rodrigo Islas. El resto se ha perdido. Lo hemos retocado algo, despojándolo de la retórica que caracterizó a la época.

«... mi padre. Quizá si yo hubiera podido hablar con ellos, el corazón no me pesaría tanto. Algunos días el dolor me sofoca. Siento como si se revolviera bajo mi camisa el zorro que devoró el pecho del joven espartano. Pero ¿cómo hablarles? ¿Cómo revelarles un secreto que calificarían de monstruoso? Y aunque lo hubiera hecho y se esforzaran por comprenderme —conjetura fantástica—, ¿qué consuelo me hubiesen procurado? Ninguno. Debía, por eso, andar solo por la vida: solos yo y el secreto.

Advierto que vuelvo a desvariar. Si quiero poner orden en mis ideas y entretener una prisión que durará probablemente lo que mi paso por este mundo miserable, es menester que me atenga estrictamente al relato. Acaso el pobre alivio que busco me sea dado por estas flacas cuartillas. Dicen que confesarse es quitarse un fardo de encima de los hombros. Sé que no podré despojarme de él para siempre, porque está tan atado a mí que se alza sobre mi espalda a modo de una joroba. Tal es su evidencia, que me sorprende que sólo ahora la haya notado Sebastián. Con todo, a medida que escribo siento que se aligera mi angustia.

Los primeros síntomas del mal se manifestaron en la primavera de 1804. Para concretar con frases el recuerdo que he guardado de lo que era entonces María habría que ser un gran artista, algo como Rousseau, cuyas obras me prestó mi hermano Gaspar en la época de la Revolución de Mayo. Ni lo intentaré siquiera, aunque tengo tan grabada la gracia y la armonía de su imagen que no he olvidado el detalle menor: desde cómo le temblaban los rizos sobre la frente, hasta cómo abandonaba las manos en el banco de piedra donde solíamos sentarnos después del almuerzo. En aquel tiempo nos parecíamos extraordinariamente y a veces nos disfrazábamos para confundir a los visitantes. Mi padre, tan duro, tan viril, nos lo había prohibido, de manera que para hacerlo nos escondíamos de él. Cambiábamos nuestros trajes y aparecíamos en el patio de la quinta en momentos en que llegaban los coches. La media claridad del crepúsculo nos ayudaba. Cualquiera hubiera tomado a María por un muchacho, tan escaso de formas era su cuerpo. Los arios la modelaron luego, pero creo que hoy la mayor desemejanza finca en que mientras ella ha conservado intacta frescura, mi rostro se ha oscurecido y torturado como si le hubieran ajustado una máscara.

Una tarde de ese verano, en que vendrían varios vecinos a hacer una partida de tresillo, especialmente mi tía Catalina Romero, cegata y ridícula, resolvimos ensayar con ella la broma. Había —siempre está allí— cerca del rancherío de los peones, una casita de madera, disparatado desván donde hallaban albergue los restos más extraños. En ella nos encerramos para mudar la ropa, echando de tanto en tanto miradas rápidas por el ventanuco, de miedo de que el carruaje de la tía rodara sobre el camino antes de que estuviéramos prontos.

A la luz de un candil que pusimos sobre una caja, nos desvestimos. María lo hizo tras una despanzurrada alacena que había fondeado en un rincón. Sin imaginar lo que pronto sucedería y que trastornaría el rumbo de mi existencia, yo me fui quitando la ropa al amparo de una arca grande como una barrica. Prestaba oído atento al trotar de las yuntas de la tía Romero y de vez en vez escuchaba la risa ahogada de María y el crujir de sus ropas rebeldes. El perfume de las bolsillas de flores secas que colocaba en su cómoda, entre la ropa blanca, llenaba el cuarto. Su aroma resultaba extravagante en ese curioso aposento donde se habían dado cita los muebles truncos más diversos.

Súbitamente creí oír el rumor de los cascos y las ruedas y me asomé a la ventana. No era el coche de tía Catalina sino una carreta que regresaba al quintón. Me volví para decírselo a María y quedé como embrujado. Detrás de la alacena erguíase un enorme espejo que había pertenecido a una de las dueñas anteriores de la propiedad, doña Leonor Montalvo o doña Rosario Bermúdez. En él se reflejaba la desnudez de María, quien, inconsciente de cómo se brindaba a mis ojos, aguardaba que yo arrojara mi traje por encima del mueble.

María tenía entonces trece años y yo uno más. Nunca se me había ocurrido, hasta ese momento, considerarla como a una mujer. Vivíamos juntos, compartíamos los juegos, reñíamos, casi no nos separábamos. Aislados del resto del mundo en la quinta de San Isidro, donde mi padre no toleraba que tratáramos familiarmente a los esclavos, y Gaspar, el mayor, metido entre sus libros, ni siquiera nos atendía, ambulábamos por una atmósfera irreal, más allá de la diferencia de los sexos. Para nuestra ingenuidad no existía tal diferencia. Jamás me había detenido yo a mirar a ninguna mujer. Era, a los catorce años, un tonto, un estúpido, lo que se quiera, pero era así. Hasta que en la pequeña habitación agobiada de trastos inútiles, densa de un olor que conocía tan bien pero que ahora lograba una intensidad enloquecedora, María me reveló sin querer el secreto de la carne. ¡Ay, si digo que permanecí como hechizado, digo mal! He ahí una prueba de mi dificultad para expresarme. Sentía, es cierto, como si me agarrotaran cadenas invisibles, pero debajo de su trabazón dos fuerzas se pusieron a luchar; dos fuerzas que tenían por campo a mi desgraciado cuerpo y cuyos golpes repercutían sobre él: una era el terror, la urgencia de huir de allí hacia el refugio de las cosas sabidas, ordenadas, seguras; la otra, indefinible, lanzaba sucesivas puntas de fuego en mis venas. Así estaba yo, como una roca, o no, más bien como el casco de un barco podrido, abandonado en la playa, y embestido por olas ya heladas, ya ardientes.

Mientras se desarrollaba el combate, mis ojos no se apartaban de María. Su rara blancura, realzada aquí y allá con ligeros toques de sombra, iluminaba el ángulo del cuarto en el cual, ausente de lo que acontecía, seguía esperando mis ropas. Alzó el cabello sobre la nuca, para acomodarlo según la moda masculina, y la luz del candil lamió sus pechos breves, su vientre hundido, en cuya caja se marcaban los huesos filosos de la adolescencia.

No sé cómo me vestí, ni entiendo cómo tuve ánimos para tomar la mano de María y correr sonámbulo tras el carruaje de la tía Romero.

—¿Qué te pasa? —me preguntaba riendo en el aire de primavera. Ella era ahora un jovencito, con mi corta chupa y mis calzones ceñidos, abotonados bajo la rodilla: pero yo sabía qué se ocultaba en el estuche de lino y terciopelo y, mentalmente, no la veía saltar entre los dogos, en la polvareda del coche, sino tendida en el fondo obsesionante del espejo como en un gran lecho verde, dibujándole los codos dos ángulos sobre la nuca.

Desde ese día no viví. Desde ese día no vivo. Toda mi existencia de mocito despreocupado, de tranquilo estudiante de latines, se trocó en la del furtivo cazador siempre en acecho. Mi razón de ser ha sido acechar a María. He aprendido, con el andar de los años, las astucias más sutiles, para que ni ella, ni mi hermano, ni mi padre, adivinaran lo que pasaba por mí.

Argüirán los austeros que en vez de seguir la turbia corriente acariciadora debí pelear contra ella. ¡Qué fácil es moralizar desde el reparo de la costa! Hundido en el torrente, sus remolinos me arrastraron. Ya que me confieso, apuntaré que por más que quise persuadirme del horror y la anomalía de mis sentimientos, para que la repugnancia me proporcionara las armas de que carecía, nunca lo conseguí. Mi pasión será reprobable para el mundo, pero no puedo condenarla. Jamás he sentido ni sentiré otra. Es el impulso que me mueve naturalmente desde que abrí los ojos a la realidad.

Como no quiero alargar esta relación con referencias que no le atañen, apenas insinuaré los efectos que sobre mi régimen de vida provocó el cambio brutal. Nada me atrajo ya, ni los libros, ni las plantas. Mi intimidad con María se resintió, como es lógico. Estaba cohibido ante ella, cuidando que ningún indicio me delatara. Si lo hacía no es porque pensara que mi amor no podía ser compartido por culpable, puesto que ella podía sentir por mí lo que yo sentía por ella, sino de angustia de que me rechazara definitivamente; de espanto de ver pintada en su rostro la repulsión; de pavor de perderla para siempre. De entonces arranca, y quizá por razones que no son extrañas a mi descubrimiento, la disminución paulatina de nuestra semejanza. María siguió siendo la misma. Yo fui otro, hasta en la cara, hasta en las manos trémulas.

Sólo una vez en el tiempo tuve un movimiento de flaqueza. Fue dos años más tarde. Las tropas de Liniers, desembarcadas en Las Conchas, habíanse detenido en San Isidro, en su avance sobre Buenos Aires, a causa de las lluvias. Recuerdo que los oficiales rodeaban a mi padre bajo las bujías de la sala principal. Mi hermano Gaspar partiría con ellos, orgulloso de reconquistar la ciudad fundada por nuestro antepasado. Yo contaba sólo dieciséis años y por eso quedaría en la finca, con las mujeres y algunos negros. ¡Ay! ¿Mancharé más mi autorretrato si declaro que la grave situación de las provincias no lograba conmoverme? Ansiaba, sí, que todo se enderezara y retornara al cauce normal, pero si para ello hubiera sido menester que abandonara a María, allá dejara yo que las cosas siguieran su tortuoso camino. Así me tenía ligado mi pasión. No pensaba en otro asunto. Día y noche, su idea me alimentaba y me consumía. Esmirriado, taciturno, todo ojos y esqueleto, me acurrucaba, como un animalito enfermo junto al hogar, al abrigo de mi amor.

Mi padre llamó a María para que brindara una bebida a los capitanes. Avanzó entre ellos, leve, volandera, tendiendo la bandeja de refrescos. Tiene un curioso modo de caminar, como si se deslizara por tapices silenciosos. Era tal su delgadez a la sazón que evocaba los ángeles adolescentes de las estampas. Llevaba un vestido azul con el talle muy alto, a la moda de la corte del emperador de los Franceses, y los oficiales se inclinaban a su paso. Uno de ellos —el que luego sería su marido— no paraba de mirarla. Yo iba detrás como un bobo, presentando las copas y los mates de plata antigua. Percibí el peligro, aguijado por mi instinto de cazador, y, no bien reanudaron los señores su discusión sobre planos y proclamas, la saqué de allí. Sebastián la acompañó hasta la puerta. Me pareció un fatuo, feliz con sus alamares. ¡Cómo odié a mi padre, ese segundo, al notar que a la distancia le hacía una señal amistosa, levantando el mate! Lo recuerdo como si en este momento le viera. Brillaba el granate de su anillo.

Salimos a la galería que refrescaba la lluvia. Sebastián apareció detrás de nosotros. Sin contenerme, así a María por el brazo y eché a correr bajo el aguacero. La empujé dentro de la casita que había servido de escenario a su revelación, hacía dos años. De inmediato la colmó su perfume, mareándome. Me puse a hablar a borbotones con la misma incoherencia de esa lluvia que repiqueteaba sobre el techo y cuyos latigazos se deshacían en gemidos. Ella me observaba atónita. Ciego de celos, pues no había querido entrever hasta ese instante la posibilidad de que me la quitaran, continué rezongando. A pesar de que palpaba la injusticia del cargo, le enrostré su actitud, le grité que aprovechaba la primera ocasión para insinuarse entre los hombres, ofreciéndose. En mi ofuscamiento, alcé los ojos y vi la tristeza de los suyos. Desesperado, la abracé. Juro que fue un abrazo arrepentido, sin segundos propósitos. Pero su contacto, que había eludido hasta entonces, me estremeció.

Me aparté hacia la ventana, y a poco sentí su mano serena, leal, sobre mi hombro. Todavía hoy —y han transcurrido varios años— ignoro si en ese instante único me comprendió, si su intuición afinada la empujó a asomarse al abismo.

Miramos afuera. La lluvia y la noche todo lo cubrían. A corta distancia, más allá del timbó, vacilaba una luz. La arrojaba un brasero colocado sobre las baldosas del corredor, en el rancho de Montiel. Junto a él yacían un hombre y una mujer, el uno en brazos del otro. Reconocí a Petra, la mujer del gaucho, y a uno de los marineros franceses del corsario Mordeille.

Es singular que el destino haya dispuesto que en la misma habitación colmada de despojos se realizaran mis dos iniciaciones fundamentales en el conocimiento de la vida. Quizás entre esos despojos subsistan los fantasmas de mi inocencia.

Detrás del postigo, María y yo espiamos a la pareja, sin entender qué hacían, al comienzo. Veíamos sus cuerpos anudados en el fulgor rabioso de los carbones, y aunque el trueno y el tableteo del agua no nos dejaban oírles, yo leía en sus labios convulsos sus palabras entrecortadas de balbuceos, las palabras que tantas veces, en mis sueños, había murmurado a María.

Repentinamente, como si sólo entonces hubiera sentido el temblor de mis nervios bajo sus dedos, ella quitó la mano que había aferrado a mi hombro y que, bajo la casaca, me hacía sentir las uñas. Quise retenerla con perversa alegría, quise —¡desventurado de mí!— forzarla a seguir contemplando el espectáculo de pasión violenta, como si él pudiera establecer entre nosotros una nueva corriente vital. Se libró de mi presión y escapó de la casilla. La vi cruzar en el relampagueo verde y amarillo, azotada por la lluvia. Su cabellera, suelta sobre la espalda, bailaba detrás.

Nunca hablamos de esa experiencia compartida.

En 1809 María casó con Sebastián Montalvo, remoto pariente de los primitivos dueños de nuestra finca. Mucho antes me había resignado ante lo imposible. Al principio di alas a la esperanza de que no sería de nadie, mas las asiduidades de Sebastián vencieron mis confusas tentativas de aislamiento.

Después de un viaje a la estancia de los Montalvos en Córdoba, se instalaron en la casa grande. Yo había resuelto que por lo menos me alimentaría de las sobras de su festín de amor, calmando mi sed mortal con la visión de María. Si me despojaran de ese nimio socorro no podría soportarlo y me apagaría como una lámpara privada de aceite.

Durante los dos primeros años, nuestra existencia se desenvolvió con aparente tranquilidad. Mi padre, cada vez más débil, apenas dejaba su alcoba, donde estudiaba hasta la tarde la *Historia* del jesuita Mariana. Gaspar, obsesionado como siempre por la política, hacía constantes viajes a Buenos Aires. Sebastián y María compartían una vida deliciosa. Planeaban obras importantes en la quinta. En esa época se construyeron los salones largos, frente al río, y el mirador.

Yo me mostraba lo menos posible. Rondaba por el jardín, pretextando aficiones botánicas. En verdad, como antes, como hoy, buscaba las ocasiones de ver a María sin ser visto por ella, o permanecía las horas cavilando al amparo de algún viejo tronco. ¡Ay!, en cada página de este cuaderno debiera inscribir la misma frase dolorosa: María lo es todo para mí; María lo es todo para mí.

En 1810, mi hermano y Sebastián me propusieron que les acompañara en las conspiraciones de los revolucionarios. Me invitaron a concurrir a la jabonería de don Hipólito Vieytes y a la quinta de don Nicolás Rodríguez Peña, el que después fue miembro del Triunvirato. Volvían a San Isidro caldeados por las discusiones, con paquetes de libros traducidos del francés atados a las sillas de montar. ¿Cómo no advertían que nada de eso podía tentarme? Al reflexionar me doy cuenta de que si lo hacían no era tanto por la hipotética eficacia de mi ayuda como por sacudirme de una vez, por arrancarme de lo que calificaban de daño de la mente sin percibir que su gusano me roía la raíz del corazón.

Mi padre, a pesar de ser nacido en el Río de la Plata, no quiso participar de los cabildeos que depusieron al virrey. Ahincadamente español, orgulloso de su sangre, no toleraba que el asunto se debatiera en su presencia.

El 25 de mayo, María y yo cenamos con él, pues Sebastián y Gaspar habían pasado la noche en Buenos Aires. A pesar de la llovizna, los ventanales de la galería estaban abiertos. Comíamos ensimismados. El silencio se rompió con el eco de pasos en el corredor sombrío. Un gaucho asomó la crencha detrás de una de las rejas bajas. Tomándola reciamente, como si quisiera sacudirla, nos gritó:

—¡Tenemos Junta! ¡Viva el coronel Saavedra! ¡Mueran los vendidos al tirano Napoleón! —y revoleó el sombrero en el que chispeaban las cintas blancas y azules.

Uno de los tres mulatos que nos servían, olvidando la etiqueta, soltó sobre la mesa la fuente y respondió:

—¡Vivan los criollos libres!

Mi padre se puso en pie, intensamente pálido.

—Echen a ese gaucho ebrio —dijo apretando los dientes. Y, volviéndose hacia el esclavo—: Tú recibirás veinte azotes.

Luego abandonó el aposento, erguida la cabeza señoril, y me pareció que la vieja España se iba con él, dejándonos solos entre los negros azorados. Todavía escuchamos durante unos minutos las exclamaciones del paisano que galopaba hacia la carretera.

Una hora más tarde, cuando vagaba como un espectro por el jardín, me encontré con mi padre. Habíase sentado en un banco de mármol. Dos surcos de lágrimas le mojaban la faz. Sentí nacer por él una piedad infinita y por vez primera advertí cuánto me había separado mi pasión de quienes me rodeaban. Cuando intenté consolarle me cortó la palabra alzando la diestra seca:

—Su deber —me dijo— es reunirse con sus hermanos en Buenos Aires. No hay nada tan culpable en estos días como la indiferencia. Vaya a la ciudad y tome partido. Si piensa como yo, se lo agradeceré; si se suma a mis hijos, no podré odiarle. Lo que no permitiré es que se quede aquí como una mujer, mientras se juega la suerte de la Colonia. Ensille su caballo y váyase a Buenos Aires.

¡Qué ciego estaba yo! ¡Cómo titubeaba en un laberinto de sentimientos! Calculé en seguida que lo que mi padre perseguía era separarme de la que amaba. No miraba más allá. María lo era todo para mí, y por eso todo lograba sentido en relación con ella. ¡Qué me importaba el señor Saavedra! ¡Qué me importaría el señor Moreno! ¡Qué me habían importado antes el señor Liniers y el señor Álzaga! También tenía yo mis luchas, mi reconquista, mis conspiraciones, y el tiempo no me alcanzaba para dos empresas.

Las frases de mi padre helaron mi gesto de ternura. Me acosté y esa noche urdí un plan.

Lo único que podía salvarme, era fingirme loco. Un insano tendría que permanecer en la quinta siempre... Así lo impondría el orgullo familiar.

Al día siguiente representé la escena de mi demencia y me encerraron. Nadie se sorprendió. En cierto modo, esa salida era el coronamiento lógico de los últimos años de mi existencia. Mi padre, Gaspar, Sebastián y hasta María se explicaron los unos a los otros mis rarezas, encadenadas desde la infancia, como síntomas del daño que hacía crisis.

A poco, ante mi pasividad, me dejaron bajar al jardín, a gozar del sol entre los talas de la barranca. Yo sería desde entonces algo menos que un loco manso, una suerte de extraviado melancólico a quien la gente no se acercaba mucho pero que no incomodaba. Respondía con monosílabos a las preguntas. Tan habituado estaba a callar, a vivir dentro de mí mismo como un ermitaño en su cueva, con la imagen de María por dios, que no me costó mayor esfuerzo acomodarme al nuevo ritmo.

María crecía entretanto en hermosura y en gracia. Yo espiaba su paso, disimulándome entre los arbustos, y ella permitía que la acompañara en sus perezosas caminatas por el quintón. ¡Cómo tuve que dominarme para no confesarle que ella, exclusivamente ella, era la causa de mi estado, y que mi enfermedad no era lo que parecía sino una vesania maniática, un delirio permanente que me obligaba a morderme las uñas para no saltar sobre ella y apretar sus labios bajo los míos!

Mi padre falleció en 1812 y Gaspar se incorporó a las tropas del general Belgrano. Murió como un héroe en la derrota de Vilcapugio. A fines del mismo año nació Francisco Montalvo, el hijo de María.

Días después del bautismo, andaba por la galería, frente a su cuarto, cuando oí voces. María hablaba con su pequeño en voz casi imperceptible, como suelen hacerlo las madres. Sebastián se hallaba en el extremo más distante de la chacra, calculando el estrago de las langostas en los frutales, y no resistí la tentación de entrar.

En el gran lecho de columnas ahusadas, María daba el seno a su niño. Me detuve en el umbral. Jamás había estado tan bella. Su pecho redondo surgía entre los encajes como dentro de una corola. Creí que iba a desfallecer, como cuando la vi desnuda en el espejo del desván. Su perfume se atardaba sobre las sábanas suntuosas.

—María —susurré—, María...

Ella levantó los ojos y lanzó un grito, mientras se cubría precipitadamente. Sólo en ese momento tuve la seguridad de que mi secreto ya no era mío. ¿Cuándo, cómo lo había penetrado? ¿Qué estremecimiento de la comisura de mi boca se lo entregó? Todavía no lo sé. En la soledad que me rodea, he consagrado horas y horas a buscar ese instante, en el recuerdo, sin encontrarlo.

Di un paso hacia la cama. Detrás, en el corredor, se levantó el timbre metálico de Sebastián.

—Si te acercas, te mato.

Me encerraron con llave en el aposento del mirador. Sé que Sebastián contó a los vecinos que no había tenido más remedio que proceder así, pues mi locura se tornaba peligrosa.

Aquí transcurren mis días y mis noches. Desde la mañana, en primavera, en verano, en otoño, en invierno, estoy apostado junto a la ventana, esperando el paseo de María por el jardín. Nunca mira hacia arriba y no me atrevo a llamarla, porque Sebastián sería capaz de mandar construir un muro en torno de mi habitación. Pero la aguardo. Mi destino es acecharla. Mi destino es acechar la sombra esbelta de mi hermana entre las magnolias y los jazmines. A veces pienso que si...».

ÁLVARO MUTIS

EL ÚLTIMO ROSTRO
(fragmento)

EL ÚLTIMO ROSTRO
(fragmento)

El último rostro es el rostro
con el que te recibe la muerte.

De un manuscrito anónimo de la biblioteca
del monasterio del Monte Athos, siglo XI.

Las páginas que van a leerse pertenecen a un legajo de manuscritos vendidos en la subasta de un librero de Londres pocos años después de terminada la segunda guerra mundial. Formaron parte estos escritos de los bienes de la familia Nimbourg-Napierski, el último de cuyos miembros murió en Mers-el Kebir combatiendo como oficial de la Francia libre. Los Nimbourg-Napierski llegaron a Inglaterra meses antes de la caída de Francia y llevaron consigo algunos de los más preciados recuerdos de la familia: un sable con mango adornado de rubíes y zafiros, obsequio del mariscal José Poniatowski al coronel de lanceros Miecislaw Napierski, en recuerdo de su heroica conducta en la batalla de Friedland; una serie de bocetos y dibujos de Delacroix comprados al artista por el príncipe de Nimbourg-Boulac; la colección de monedas antiguas del abuelo Nimbourg-Napierski, muerto en Londres pocos días después de emigrar, y los manuscritos del diario del coronel Napierski, ya mencionados.

Por un azar llegaron a nuestras manos los papeles del coronel Napierski y al hojearlos en busca de ciertos detalles sobre la batalla de Bailén, que allí se narra, nuestra vista cayó sobre una palabra y una fecha: Santa Marta, diciembre de 1830. Iniciada su lectura, el interés sobre la derrota de Bailén se esfumó bien pronto a medida que nos internábamos en los apretados renglones de letra amplia y clara del coronel de coraceros. Los folios no estaban ordenados y hubo que buscar entre los ocho tomos de legajos aquellos que, por el color de la tinta y ciertos nombres y fechas, indicaban pertenecer a una misma época.

Miecislaw Napierski había viajado a Colombia para ofrecer sus servicios en los ejércitos libertadores. Su esposa, la condesa Adéhaume de Nimbourg-Boulac, había muerto al nacer su segundo hijo, y el coronel, como buen polonés, buscó en América tierras en donde la libertad y el sacrificio alentaran sus sueños de aventuras truncados con la caída del Imperio. Dejó sus dos hijos al cuidado de la familia de su esposa y embarcó para Cartagena de Indias. En Cuba, en donde tocó la fragata en que viajaba, fue detenido por una oscura delación y encerrado en el fuerte de Santiago. Allí padeció varios años de prisión hasta que logró evadirse y escapar a Jamaica. En Kingston embarcó en la fragata inglesa *Shanon* que se dirigía a Cartagena.

Por razones que se verán más adelante, se transcriben únicamente las páginas del diario que hacen referencia a ciertos hechos relacionados con un hombre y las circunstancias de su muerte, y se omiten todos los comentarios y relatos de Napierski ajenos a este episodio de la historia de Colombia que diluyen y, a menudo, confunden el desarrollo del dramático fin de una vida.

Napierski escribió esta parte de su diario en español, idioma que dominaba por haberlo aprendido en su estancia en España durante la ocupación de los ejércitos napoleónicos. En el tono de ciertos párrafos se nota empero la influencia de los poetas poloneses exiliados en París y de quienes fuera íntimo amigo, en especial de Adam Nickiewiez, a quien alojó en su casa.

29 de junio. Hoy conocí al general Bolívar. Era tal mi interés por captar una de sus palabras y hasta el menor de sus gestos, y tal su poder de comunicación y la intensidad de su pensamiento que, ahora que me siento a fijar en el papel los detalles de la entrevista, me parece haber conocido al Libertador desde hace ya muchos años y servido desde siempre bajo sus órdenes.

La fragata ancló esta mañana frente al fuerte del Pastelillo. Un edecán llegó por nosotros a eso de las diez de la mañana. Desembarcamos el capitán, un agente consular británico de nombre Page y yo. Al llegar a tierra fuimos a un lugar llamado Pie de la Popa por hallarse en las estribaciones del cerro del mismo nombre, en cuya cima se halla una fortaleza que antaño fuera convento de monjas. Bolívar se trasladó allí desde el pueblecito cercano de Turbaco, movido por la ilusión de poder partir en breves días.

Entramos en una amplia casona con patios empedrados llenos de geranios un tanto mustios y gruesos muros que le dan un aspecto de cuartel. Esperamos en una pequeña sala de muebles desiguales y destartalados con las paredes desnudas y manchadas de humedad. Al poco rato entró el señor Ibarra, edecán del Libertador, para decirnos que su excelencia estaba terminando de vestirse y nos recibiría en unos momentos. Poco después se entreabrió una puerta que yo había creído clausurada y asomó la cabeza un negro que llevaba en la mano unas prendas de vestir y una manta e hizo a Ibarra señas de que podíamos entrar.

Mi primera impresión fue de sorpresa al encontrarme en una amplia habitación vacía, con alto techo artesonado, un catre de campaña al fondo, contra un rincón, y una mesa de noche llena de libros y papeles. De nuevo las paredes vacías llenas de churretones causados por la humedad. Una ausencia total de muebles y adornos. Únicamente una silla de alto respaldo, desfondada y descolorida, miraba hacia un patio interior sembrado de naranjos en flor, cuyo suave aroma se mezclaba con el de agua de colonia que predominaba en el ambiente. Pensé, por un instante, que seguiríamos hacia otro cuarto y que ésta sería la habitación provisional de algún ayudante, cuando una voz hueca pero bien timbrada, que denotaba una extrema debilidad física, se oyó tras de la silla hablando en un francés impecable traicionado apenas por un leve *accent du midi.*

—Adelante, señores, ya traen algunas sillas. Perdonen lo escaso del mobiliario, pero estamos todos aquí un poco de paso. No puedo levantarme, excúsenme ustedes.

Nos acercamos a saludar al héroe mientras unos soldados, todos con acentuado tipo mulato, colocaban unas sillas frente a la que ocupaba el enfermo. Mientras éste hablaba con el capitán del velero, tuve oportunidad de observar a Bolívar. Sorprende la desproporción entre su breve talla y la enérgica vivacidad de las facciones. En especial los grandes ojos oscuros y húmedos que se destacan bajo el arco pronunciado de las cejas. La tez es de un intenso color moreno, pero a través de la fina camisa de batista, se advierte un suave tono oliváceo que no ha sufrido las inclemencias del sol y el viento de los trópicos. La frente, pronunciada y magnífica, está surcada por multitud de finas arrugas que aparecen y desaparecen a cada instante y dan al rostro una expresión de atónita amargura, confirmada por el diseño delgado y fino de la boca cercada por hondas arrugas. Me recordó el rostro de César en el busto del Museo Vaticano. El mentón pronunciado y la nariz fina y aguda borran un tanto la impresión de melancólica amargura, poniendo un sello de densa energía orientada siempre en toda su intensidad hacia el interlocutor del momento. Sorprenden las manos delgadas, ahusadas, largas, con uñas almendradas y pulcramente pulidas, ajenas por completo a una vida de batallas y esfuerzos sobrehumanos cumplidos en la inclemencia de un clima implacable.

Un gesto del Libertador —olvidaba decir que tal es el título con que honró a Bolívar el Congreso de Colombia y con el cual se le conoce siempre más que por su nombre o sus títulos oficiales— me impresionó sobremanera, como si lo hubiera acompañado toda su vida. Se golpea levemente la frente con la palma de la mano y luego desliza ésta lentamente hasta sostenerse con ella el mentón entre el pulgar y el índice; así permanece largo rato, mirando fijamente a quien le habla. Estaba yo absorto observando todos sus ademanes cuando me hizo una pregunta, interrumpiendo bruscamente una larga explicación del capitán sobre su itinerario hacia Europa.

—Coronel Napierski, me cuentan que usted sirvió bajo las órdenes del mariscal Poniatowski y que combatió con él en el desastre de Leipzig.

—Sí, excelencia —respondí conturbado al haberme dejado tomar de sorpresa—, tuve el honor de combatir a sus órdenes en el cuerpo de lanceros de la guardia y tuve también el terrible dolor de presenciar su heroica muerte en las aguas del Elster. Yo fui de los pocos que logramos llegar a la otra orilla.

—Tengo una admiración muy grande por Polonia y por su pueblo —me contestó Bolívar—, son los únicos verdaderos patriotas que quedan en Europa. Qué lástima que haya llegado usted tarde. Me hubiera gustado tanto tenerlo en mi Estado Mayor —permaneció un instante en silencio, con la mirada perdida en el quieto follaje de los naranjos—. Conocí al príncipe Poniatowski en el salón de la condesa Potocka, en París. Era un joven arrogante y simpático, pero con ideas políticas un tanto vagas. Tenía debilidad por las maneras y costumbres de los ingleses y a menudo lo ponía en evidencia, olvidando que eran los más acerbos enemigos de la libertad de su patria. Lo recuerdo como una mezcla de hombre valiente hasta la temeridad pero ingenuo hasta el candor. Mezcla peligrosa en los vericuetos que llevan al poder. Murió como un gran soldado. Cuántas veces al cruzar un río (he cruzado muchos en mi vida, coronel) he pensado en él, en su envidiable sangre fría, en su espléndido arrojo. Así se debe morir y no en este peregrinaje vergonzante y penoso por un país que ni me quiere ni piensa que le haya yo servido en cosa que valga la pena.

Un joven general con espesas patillas rojizas se apresuró respetuosamente a interrumpir al enfermo con voz un tanto quebrada por encontrados sentimientos:

—Un grupo de viles amargados no son toda Colombia, excelencia. Usted sabe cuánto amor y cuánta gratitud le guardamos los colombianos por lo que ha hecho por nosotros.

—Sí —contestó Bolívar con un aire todavía un tanto absorto—, tal vez tenga razón, Carreño, pero ninguno de esos que menciona estaban en mi salida de Bogotá, ni cuando pasamos por Mariquita.

Se me escapó el sentido de sus palabras, pero noté en los presentes una súbita expresión de vergüenza y molestia casi física.

Tornó Bolívar a dirigirse a mí con renovado interés:

—Y ahora que sabe que por acá todo ha terminado, ¿qué piensa usted hacer, coronel?

—Regresar a Europa —respondí— lo más pronto posible. Debo poner orden en los asuntos de mi familia y ver de salvar, así sea en parte, mi escaso patrimonio.

—Tal vez viajemos juntos —me dijo, mirando también al capitán.

Éste explicó al enfermo que ahora tendría que navegar hasta La Guaira y que, de allí, regresaría a Santa Marta para partir hacia Europa. Indicó que sólo hasta su regreso podría recibir nuevos pasajeros. Esto tomaría dos o tres meses a lo sumo porque en La

Guaira esperaba un cargamento que venía del interior de Venezuela. El capitán manifestó que, al volver a Santa Marta, sería para él un honor contarlo como huésped en la *Shanon* y que, desde ahora, iba a disponer lo necesario para proporcionarle las comodidades que exigía su estado de salud.

El Libertador acogió la explicación del marino con un amable gesto de ironía y comentó:

—Ay, capitán, parece que estuviera escrito que yo deba morir entre quienes me arrojan de su lado. No merezco el consuelo del ciego Edipo que pudo abandonar el suelo que lo odiaba.

Permaneció en silencio un largo rato; sólo se escuchaba el silbido trabajoso de su respiración y algún tímido tintineo de un sable o el crujido de alguna de las sillas desvencijadas que ocupábamos. Nadie se atrevió a interrumpir su hondo meditar, evidente en la mirada perdida en el quieto aire del patio. Por fin, el agente consular de su majestad británica se puso en pie. Nosotros le imitamos y nos acercamos al enfermo para despedirnos. Salió apenas de su amargo cavilar sin fondo y nos miró como a sombras de un mundo del que se hallaba por completo ausente. Al estrechar mi mano me dijo sin embargo:

—Coronel Napierski, cuando lo desee venga a hacer compañía a este enfermo. Charlaremos un poco de otros días y otras tierras. Creo que a ambos nos hará mucho bien.

Me conmovieron sus palabras. Le respondí:

—No dejaré de hacerlo, excelencia. Para mí es un placer y una oportunidad muy honrosa y feliz el poder venir a visitarle. El barco demora aquí algunas semanas. No dejaré de aprovechar su invitación.

De repente me sentí envarado y un tanto ceremonioso en medio de este aposento más que pobre y después de la llaneza del buen tono que había usado conmigo el héroe.

Es ya de noche. No corre una brizna de viento. Subo al puente de la fragata en busca de aire fresco. Cruza la sombra nocturna, allá en lo alto, una bandada de aves chillonas cuyo grito se pierde sobre el agua estancada y añeja de la bahía. Allá al fondo, la silueta angulosa y vigilante del fuerte de San Felipe. Hay algo intemporal en todo esto, una extraña atmósfera que me recuerda algo ya conocido no sé dónde ni cuándo. Las murallas y fuertes son una reminiscencia medieval surgiendo entre las ciénagas y lianas del trópico. Muros de Aleppo y San Juan de Acre, kraks del

Líbano. Esta solitaria lucha de un guerrero admirable con la muerte que lo cerca en una ronda de amargura y desengaño. ¿Dónde y cuándo viví todo esto?

30 de junio. Ayer envié un grumete para que preguntara cómo seguía el Libertador y si podía visitarle en caso de que se encontrara mejor. Regresó con la noticia de que el enfermo había pasado pésima noche y le había aumentado la fiebre. Personalmente, Bolívar me enviaba decir que, si al día siguiente se sentía mejor, me lo haría saber para que fuera a verlo. En efecto, hoy vinieron a buscarme, a la hora de mayor calor, las dos de la tarde, el general Montilla y un oficial cuyo apellido no entendí claramente. «El Libertador se siente hoy un poco mejor y estaría encantado de gozar un rato de su compañía», explicó Montilla repitiendo evidentemente palabras textuales del enfermo. Siempre se advierte en Bolívar el hombre de mundo detrás del militar y el político. Uno de los encantos de sus maneras es que la banalidad del brillante frecuentador de los salones del consulado ha cedido el paso a cierta llaneza castrense, casi hogareña, que me recuerdan al mariscal McDonald, duque de Tarento o al conde de Fernán Núñez. A esto habría que agregar un personal acento criollo, mezcla de capricho y fogosidad, que lo han hecho, según es bien conocido, hombre en extremo afortunado con las mujeres.

Me llevaron al patio de los naranjos, en donde le habían colgado una hamaca. Dos noches de fiebre marcaban su paso por un rostro que tenía algo de máscara frigia. Me acerco a saludarlo y con la mano me hace señas de que tome asiento en una silla que me han traído en ese momento. No puede hablar. El edecán Ibarra me explica en voz baja que acaba de sufrir un acceso de tos muy violento y que de nuevo ha perdido mucha sangre. Intento retirarme para no importunar al enfermo y éste se incorpora un poco y me pide con una voz ronca, que me conmueve por todo el sufrimiento que acusa:

—No, no, por favor, coronel, no se vaya usted. En un momento ya estaré bien y podremos conversar un poco. Me hará mucho bien..., se lo ruego..., quédese.

Cerró los ojos. Por el rostro le cruzan vagas sombras. Una expresión de alivio borra las arrugas de la frente, suaviza las comisuras de los labios. Casi sonríe. Tomé asiento mientras Ibarra se retiraba en silencio. Transcurrido un cuarto de hora pareció despertar de un largo sueño. Se excusó por haberme hecho llamar creyendo que iba a estar en condiciones de conversar un rato. «Hábleme un poco de usted —agregó—, cuál es su impresión de todo esto», y subrayó estas palabras con un gesto de la mano. Le respondí que me era un poco difícil todavía formular un juicio cierto sobre mis impresiones. Le comenté de mi sensación en la noche, frente a la ciudad amurallada, ese intemporal y vago hundirme en algo vivido no sé dónde ni cuándo. Empezó entonces a hablarme de América, de estas repúblicas nacidas de su espada y de las cuales, sin embargo, allá en su más íntimo ser, se siente a menudo por completo ajeno.

—Aquí se frustra toda empresa humana —comentó—. El desorden vertiginoso del paisaje, los ríos inmensos, el caos de los elementos, la vastedad de las selvas, el clima implacable, trabajan la voluntad y minan las razones profundas, esenciales, para vivir, que heredamos de ustedes. Esas razones nos impulsan todavía, pero en el camino nos perdemos en la hueca retórica y en la sanguinaria violencia que todo lo arrasa. Queda una conciencia de lo que debimos hacer y no hicimos y que sigue trabajando allá adentro, haciéndonos inconformes, astutos, frustrados, ruidosos, inconstantes. Los que hemos enterrado en estos momentos lo mejor de nuestras vidas, conocemos demasiado bien los extremos a que conduce esta inconformidad estéril y retorcida. ¿Sabe usted que cuando yo pedí la libertad para los esclavos, las voces clandestinas que conspiraron contra el proyecto e impidieron su cumplimiento fueron las de mis compañeros de lucha, los mismos que se jugaron la vida cruzando a mi lado los Andes para vencer en el Pantano de Vargas, en Boyacá y en Ayacucho; los mismos que habían padecido prisión y miserias sin cuento en las cárceles de Cartagena, el Callao y Cádiz de manos de los españoles? ¿Cómo se puede explicar esto si no es por una mezquindad, una pobreza de alma propias de aquellos que no saben quiénes son, ni de dónde son, ni para qué están en la tierra? El que haya descubierto en ello esta condición, el que la haya conocido desde siempre y tratado de modificarla y subsanarla, me ha convertido ahora en un profeta incómodo, en un extranjero molesto. Por esto sobro en Colombia, mi querido coronel, pero un hado extraño dispone que yo muera con un pie en el estribo, indicándome así que tampoco mi lugar, la tumba que me corresponde, está allende el Atlántico.

Hablaba con febril excitación. Me atreví a sugerirle descanso y que tratara de olvidar lo irremediable y propio de toda condición humana. Traje al caso algunos ejemplos harto patentes y dolorosos de la reciente historia de Europa. Se quedó pensativo un momento. Su respiración se regularizó, su mirada perdió la delirante intensidad que me había hecho temer una nueva crisis.

—Da igual, Napierski, da igual, con esto no hay ya nada que hacer —comentó señalando hacia su pecho—, no vamos a detener la labor de la muerte callando lo que nos duele. Más vale dejarlo salir, menos daño ha de hacernos hablándolo con amigos como usted.

Era la primera vez que me trataba con tan amistosa confianza y esto me conmovió, naturalmente. Seguimos conversando. Volví a comentarle de Europa, la desorientación de quienes aún añoraban las glorias del Imperio, la necedad de los gobernantes que intentaban detener con viejas mañas y rutinas de gabinete un proceso irreversible. Le hablé de la tiranía rusa en mi patria, de nuestra frustración de los planes de alzamiento preparados en París. Me escuchaba con interés mientras una vaga sonrisa, un gesto de amable escepticismo, le recorría el rostro.

—Ustedes saldrán de esas crisis, Napierski, siempre han superado esas épocas de oscuridad, ya vendrán para Europa tiempos nuevos de prosperidad y grandeza para todos. Mientras tanto nosotros, aquí en América, nos iremos hundiendo en un caos de estériles guerras civiles, de conspiraciones sórdidas y en ellas se perderán toda la energía, toda la fe, toda la razón necesarias para aprovechar y dar sentido al esfuerzo que nos hizo libres. No tenemos remedio, coronel, así somos, así nacimos...

Nos interrumpió el edecán Ibarra que traía un sobre y lo entregó al enfermo. Reconoció al instante la letra y me explicó sonriente: «Me va a perdonar que lea esta carta ahora, Napierski. La escribe alguien a quien debo la vida y que me sigue siendo fiel con lo mejor de su alma». Me retiré a un rincón para dejarlo en libertad y comenté algunos detalles de mis planes con Ibarra.

Cuando Bolívar terminó de leer los dos pliegos, escritos en una letra menuda con grandes mayúsculas semejantes a arabescos, nos llamó a su lado. Estaba muy cambiado, casi dijera que rejuvenecido. Nos quedamos un largo rato en silencio. Miraba el cielo por entre los naranjos en flor. Suspiró hondamente y me habló con cierto acento de ligereza y hasta de coquetería:

—Esto de morir con el corazón joven tiene sus ventajas, coronel. Contra eso sí que no pueden ni la mezquindad de los conspiradores ni el olvido de los próximos ni el capricho de los elementos... ni la ruina del cuerpo. Necesito estar solo un rato. Venga por aquí más a menudo. Usted ya es de los nuestros, coronel, y a pesar de su magnífico castellano a los dos nos sirve practicar un poco el francés que se nos está empolvando.

Me despedí con la satisfacción de ver al enfermo con mejores ánimos. Antes de tornar a la fragata, Ibarra me acompañó a comprar algunas cosas en el centro de la ciudad que tiene algo de Cádiz y mucho de Túnez o Algeciras. Mientras recorríamos las blancas calles en sombra, con casas llenas de balcones y amplios patios a los que invitaba la húmeda frescura de una vegetación espléndida, me contó los amores de Bolívar con una dama ecuatoriana que le había salvado la vida, gracias a su valor y serenidad, cuando se enfrentó, sola, a los conspiradores que iban a asesinar al héroe en sus habitaciones del palacio de San Carlos en Bogotá. Muchos de ellos eran antiguos compañeros de armas, hechura suya casi todos. Ahora comprendo la amargura de sus palabras esta tarde.

1.º de julio. He decidido quedarme en Colombia, por lo menos hasta el regreso de la fragata. Ciertas vagas razones, difíciles de precisar en el papel, me han decidido a permanecer al lado de este hombre que, desde hoy, se encamina derecho hacia la muerte ante la indiferencia, si no al rencor, de quienes todo le deben.

Si mi propósito era alistarme en el ejército de la Gran Colombia y circunstancias adversas me han impedido hacerlo, es natural que preste al menos el simple servicio de mi compañía y devoción a quien organizó y llevó a la victoria, a través de cinco naciones, esas mismas armas. Si bien es cierto que quienes ahora lo rodean, cinco o seis personas, le muestran un afecto y lealtad sin límites, ninguno puede darle el consuelo y el alivio que nuestra afinidad de educación y de recuerdos le proporciona. A pesar de la respetuosa distancia de nuestras relaciones, me doy cuenta de que hay ciertos temas que sólo conmigo trata y cuando lo hace es con el placer de quien renueva viejas relaciones de juventud. Lo noto hasta en ciertos giros del idioma francés que le brotan en su charla conmigo y que son los mismos impuestos en los salones del consulado por Barras, Talleyrand y los amigos de Josefina.

El Libertador ha tenido una recaída de la cual, al decir del médico que lo atiende —y sobre cuya preparación tengo cada día mayores dudas—, no volverá a recobrarse. La causa ha sido una noticia que recibió ayer mismo. Estaba en su cuarto recostado en el catre de campaña en donde descansaba un poco de la silla en donde pasa la mayor parte del tiempo, cuando, tras un breve y agitado murmullo, tocaron a la puerta.

—¿Quién es? —preguntó el enfermo incorporándose.

—Correo de Bogotá, excelencia —contestó Ibarra.

Bolívar trató de ponerse en pie pero volvió a recostarse sacudido por un fuerte golpe de tos. Le alcancé un vaso con agua, tomó de ella algunos sorbos e hizo pasar a su edecán. Ibarra traía el rostro descompuesto a pesar del esfuerzo que hacía por dominarse. Bolívar se le quedó mirando y le preguntó intrigado:

—¿Quién trae el correo?

—El capitán Arrázola, excelencia —contestó el otro con voz pastosa y débil.

—¿Arrázola? ¿El que fue ayudante de Santander?... Ése viene más a espiar que a traer noticias. En fin... que entre. ¿Pero qué le pasa a usted, Ibarra? —inquirió preocupado al ver que el edecán no se movía.

—Mi general..., excelencia..., prepárese a recibir una terrible noticia.

Y las lágrimas, a punto de brotarle de los ojos, le obligaron a dar media vuelta y salir. Afuera volvió a hablar con alguien. Se oían carreras y ruidos de gente que se agrupaba alrededor del recién llegado. Bolívar permaneció rígido, mirando hacia la puerta. Entró de nuevo Ibarra seguido por un oficial en uniforme de servicio, con el rostro cruzado por una delgada cicatriz de color oscuro. Su mirada inquieta recorrió la habitación hasta quedarse detenida en el lecho donde le observaban fijamente. Se presentó poniéndose en posición de firmes.

—Capitán Vicente Arrázola, excelencia.

—Siéntese, Arrázola —le invitó Bolívar sin quitarle la vista de encima. Arrázola siguió en pie, rígido—. ¿Qué noticias nos trae de Bogotá? ¿Cómo están las cosas por allá?

—Muy agitadas, excelencia, y le traigo nuevas que me temo van a herirle en forma que me siento culpable de ser quien tenga que dársela.

Los ojos inmensamente abiertos de Bolívar se fijaron en el vacío.

—Ya hay pocas cosas que puedan herirme, Arrázola. Serénese y dígame de qué se trata.

El capitán dudó un instante, intentó hablar, se arrepintió y sacando una carta del portafolio con el escudo de Colombia que traía bajo el brazo, se la alcanzó al Libertador. Éste rasgó el sobre y comenzó a leer unos breves renglones que se veían escritos apresuradamente. En este momento entró en punta de pie el general Montilla, quien se acercó con los ojos irritados y el rostro pálido. Un gemido de bestia herida partió del catre de campaña sobrecogiéndonos a todos. Bolívar saltó del lecho como un felino y tomando por las solapas al oficial le gritó con voz terrible:

—¡Miserables! ¿Quiénes fueron los miserables que hicieron esto? ¿Quiénes? ¡Dígamelo, se lo ordeno, Arrázola! —Y sacudía al oficial con una fuerza inusitada—. ¿¡Quién pudo cometer tan estúpido crimen!?

Ibarra y Montilla acudieron a separarlo de Arrázola, quien lo miraba espantado y dolorido. De un manotón logró soltarse de los brazos que lo retenían y se fue tambaleando hacia la silla en donde se derrumbó dándonos la espalda. Tras un momento en que no supimos qué hacer, Montilla nos invitó con un gesto a salir del cuarto y dejar solo al Libertador. Al abandonar la habitación me pareció ver que sus hombros bajaban y subían al impulso de un llanto secreto y desolado.

Cuando salí al patio todos los presentes mostraban una profunda congoja. Me acerqué al general Laurencio Silva, con quien he hecho amistad y le pregunté lo que pasaba. Me informó que habían asesinado en una emboscada al gran mariscal de Ayacucho, don Antonio José de Sucre.

—Es el amigo más estimado del Libertador, a quien quería como a un padre. Por su desinterés en los honores y su modestia, tenía algo de santo y de niño que nos hizo respetarlo siempre y que fuera adorado por la tropa —me explicó mientras pasaba su mano por el rostro en un gesto desesperado.

Permanecí toda la tarde en el Pie de la Popa. Vagué por corredores y patios hasta cuando, entrada ya la noche, me encontré con el general Montilla, quien en compañía de Silva y del capitán Arrázola me buscaba para invitarme a cenar con ellos.

—No nos deje ahora, coronel —me pidió Montilla—, ayúdenos a acompañar al Libertador, a quien esta noticia le hará más daño que todos los otros dolores de su vida juntos.

Accedí gustoso y nos sentamos en la mesa que habían servido en un comedor que daba al castillo de San Felipe. La sobremesa se alargó sin que nadie se atreviera a importunar al enfermo. Hacia las once, Ibarra entró en el cuarto con una palmatoria y una taza de té. Permaneció allí un rato y cuando salió nos dijo que el Libertador quería que le hiciéramos un rato de compañía. Lo encontramos tendido en el catre, envuelto completamente en una sábana empapada en el sudor de la fiebre, que le había aumentado en forma alarmante. Su rostro tenía de nuevo esa desencajada expresión de máscara funeraria helénica, los ojos abiertos y hundidos desaparecían en las cuencas, y, a la luz de la vela, sólo se veían en su lugar dos grandes huecos que daban a un vacío que se suponía amargo, y si sosiego según era la expresión de la fina boca entreabierta.

Me acerqué y le manifesté mi pesar por la muerte del gran mariscal. Sin contestarme, retuvo un instante mi mano en la suya. Nos sentamos alrededor del catre sin saber qué decir ni cómo alejar al enfermo del dolor que le consumía. Con voz honda y cavernosa, que llenó toda la estancia en sombras, preguntó pronto dirigiéndose a Silva:

—¿Cuántos años tenía Sucre? ¿Usted recuerda?

—Treinta y cinco, excelencia. Los cumplió en febrero.

—Y su esposa, ¿está en Colombia?

—No, excelencia. Lo esperaba en Quito. Iba a reunirse con ella.

De nuevo quedaron en silencio un buen rato. Ibarra trajo más té y le hizo tomar al enfermo unas cucharadas que le habían recetado para bajar la temperatura. Bolívar se incorporó en el lecho y le pusimos unos cojines para sostenerlo y que estuviera más cómodo. Iniciábamos una de esas vagas conversaciones de quienes buscan alejarse de un determinado asunto, cuando de repente empezó a hablar un poco para sí mismo y a veces dirigiéndose a mí concretamente:

—Es como si la muerte viniera a anunciarme con este golpe su propósito. Un primer golpe de guadaña para probar el filo de la hoja. Lo hubiera usted conocido, Napierski. El calor de su mirada un tanto despistada, su avanzar con los hombros un poco caídos y el cuerpo desgonzado, dando siempre la impresión de cruzar un salón tratando de no ser notado. Y ese gesto suyo de frotar con el dedo cordial el mango de su sable. Su voz chillona y las eses silbadas y huidizas que imitaba tan bien Manuelita haciéndole ruborizar. Sus silencios de tímido. Sus respuestas a veces bruscas, cortantes pero siempre claras y francas... Cómo debió tomarlo por sorpresa la muerte. Cómo se preguntaría con el último aliento de vida, la razón, el porqué del crimen... «Usted y yo moriremos viejos, me dijo una vez en Lima, ya no hay quien nos mate después de lo que hemos pasado»... Siempre iluso, siempre generoso, siempre crédulo, siempre dispuesto a reconocer en las gentes las mejores virtudes, las mismas que él sin notarlo ni proponérselo, cultivaba en sí mismo tan hermosamente. Berruecos... Berruecos... Un paso oscuro en la cordillera. Un monte sombrío con los chillidos de los monos siguiéndonos todo el día. Mala gente esa... Siempre dieron que hacer. Nunca se nos sumaron abiertamente. Los más humillados quizá, los menos beneficiados por la Corona y por ello los más sumisos, los menos fuertes. ¡Qué poco han valido todos los años de batallar, ordenar, sufrir, gobernar, construir, para terminar acosados por los mismos imbéciles de siempre, los astutos políticos con alma de peluquero y trucos de notario que saben matar y seguir sonriendo y adulando! Nadie ha entendido aquí nada. La muerte se llevó a los mejores, todo queda en manos de los más listos, los más sinuosos que ahora derrochan la herencia ganada con tanto dolor y tanta muerte...

Recostó la cabeza en la almohada. La fiebre le hacía temblar levemente. Volvió a mirar a Ibarra.

—No habrá tal viaje a Francia. Aquí nos quedamos aunque no nos quieran.

Una arcada de náuseas lo dobló sobre el catre. Vomitó entre punzadas que casi le hacían perder el sentido. Una mancha de sangre comenzó a extenderse por las sábanas y a gotear pausadamente en el piso. Con la mirada perdida murmuraba delirante: «Berruecos... Berruecos... ¿Por qué a él?... ¿Por qué así?».

Y se desplomó sin sentido. Alguien fue por el médico, quien, después de un examen detenido, se limitó a explicarnos que el enfermo se hallaba al final de sus fuerzas y era aventurado predecir la marcha del mal, cuya identidad no podía diagnosticar.

Me quedé hasta las primeras horas de la madrugada, cuando regresé a la fragata. He meditado largamente en mi camarote y acabo de comunicar al capitán mi decisión de quedarme en Cartagena y esperar aquí su regreso de Venezuela, que calcula será dentro de dos meses. Mañana hablaré con mi amigo el general Silva para que me ayude a buscar alojamiento en la ciudad. El calor aumenta y de las murallas viene un olor de frutas en descomposición y de húmeda carroña salobre.

5 de julio. Ayer llegó el correo de Francia. Recibí noticias de mis hijos y una carta de crédito para los agentes de mis banqueros en Bogotá. Así se hace más soportable mi estada en Colombia y podré permanecer aquí todo el tiempo necesario, hasta cuando se decida la suerte de Bolívar.

Esta tarde di un paseo por las murallas en compañía del capitán Arrázola. Hablamos largamente. Debo reconocer que me hallaba un tanto mal dispuesto hacia él por cierta reticencia de Bolívar y sus allegados cuando se hace mención de su nombre. Me ha parecido, no solamente un hombre de gran simpatía personal, sino también un soldado intachable. La cicatriz que le cruza la cara es debida a un sablazo sufrido en la batalla de las Queseras del Medio, en donde sostuvo casi solo una batería hasta caer la noche. Se queja de que no se le han reconocido sus servicios y guarda cierta amargura más que contra ninguna persona en particular, contra el desorden, la mezquindad y la incuria que reina en el país. Su trato con políticos y gentes del Congreso en Bogotá le ha enseñado a esconder con cautela sus opiniones. Admira a Bolívar pero cree que peca de idealista. Lo compara con el sinuoso, opaco y eficaz Santander, sabio en artimañas de leguleyo y dedicado a hacerle el juego al grupo de familias que comienza a cosechar con avidez los frutos de la independencia. Confirmo, ahora, cierta impresión que me van dando las gentes de esta tierra a medida que las conozco y frecuento. Tienen todos un brillante talento y mucha gracia y soltura en su trato, ideas muy poco claras sobre la realidad en que viven, y una oculta y como vergonzosa nostalgia de los fastos virreinales donde, suponen, hubieran gozado por la prosapia de su nombre y la cuantía de sus bienes, de más brillante fortuna que la que les tocó en suerte después de la independencia. Es la ventaja que les lleva Bolívar a todos ellos. Su juventud vivida con espléndido derroche en la corte de Madrid y en los salones de París del Consulado y el Imperio, su familiaridad con gentes que aún conservaban los mejores modales y las más cáusticas ideas del *Ancien Régime,* le dieron otra perspectiva y una más justa imagen de su destino y el de estas repúblicas.

Arrázola me contó ciertos detalles del atentado de septiembre del año pasado. Me señala que el perdón hacia los verdaderos culpables e instigadores del crimen es fruto, no tanto de la bondad de Bolívar, como rasgo muy personal de su carácter, marcado con un escéptico fatalismo y un hondo conocimiento de los secretos resortes que mueven a estas gentes. De allí, pienso, el desprendimiento y la distancia que caracteriza su trato. Recuerdo, ahora, una frase que le escuché en días pasados: «Toda relación con los hombres deja un germen funesto de desorden que nos acerca a la muerte». Hablamos de sus amores. Su capricho por Manuelita Sáenz. Pero, en el fondo, la misma lejanía, el mismo desprendimiento.

10 de julio. Hoy me relató el Libertador un sueño que ha tenido en estos últimos días en forma recurrente y que lo intriga sobremanera. Hablábamos de la importancia que los romanos concedían a lo sueños y me dijo:

—Voy a contarle un sueño que, con ligeras variantes, me visita desde hace algunas semanas y cuyo significado se me escapa por completo. Me dormí con la ventana abierta y el aroma de los naranjos invadía la habitación. Me encontré paseando por los jardines de Aranjuez. Me sentía levemente cansado y con los miembros como doloridos por una larga caminata. La frescura del paisaje comenzó a aliviarme y adquirí nuevas energías. Sentí, de pronto, que tenía una larga vida por delante. Los jardines se extendían hasta el horizonte en suaves ondulaciones. En realidad sólo tenían en común con los de Aranjuez el intenso perfume de los naranjos y esa luz tamizada por la azulosa neblina castellana. Llegué hasta una escalinata que conducía a un corredor con pérgola, que se perdía en un umbroso laberinto cruzado velozmente por callados insectos. Me senté en el primer peldaño de la escalinata y al sacar un pañuelo para secarme el sudor del rostro, me di cuenta de que estaba vestido a la moda de principios de siglo, con ajustado pantalón color marfil y una levita azul marino de corte inglés con grandes solapas y cuello levantado. Me llevé la mano al bolsillo del reloj para mirar la hora y una punzada de dolor me inmovilizó en el acto. Un dolor agudo, que nacía precisamente en el lugar en donde estaba el reloj, me subía hasta el pecho dificultando la respiración. Descubrí que conteniendo ésta lo más posible y retirando cautelosamente los dedos del bolsillo, conseguía engañar la tortura e ir retirando el reloj sin que aumentara aquélla. Cuando por fin pude mirar el cuadrante, el dolor había desaparecido. Pero el reloj resultó ser de una materia frágil semejante al papel y, al sacarlo del bolsillo, los punteros se habían doblado y no señalaban hora alguna. Sentí una repentina vergüenza y, cuando intentaba esconder el arrugado objeto tras la enredadera que trepaba hacia la pérgola, advertí que alguien me observaba desde lo alto de las escalinatas. Allí estaba, en efecto, una mujer de formas amplias y agresiva frescura, con el rostro oculto en la sombra del emparrado. La blusa abierta hasta la cintura dejaba casi al descubierto unos pechos grandes y firmes, y la falda, ceñida por la brisa, denunciaba el doble arco de unos muslos largos y espesos que remataban en el promontorio del sexo. La mujer me habló desde la sombra: «Es inútil que intentes ocultar esa huella, querido. El día menos pensado te nacen del mismo cuerpo y es entonces cuando la verdad hace daño». «Señora —le respondí intimidado—, traigo una tarjeta de presentación que me dio mi tío, y además, que yo sepa, esta parte de los jardines está abierta al público y se puede pasear aquí libremente». Una carcajada chulapa, caliente y agresiva estremeció el cuerpo de la mujer hasta descubrir por completo uno de los pechos que se mecía al aire a impulsos de la risa y tenía un gran pezón erecto, oscuro y extendido como una gran ojera. «Debe ser el miedo lo que te hace tan fino —contestó mientras comenzaba a descender los peldaños—; lo que quise decirte es que ya no es tiempo de que nos agotemos el uno contra el otro allá en los escondrijos en la vega del río. Ya eres casi nada, muchacho, a pesar de tus prendas de Inglaterra y tus alhajas francesas». Sus ojos verdes y tristes me miraban fijamente. Las aletas de la nariz, recta y saliente, palpitaban con la agitada respiración de un deseo insatisfecho, de lo cual, sin yo saber por qué, me sentía culpable. También yo, para entonces, comenzaba a excitarme pero algo me indicaba que, de intentar acercarme a la hembra y tocarla, volvería el punzante dolor a paralizarme. Ella pasó a mi lado y me dijo con voz ronca: «No vale la pena. No te muevas. Ni siquiera te digo que otra vez será, porque ya no habrá otra vez. Pero sé valiente, guapo, es lo único que te queda por hacer y debes hacerlo bien». La seguí con la vista hasta cuando se perdió tras unos arbustos coronados de lirios. De pronto me sentí abandonado y solo en medio del agobiante desorden de esos corredores en sombra que tendría que recorrer hasta hallar la salida. Además, había el temor a los insectos que, cargados de veneno, partían del techo vegetal y se perdían hacia el oscuro fondo, sin zumbido alguno que anunciara su presencia. Me interné bajo las pérgolas y, a medida que avanzaba, la vegetación fue haciéndose más densa. Los insectos cruzaban a mi lado excitados por mi presencia. Tenían una estructura blanda y plumosa como pequeñas aves de una vitalidad inagotable. El interior de la pérgola era ahora un socavón de mármol reluciente. Recostado en la pared, un mendigo ciego rasgaba una guitarra que resonaba en el fresco ámbito como si fuera un clavicordio. Al pasar a su lado el ciego me habló: «De caridad una limosna para el monumento al mariscal de Berruecos». Me fui confundiendo con el ciego y cuando me invadía ya la oscuridad de su vista, una tristeza desgarradora, antigua y familiar, me despertó bruscamente...

Calló por unos minutos y alzó el rostro interrogándome no sin cierta ansiedad. No sabía muy bien qué decirle. El relato del sueño me había dejado una vaga inquietud. Había en él una presencia, un mensaje que dejaba en el alma un aroma de terror, un fúnebre aviso difícil de precisar. Traté de salir del paso con alguna banalidad superficial y él me interrumpió suavemente:

—No se esfuerce, Napierski. Usted y yo sabemos qué significa todo esto. Lo que nunca imaginé era que se me anunciara en esta forma. El sueño va cambiando y en cada ocasión es más claro lo que anuncia. Ya veremos qué nos dice más adelante.

Una vieja familiaridad con la muerte se me hace evidente en este hombre que, desde joven, debe venir interrogándose sobre su fin en el silencio de su alma de huérfano solitario.